American
Staffordshire Terrier

von Jacqueline Fraser

zusammengestellt von
William W. Denlinger und
R. Annabel Rathman

ins Deutsche übertragen von
Dieter und Helga Fleig

Titelgestaltung
Bob Groves

KYNOS VERLAG MÜRLENBACH

Titelbild: Monster Freemont, 4 Monate alt. Besitzer: Tom und Sharon Long, Foto: Withfield.
Rückseite: Ch. Nugent's Spanky of Our Gang, C.D., Bester der Rasse, National Specialties 1973/74,
Besitzer: Sarah Nugent, Züchter: Don C. Humes.

© 1990 KYNOS VERLAG Helga Fleig
Am Remelsbach 30
D-5537 Mürlenbach/Eifel
Telefon: 06594/653, Fax 06594/452

ISBN-Nr. 3-924008-64-7

© Amerikanische Originalausgabe
Denlinger's Publishers, Ltd., USA-Fairfax, Virginia 1990

VORWORT

Auf ihrem Weg zu einer Hundeausstellung fuhr Sandra Drinkhouse in ihrem Kombi über eine Straße in Kalifornien. Mit im Wagen war ihre sechsjährige, behinderte, taube und blinde Tochter Schalene und der ständige Begleiter dieses Mädchens, der American Staffordshire Terrier Ch. Chikako Daudi Barika. Das kleine Mädchen und Daudi befanden sich im hinteren Teil des Kombis. Schalenes Rollstuhl war am Boden durch einen besonderen Mechanismus verankert, bestehend aus Zapfen und schweren Nylonbändern.

Sandras Hoffnung auf einen hübschen Ausstellungsgewinn wurde plötzlich jäh durch das Erkennen unterbrochen, daß ihr Fahrzeug in Brand geriet. Bis sie ihr Fahrzeug auf einem Randstreifen neben der Verkehrsstraße anhalten konnte, war es völlig in Rauch gehüllt. Als sie aus dem Fahrzeug stürzte, um die hintere Türe zu öffnen, sah Sandra mit einem Blick, daß Daudi vergeblich versuchte, Schalene mit aller Kraft seines Körpers aus ihrem Stuhl zu zerren. Schnell erkannte der Hund die Aussichtslosigkeit seiner Versuche. Bis zu dem Augenblick, da Sandra ihre Tochter erreichte, um mit zitternden Händen die Bänder zu lösen, hatte sich Daudi erneut ans Werk gemacht. Das zu allem entschlossene Tier sprang von Band zu Band, gebrauchte die unglaubliche Kraft seiner Kiefer, und riß die Bänder aus ihren Verankerungen. Der Rollstuhl löste sich, Daudi blieb im brennenden Wagen, bis Sandra Rollstuhl und Tochter herausgehoben hatte. Dann sprang auch er heraus, leckte das kleine Mädchen ab und setzte sich ruhig an seinen gewohnten Platz an Schalenes Seite.

Der American Staffordshire Terrier ist im Verhältnis zu seiner Größe der stärkste Hund der Welt. Er verkörpert viel Selbstvertrauen, ist außerordentlich intelligent. Sein fast menschlicher Gesichtsausdruck, hervorgerufen durch seine ausdrucksvolle Mimik und die strahlenden Augen, lassen ihn hübsch, manchmal auch komisch aussehen. Mit seinem eng anliegenden Fell, muskulösen Körper und geschmeidigen Bewegungen ist der American Staffordshire Terrier ein großer Hund in mittelgroßer Verpackung – groß genug für jedermann. Aber für eine ganze Reihe – viel zuviel Hund!

Jacqueline Fraser

DANKSAGUNG

Dr. H. Richard Pascoe hat alle Seiten dieses Buches gegengelesen, dank seinem fundierten Wissen um die Rasse verdanke ich ihm viele Zusätze und Ergänzungen.

Jean Stinson, Frances Roll und Don Humes erlaubten mir, ihre Sammlungen oder Bibliotheken zu nutzen.

Sara Nugent und Hendrix Harper verdanke ich viele Fotos großartiger Hunde aus Gegenwart und weit zurückliegender Vergangenheit.

Lou Fusco entwarf die Skizzen für die Kapitel Anatomie und Fellpflege des ausgewachsenen American Staffordshire Terrier.

Tami Teal half mir bei meinen Forschungen, Susan Coulter mit Umfragen in Kalifornien.

Clifford Ormsby durchforschte seine umfangreichen Aufzeichnungen, um mir viele wichtige Informationen und Daten zur Verfügung zu stellen.

Bonnie Wilcox, D.V.M., schrieb ein Kapitel für Tierärzte, die im Coupieren der Ohren des American Staffordshire Terriers wenig Erfahrung haben. Donald Mossmann, D.V.M., überprüfte alle medizinischen Ratschläge.

Richard Gray verdanke ich wichtige Informationen für das Kapitel über Peggy Harper. Das Kapitel über den Schutzhundesport wurde von John O'Hanlon geschrieben.

Frank Fraser, dessen Sinn für Humor mich immer wieder erheiterte, mich an der Arbeit hielt und am Schreibmaschinenschreiben, selbst an wunderschönen Frühlingstagen, auch er gab mir viele Ratschläge, korrigierte voll Fröhlichkeit falsch buchstabierte Worte und Tippfehler.

Es gab noch viele andere Züchter, Liebhaber und Richter, die meine Fragen beantworteten, Informationen und Fotos beisteuerten. Ich bedanke mich bei allen.

Oben: Jacqueline Fraser und »Ch. Frankie« U.D.

WIDMUNG

MEINEN TÖCHTERN PEGGY UND SUNNY

INHALTSVERZEICHNIS

Links: Ch. Ruffian Red Rock of Har-Wyn, der Ausstellungsspitzengewinner in der Rassegeschichte. Besitzer: Rudy und Nancy Estevez. Züchter: Peggy Harper.

Links: Ruth Prehn's Ch. Willynwood Velvet Shadow, C.D., im Alter von neun Monaten, zusammen mit einem sechs Monate alten Welsh Terrier.

Unten: Ch. Fraja's Digger Dan. Besitzer: Mary und Lou Fusco.

Auswahl und Aufzucht eines American Staffordshire Terrier

Um sicherzustellen, daß der gekaufte Welpe sich auch entsprechend den eigenen Erwartungen entwickelt, ist es wichtig, sich ausschließlich an einen erfolgreichen Züchter von gutem Ruf zu wenden. Man muß nach einem Züchter Ausschau halten, der in seinem Zwinger wirklich ein paar gut gezüchtete Hunde hat, nach einem Züchter, der seine Hunde auch von Zeit zu Zeit im Ausstellungsring präsentiert – Hunde, die auf der Ausstellung mit weit vorne stehen. Der gute Züchter ist in aller Regel ausschließlich auf den American Staffordshire Terrier spezialisiert, sein höchstes Ziel ist es, die Rasse zu verbessern. Deshalb ist er auch am Wohlergehen seiner Welpen sehr interessiert, hilft dem Käufer gerne mit guten Ratschlägen über Erziehung, Haltung, Ernährung und Ausstellung. Gerade weil Zucht viel mehr Hobby als Geschäft sein muß, besitzt ein solcher Züchter in aller Regel nur wenige Hunde, auf die er all seine Fürsorge konzentriert. Wenn man seinen Zwinger besucht, wird man in aller Regel die Mutterhündin und manchmal auch den Vater der Welpen besichtigen können. Oft gibt es im Zwinger ausgewachsene Hunde, die mit den Welpen des Wurfes eng verwandt sind.

Es gibt verschiedene Wege, einen solchen Züchter von gutem Ruf zu finden. Einer der besten ist, ein paar Hundeausstellungen zu besuchen, mit den Ausstellern, die ihre Hunde präsentieren, zu reden. Die meisten Aussteller sind gleichzeitig Züchter, können zumindest Interessenten mit ihnen gut bekannten Züchtern in Kontakt bringen. Gerade Ausstellungen, Gespräche mit Ausstellern, ermöglichen es, sich eine ganze Reihe von verschiedenen Einzeltieren der Rasse anzusehen, sich darüber klar zu werden, ob man wirklich einen Staf für sich möchte. Gleichzeitig gewinnt man einen ersten Eindruck über das Geschehen auf Hundeausstellungen.

Ein anderer Weg zum guten Züchter ist ein Brief an »The American Kennel Club, 51 Madison Avenue, New York, New York 100100«, mit der Bitte um Namen und Adresse des Sekretärs vom »American Staffordshire Terrier Club«. Vom Sekretär erfährt man, wie man die Clubnachrichten (club newsletter) abonnieren kann; diese erscheinen dreimal jährlich, enthalten eine Fülle an Informationen und Bildern über die Rasse, Züchteranzeigen und auch ein Züchterverzeichnis.

Es gibt auch vorzügliche Hundespezialzeitungen für den Hundeliebhaber, diese enthalten oft auch Zwingeranzeigen und Welpenangebote. Solche Hundemagazine findet man auf Zeitungsständen, beim Zoofachhandel, im Wartezimmer des örtlichen Tierarztes. Angesehene Züchter geben nur selten in Tageszeitungen Anzeigen für Welpen mit Ausstellungsqualität auf. Die hier angebotenen Jungtiere entstammen meist Paarungen von Gelegenheitszüchtern. Der Junghund kann dabei durchaus von guter Qualität sein. Dennoch ist es ratsam, zunächst einiges Wissen über die Rasse zu erwerben, ehe man sich zutraut, aus einem solchen Wurf einen Welpen auszuwählen. Ein Verkäufer, der nur mit seinem Familienhund züchtet, ist meist auch nicht in der Lage, bei der Auswahl eines Welpen von Ausstellungsqualität fachgerecht zu beraten.

Hat man erst einmal die Adressen mehrerer Züchter ermittelt, besteht der nächste Schritt in einem Telefonanruf oder Brief. Manchmal ist man gezwungen, aufgrund großer Entfernungen einen Welpen, ohne ihn vorher gesehen zu haben, zu kaufen. Der Züchter bemüht sich um guten Rat, je mehr er weiß, was der Käufer wirklich möchte, um so eher kann er für ihn den richtigen Welpen auswählen. Der Züchter muß wissen, ob man sich einen Rüden oder eine Hündin wünscht, seinen Hund auf Ausstellungen zeigen oder auf Leistungsprüfungen vorführen möchte, oder gar beides; ob man später selbst züchten, ob man seinen Hund nur als Familienhund und/oder Wachhund möchte, ob man daran denkt, das Tier später kastrieren zu lassen. Für die meisten Staffordshire-Züchter spielt die Farbe eine geringe Rolle, alle nach dem Standard zugelassenen Farben haben hinsichtlich Ausstellungsgewinnen die gleiche Chance. Ist die Farbe aber für den Käufer von Bedeutung, muß man dem Züchter klar seine Wünsche mitteilen. Dabei muß man wissen, daß das Herausfinden eines Hundes von vorzüglicher Qualität auch dann schon schwierig genug ist, wenn die Farbe des Hundes keine Rolle spielt.

Lebt man allerdings nahe beim Züchter, sollte man unbedingt einen Besuchstermin ausmachen, sich die Welpen selbst ansehen. Keinesfalls sollte man ohne Voranmeldung reisen. In fast allen Fällen liegen Hobbyzwinger des Züchters und Wohnhaus zusammen, Stafford-Zwinger sind keine kommerziellen Unternehmungen. Kann man sich seinen Welpen selbst aussuchen, sollte man sich viel Zeit nehmen, sich so viele erwachsene Hunde und Welpen als möglich ansehen. Hierdurch gewinnt man eine viel bessere Vorstellung, welche »Linien« oder »Familien« einem besonders gefallen – eine große Hilfe.

VORZÜGE BEIM WELPEN

1. Vertraue Deinem Gefühl, achte besonders auf die Welpen, die Dir zuerst ins Auge fallen. 2. Beobachte jeden Welpen, der Dir besonders gefällt, in neuer Umgebung ohne Wurfgeschwister. Beobachte sorgfältig die Reaktionen des Welpen als Einzeltier auf alle Umwelteinflüsse. Kann man den Welpen zum Kommen locken, wenn man sich niederkniet? Kann man ihn zum Mitgehen überreden? Man sollte dem Welpen einen Ball oder ein anderes Spielzeug zeigen, es vor ihm auf dem Boden rollen. Man beobachte, ob der Welpe nachläuft, es untersucht, vielleicht sogar zurückbringt. Man bläst in eine Trillerpfeife oder läßt einen Metalltopf im Abstand von etwa 1,5 m vom Welpen auf den Boden fallen. Hierdurch erschreckte Welpen sollten sich schnell wieder beruhigen. 3. Man prüft das Gebiß auf korrekten Scherenschluß. 4. Bei Rüden sollten im Alter von drei Monaten beide Hoden in den Hodensack voll abgestiegen, deutlich fühlbar sein. 5. Die Pfoten des Welpen sollten geschlossen sein. 6. Der Welpe sollte klare Augen, glattes, glänzendes Fell haben, auch ein unbekümmertes Wesen. 7. Der Körper des Welpen sollte kurz und gut gerundet sein. Beim Anfassen spürt man einen soliden Körperbau, der Welpe sollte fest auf starkknochigen, kraftvollen Läufen stehen. 8. Man beobachte die Welpen beim Spiel miteinander. Obgleich bei einem Junghund der Bewegungsablauf außerordentlich schwierig zu beurteilen ist, sollten doch die Läufe sich von vorn wie von hinten gesehen in der Bewegung parallel zueinander bewegen. 9. Man befrage sorgfältig den Züchter über alle Beobachtungen hinsichtlich des Wesens der einzelnen Welpen. Er kennt den Einzelwelpen am besten. Es ist durchaus möglich, daß beim Besuch ein im Regelfall lebhafter, aktiver Welpe etwas schläfrig erscheint. Mag man besonders den Körperbau dieses Welpen, ist aber

Links: Ch. Patton's White Rock Queen, C.D., fünf Wochen alt mit Cathy und Steve Pascoe.

Rechts: Clifford Ormsby mit Welpen aus der Paarung X-Pert Brindle Boomer mit Ch. X-Pert Black Betsy.

Links: Weir's Ginger, Can. C.D., im Besitz und ausgebildet von Stewart und Kathy Weir.

Unten: Pat King's künftiger Champion Bue-Cins Ginger Snap im Alter von sechs Monaten. Hier gewinnt er in der Terrier Group auf einer kleinen Ausstellung den ersten Platz.

seines Verhaltens wegen beunruhigt, sollte der Züchter in der Lage sein, sein Normalverhalten korrekt zu schildern. Vor der endgültigen Wahl kann es ratsam sein, einen zweiten Besuch zu machen, vielleicht zu einer anderen Tageszeit. Immer sollte man den Welpen auswählen, der den eigenen Vorstellungen entspricht. Die Ausstellungskarriere eines Hundes dauert nur ein paar Jahre, aber der Hund, den man sich als Familienmitglied mit nach Hause nimmt, begleitet einen über mehr als zehn Jahre. Deshalb sollte zwischen Besitzer und Welpen eine Art chemische Verbindung bestehen.

FEHLER, DIE MAN MEIDEN SOLLTE

1. Gefällt einem ein Welpe nicht, sollte man ihn keinesfalls nur deshalb kaufen, weil man ihn gerade angeboten bekommt oder er wenig kostet. 2. Gleichfalls nicht kaufen sollte man einen Welpen, der sich beim Spiel mit seinen Wurfgeschwistern scheu zeigt oder ängstlich davonläuft, wenn man ihn an eine andere Stelle abseits der Welpen bringt. Natürlich muß man ihm etwas Zeit lassen, um sich an die neue Umgebung zu gewöhnen, ehe man sein Verhalten beurteilt. Nie sollte man einen Welpen aus Mitleid kaufen. Versteckt sich ein Welpe in einer Ecke, während die anderen sich überschlagen, um den Besucher zu begrüßen, kann man sicher sein, daß er kein »vernachlässigtes Kind« ist, seine Wurfgeschwister würden sonst ähnliche Zeichen der Vernachlässigung zeigen. Sein Verhalten ist ein Hinweis auf eine Wesensschwäche, weshalb sich der Welpe möglicherweise nie an ein normales Familienleben anpassen kann. 3. Man sollte den Züchter stets genau befragen, wenn Welpen kahle Hautstellen oder Pusteln aufweisen. 4. Möchte man seinen Welpen später ausstellen, sollte man keinen auswählen, der außergewöhnlich dünn ist oder in Körper oder Läufen übertrieben lang. 5. Man vermeide Welpen mit flachen oder gespreizten Pfoten. 6. Man sollte einen Welpen mit einem Knick in der Rute nicht kaufen. Die Rute ist eine Verlängerung der Wirbelsäule, eine Knickrute könnte ein Hinweis auf größere Skelettfehler sein. 7. Man sollte sich keinen Raufbold auswählen. Die Welpen mit dem besten Wesen sind die, die den Raufbold schnell in seine Schranken weisen, aber von sich aus keinen Streit suchen.

»AUSSTELLUNGSQUALIFIKATION«

Ein Käufer, der sich einen Hund für Ausstellungen kaufen möchte, muß wissen, was man bei einem kleinen Welpen unter »Ausstellungspotential« versteht. Hier kann es große Unterschiede von Züchter zu Züchter geben. Unter echter »Ausstellungsqualifikation« versteht man, daß zum Zeitpunkt des Kaufes der Welpe verspricht, sich zu einem ausgewachsenen Staffordshire zu entwickeln, der in der Lage ist, das »AKC-Championat« zu gewinnen. Ist der Welpe erst verkauft, hängt sehr viel von seiner Fütterung, Ausbildung, Sozialisation und seinen allgemeinen Lebensumständen ab. Diese Faktoren spielen alle eine wichtige Rolle und bestimmen letztendlich, ob ein Junghund seine Anlagen voll entwickeln kann oder nicht. Man muß wissen, daß – ganz unabhängig, wie sorgfältig ein Züchter sein Zuchtmaterial auswählt, die Ahnentafeln studiert, wie gut der Käufer einen Junghund aufzieht – immer die Möglichkeit besteht, daß der ausgewachsene Hund dann doch nicht die Ausstellungsqualität erreicht, die man erwartete. Das zweite Gebiß könnte Fehlstellungen aufweisen, kompakte Pfoten werden flach oder spreizen sich, die obere Linie oder die Fesseln geben nach. Dies sind nur ein paar mögliche, unglückliche Entwicklungen. Bis zum heutigen Tag wurde der perfekte Hund noch nicht geboren, aber die Fehler sind in ihrem Gewicht immer unterschiedlich. Vor dem endgültigen Kauf sollte der Käufer mit dem Verkäufer offen besprechen, ob ein Tausch möglich ist, falls der mit »Ausstellungsqualifikation« verkaufte Junghund später Fehler zeigt, die seine Präsentation im Ausstellungsring für Besitzer wie Züchter wenig ratsam machen. Es wäre ein Fehler, zu früh bei einem Junghund die Hoffnung aufzugeben. Welpen machen genau wie Kinder verschiedene Entwicklungsstadien durch. So erscheinen die Köpfe im Alter zwischen vier und acht Monaten möglicherweise lang und schmal, wachsen sich danach aber zu recht eindrucksvollen, breiten Schädeln aus. Bis zu einem Jahr oder sogar länger kann ein Junghund recht schlaksig wirken. In gewissen Zeiten wachsen Welpen ungleichmäßig; haben zum Beispiel die Hinterläufe ihre volle Länge erreicht, bevor die Vorderläufe nachziehen, wirkt der Hund als gehe er hügelabwärts. Ein noch nicht ausgereifter Hund kann bänderweich erscheinen, es fehlt ihm noch die Eleganz, für die gerade American Staffordshire Terrier bekannt sind. Mit Glück können sich alle diese Fehler mit dem Ausreifen des Hundes völlig von selbst korrigieren, ein Staf ist bis zu einem Alter von zwei Jahren noch nicht ausgereift. Und bei weitem nicht alle Welpen – selbst Wurfgeschwister – wachsen mit der gleichen Schnelligkeit. Deshalb haben selbst Vergleiche in Gewicht und Größe unter Wurfgeschwistern wenig Aussagekraft.

FAMILIENHUNDE

Hat man an Ausstellungen kein Interesse, kauft deshalb einen Welpen als Familienhund, kann man dennoch bei dieser Rasse gutes Wesen, gute Gesundheit, Intelligenz, Ausbildungsfähigkeit erwarten, die für die Rasse des American Staffordshire Terrier so typisch sind. Welpen mit der »Qualifikation Familienhund« (Pet Quality Puppies) stammen aus den gleichen Würfen wie Welpen mit Ausstellungsqualifikation. Solche »Pets« haben möglicherweise eine fehlerhafte Gebißstellung oder irgendeinen anderen Fehler, der sie für Ausstellungszwecke ungeeignet macht. Geringfügige Fehler stehen aber in keiner Weise der Entwicklung eines Welpen zu einem liebenswerten Familienhund, einem erstklassigen Beschützer des Hauses, ja selbst einem Championat in Arbeitsprüfungen im Wege. Im allgemeinen wird dringend empfohlen, derartige Familienhunde (»Pet Staf«) kastrieren zu lassen, für Besitzer wie Hund eine Erleichterung im Alltagsleben. Im Gegensatz zu vielen Gerüchten lassen solche Operationen die Hunde in keiner Weise faul oder fett werden, eventueller Hormonmangel kann leicht medikamentös ausgeglichen werden. Fett und träge machen in erster Linie Überfütterung und zu wenig Bewegung!

SCHUTZIMPFUNGEN

Vom Züchter erhält man neben der Ahnentafel des Welpen Futterplan, Impfplan und Entwurmungsempfehlung. Am besten überläßt man diese Unterlagen seinem Tierarzt, der danach die künftigen Behandlungen festlegt. Man muß dem Tierarzt sagen, ob der Hund mit auf Reisen genommen wird, Ausstellungen besuchen soll, mit anderen Hunden zusammenkommt. Der Tierarzt entscheidet, ob es für das Zusammentreffen mit fremden Hunden zusätzlicher Impfungen bedarf. Keinesfalls sollte man Welpen nach draußen bringen, ehe man genau weiß, daß voller Impfschutz gewährleistet ist.

NAME UND EINTRAGUNG DES WELPEN

Maßgebend hierfür sind die nationalen Zuchtbestimmungen. Im Amerika erhält man vom Züchter die erforderlichen Unterlagen, um den Hund beim American Kennel Club (AKC) eintragen zu lassen. Wird der Hund exportiert, erkundige man sich exakt im Empfängerland, welche Unterlagen für die Eintragung erforderlich sind. Ein Kontrollanruf beim nationalen Zuchtverband ist immer zweckmäßig, man vermeidet spätere Eintragungsschwierigkeiten. Im allgemeinen wird ein Welpe auf den Zwingernamen seines Züchters eingetragen, legt der Züchter auch den vollen Namen des Welpen fest. Dies ist allgemeine Praxis. Gerade der Zwingername des Züchters bedeutet eine Art »Signatur der züchterischen Arbeit«. Der AKC gestattet für den Gesamtnamen eines Hundes 25 Buchstaben, in den USA kann der Käufer selbst den Eigennamen des Welpen bestimmen. Im gesamten Geltungsbereich der FCI wird der Name eines Hundes vom Züchter alleine festgelegt. Es empfiehlt sich, die Ahnentafel des Welpen sicher zu verwahren.

ANKUNFT DES WELPEN ZU HAUSE

Holt man den Welpen mit dem Auto beim Züchter ab, ist dies der richtige Augenblick, ihn an eine großartige Erfindung zu gewöhnen – den Hundekäfig. Solche Käfige erhält man im Zoofachhandel, aber auch bei Spezialgeschäften und auf Hundeausstellungen. Man achte darauf, daß gerade für Stafs die Käfige wirklich ausbruchsicher sind (Empfehlenswert: Blumax). Völlig entgegengesetzt den Vorstellungen vieler Neulinge ist ein solcher Hundekäfig keinesfalls eine Grausamkeit, vielmehr rettet er Hundeleben und die gute Laune der Hundebesitzer. Nur der fest eingezäunte Garten ist für die Sicherheit des Tieres noch wichtiger als der richtige Hundekäfig. Man sollte immer einen Käfig kaufen, der groß genug ist, daß auch ein erwachsener Stafford darin stehen und sich bequem drehen kann. Man wird schnell herausfinden, daß ein solcher Käfig eine große Hilfe bei der Erziehung zur Stubenreinheit darstellt, ein Welpe lernt schnell, sein Lager nicht zu beschmutzen. Der Käfig dient dem Welpen auch als sicherer Kleinauslauf, er kann die Wohnungseinrichtung nicht demolieren, nichts Gefährliches verschlucken. Verschmutzungen des Teppichs werden vermieden, auch das Durchnagen von Elektroschnüren, während man nicht im Zimmer ist. Bei einem vorübergehend im Käfig untergebrachten Welpen ist das Nachhausekommen viel angenehmer für Hund wie Herrn, nicht alle Hundebesitzer lieben verunreinigte Teppiche und Zahnspuren auf dem Mobilar. Sobald man mit seinem im Käfig untergebrachten Welpen zu Hause ankommt, nimmt man ihn nach draußen, daß er sich lösen kann. Bei dieser Gelegenheit ist der ideale Zeitpunkt, ihn tüchtig zu loben, wenn er alles Notwendige draußen verrichtet hat.

Vielleicht beschwert sich der Welpe, wenn er die ersten Male mit dem Käfig vertraut gemacht wird. Man wartet aber, bis er sich beruhigt hat, ehe man ihm erlaubt, wieder herauszukommen. Natürlich muß der Käfig bequem ausgestattet sein. Das ist bei Welpen manchmal schwierig, einige Lagen Zeitungspapier sind aber eine vorzügliche Einlage. Man gibt zusätzlich sicheres Spielzeug wie einen Vollgummiball oder einen Nylonkauknochen. Hat der Hund gelernt, seinen Käfig nicht mehr zu beschmutzen, kann man ein weiches Tuch einlegen, vorausgesetzt er zerkaut es nicht, denn das Hinunterschlucken der Fasern könnte auch gefährlich sein.

Hat sich der Welpe an den Käfig gewöhnt, ist er für ihn im Haus sein sicherer Zufluchtsort. Dies macht es ihm möglich, sich auch dann »zu Hause zu fühlen«, wenn er im Auto auf Ausstellungs- oder Familienreisen unterwegs ist. Man sollte ihn immer im Käfig unterbringen, dies könnte ihm bei einem plötzlichen Bremsen oder gar einem Unfall das Leben retten. Auf Hundeausstellungen ist der Käfig ein »Muß«, sowohl der Bequemlichkeit des Menschen wie des Hundes wegen.

Nie darf man den Käfig als Strafmittel einsetzen, nie ihn zu häufig gebrauchen. Keinesfalls sollte ein Hund gezwungen werden, den größten Teil seines Lebens im Käfig zu verbringen. Hunde sind soziale Tiere, müssen Teil der Familie sein. Die Haltung des Hundes sollte seinem Käfig gegenüber neutral sein, wenn der Hund den Käfig haßt oder ihn zu sehr liebt, liegt immer irgendein Mißverständnis vor. Viele Familien lassen den Hundekäfig in einer Ecke stehen, mit offener Tür, selbst auch für den erwachsenen Hund. Kindern muß man beibringen, daß, wenn sich der Hund in seinen Käfig zurückzieht, man ihn dort ungestört ausruhen lassen muß. Kommt er wieder aus seinem Käfig, ist er ausgeschlafen und bereit, seinen Platz im aktiven Familienleben wieder einzunehmen.

Kommt ein Junghund mit dem Flugzeug in seine neue Heimat, erfolgte die Reise bereits in einer Box. Hat man für den Transport jedoch keine Box in der Größe eines ausgewachsenen Hundes bestellt, reist der Welpe meist in einer Box entsprechend seiner Größe. Das Reisen in einer kleineren Box ist wahrscheinlich sicherer, dabei ist weniger Raum, auf dem Transport hin und her gestoßen zu werden. Man kann die kleine Box für ein oder zwei Wochen zur Eingewöhnung verwenden, ersetzt sie dann durch einen Käfig in der richtigen Größe für den erwachsenen Hund.

Bei Ankunft des Hundes mit dem Flugzeug sollte man sich hinsichtlich Fluglinie, Flugnummer, Abflug und Ankunftszeit genau informieren. Der Züchter telefoniert sofort mit Einlieferung des Welpen, gibt die Flugtransportnummer durch. Manchmal wird verlangt, daß der Empfänger vor dem Abflug die Rechnung bezahlt, oft kann man aber die Flugkosten und die Kosten für die Kiste auf dem Empfangsflughafen bezahlen.

Man sollte dem Welpen immer ein Leder- oder Nylonhalsband vor dem Herausnehmen aus der Kiste anlegen, dieses mit einer Leine verbinden. Dann trägt man ihn auf eine Grasfläche, wo er sich lösen kann. Möglicherweise hat er beim Züchter noch nicht gelernt, an der Leine zu gehen, deshalb darf man ihn nicht zwingen. Auf einem ereignisreichen fremden, furchterregenden Platz wie einem Flughafen ist das An-die-Leine-legen ganz einfach eine Frage der Sicherheit. Hat man den Hund nach Hause gebracht, erlaubt man ihm, sich auf ein bis zwei Stunden an die neue Umgebung zu gewöhnen, ehe man ihn füttert.

SOZIALISIERUNG DES WELPEN

Gerade noch jungen Kindern muß man beibringen, daß der Welpe ein Lebewesen mit eigenen Gefühlen ist, die respektiert werden müssen. Für kleine Kinder ist es das beste, mit dem Welpen immer nur auf dem Fußboden zu spielen, ihn keinesfalls herumtragen zu lassen. Welpen können sich aus den kleinen Händen der Kinder losstrampeln, beim Fallen ernstlich (manchmal für immer) verletzen. Nie darf man erlauben, daß ein Welpe an den Vorderläufen hochgenommen wird. Muß man ihn tragen, muß sein Körpergewicht beim Hochheben und Tragen so unterstützt werden, daß man eine Hand unter seinen Brustkorb legt, die Finger aufrecht vor der Front, dadurch wird der Brustkorb von unten unterstützt. Den Welpen hält man immer eng am eigenen Körper.

Man sollte die Kinder auch klar darauf hinweisen, daß sie einen schlafenden Welpen nicht aufwecken dürfen – alle Junghunde brauchen viel Schlaf. Man sollte den Welpen auch immer in Ruhe fressen lassen. Keinesfalls darf man Gedankenlosigkeit oder Quälereien von Kindern dulden.

Um einmal ein erstklassiges Ausstellungstier, oder – was sehr viel wichtiger ist – ein liebevoller, verläßlicher Familienhund zu werden, muß man einen Junghund gut sozialisieren. Wesentlicher Bestandteil des Staf-Charakters ist seine Selbstsicherheit. Aber kein Tier kann sich an lärmenden neuen Plätzen sicher fühlen, ohne daß es daran gewöhnt ist, viel herauszukommen, wo es mit verschiedenen Gerüchen, Lauten und Begegnungen vertraut wird. Die ideale Methode, einen Junghund zu sozialisieren, besteht darin, ihn in »Kindergarten Puppy Training Classes« mitzunehmen. Hat man das Glück, nahe genug einem entsprechenden Hundeverein zu wohnen, der solche KPT-Klassen anbietet, sollte man diese Chance unter allen Umständen nutzen. Dabei hat der Junghund Gelegenheit, sich mit anderen Hunden aller Altersstufen, Rassen und Größen zu sozialisieren, er kommt mit vielen Menschen zusammen, wird von diesen angefaßt. Das ist für ihn eine vorzügliche Vorbereitung, gewöhnt ihn daran, daß er später auf Ausstellungen auch im Ring von Richtern angefaßt wird. Bereits frühe Anzeichen von Überaggressivität gegenüber anderen Hunden können in diesen Klassen bemerkt und korrigiert werden. Führt der Junghund alles zur Zufriedenheit aus, lernt er, daß gutes Benehmen Lob bedeutet und auch das Wort »Nein« stets zu respektieren. Leider gibt es in Deutschland viel zu wenig »Hundekindergärten«.

Kann man solche Veranstaltungen nicht besuchen, muß man darüber nachdenken, ein gutes eigenes Programm aufzubauen, den Junghund zu sozialisieren. So nimmt man ihn auf Spaziergängen mit, führt ihn an die Nähe des Eingangs eines Einkaufszentrums oder geht mit ihm in die Altstadt, erlaubt auf diesen Gängen freundlichen Fremden mit ihm zu spielen, ihn zu streicheln. Auf diese Art fühlt er sich auch in großen Gruppen glücklich und sicher. Sorgfältig muß man den Hund auch lehren, sich auf Treppen zu bewegen. Weiterhin erzieht man ihn so, daß er ruhig stehen bleibt, während Körper und Zähne überprüft werden. Am besten bittet man Kinder und Freunde für diese Erziehung um Hilfe. Es ist sehr wichtig, den Junghund aus dem Haus und unter viele Menschen zu bringen. Man kann nicht von ihm erwarten, daß er sechs oder acht Monate in einem behaglichen Heim mit einem ruhigen Garten lebt, dann plötzlich auf einer Hundeausstellung in jeder Weise »funktioniert«. Man stelle sich vor, ein Kind, das nie aus dem Haus gekommen ist, würde plötzlich in einem Kindergarten abgeliefert und allein gelassen. Ein Staf ist trotz seines rauhen äußeren Gehabes ein empfindliches Tier. Die Menge an Liebe und Sozialisierung, die er als Jungtier genießt, hat einen enormen Einfluß auf seine geistige Entwicklung.

Obgleich dieses Kapitel in erster Linie dem neuen Staf-Besitzer helfen soll, sei darauf hingewiesen, daß die Ergebnisse der Hundeverhaltensforschung ebenso nützlich für die Züchter sind. Diese Studien haben bewiesen, daß ein Junghund von seiner Geburt bis zur 12. bis 16. Woche durch mehrere kritische Phasen geht, dabei sind die Wochen 3 bis 7 die wichtigsten. Nahezu alle Züchter lieben es, mit ihren Welpen zu spielen, aber das allerwichtigste dabei ist, daß jeder einzelne Welpe auch ein wenig Einzelbehandlung erfährt. Und dies getrennt von den Wurfgeschwistern! Hierdurch wird der Junghund in die Lage versetzt, seine eigene Persönlichkeit zu entwickeln, Vertrauen aufzubauen, er lernt sich auf direkten Kontakt mit dem Menschen einzustellen. Eine anregende Umgebung mit sicherem Spielzeug verschiedener Größen und Beschaffenheit weckt Neugier und stärkt das Selbstvertrauen. Er lernt, sich einer wechselnden Umgebung anzupassen.

In gewissen Entwicklungsstufen sind viele Junghunde gegenüber einer neuen Umgebung und fremden Objekten etwas mißtrauisch, zurückhaltend. Hierbei darf der Besitzer dem Junghund nicht dadurch zu helfen versuchen, daß er den Welpen streichelt, mit ihm spielt, das könnte von dem Junghund als Lob mißverstanden werden. Jede Handlung, für die man einen Hund lobt, wird er wiederholen. Dadurch würde eine zögernde Haltung beim Zusammentreffen mit einem neuen Gegenstand zur erlernten Reaktion werden. Anstelle das Zögern zu beloben, sollte der Besitzer vielmehr voller Selbstvertrauen auf den Gegenstand zugehen, den Welpen mit natürlicher, fröhlicher Stimme rufen. Man setzt sich neben das gefürchtete Neue, dies ist immer der richtige Weg, den Welpen zu ermuntern, vorwärts zu gehen. Aber Lob und Spiel unterbleiben solange, bis der Junghund herangekommen ist, den Gegenstand selbst geprüft hat. Ist der Gegenstand nicht zerbrechlich und nicht zu groß, kann man weiteres Selbstvertrauen dadurch auslösen, daß man ihn vom Welpen wegrollt, wegstößt (nie auf ihn zu); hierdurch entwickelt man seinen natürlichen Jagdinstinkt. Es dauert nicht lange, dann rollt er den Gegenstand selbst vor sich her, jagt ihm nach. Auf diese Art wächst das Selbstvertrauen im Junghund. Ein Hund, der von einem liebevollen Besitzer in einer Umwelt voller Anregungen großgezogen wird, der viel Sozialkontakte hat, wird diese Ausbildung tausendfach zurückgeben, im Ausstellungsring sich stolz präsentieren, zu Hause ein zuverlässiger Wächter sein. Hat man bereits einen Hund im Haus und möchte noch einen weiteren eingliedern, ist dies für den vorhandenen Hund meist leichter, wenn der neue Welpe dem anderen Geschlecht angehört. Man kann nie voraussagen, wie Hunde – einmal erwachsen geworden – miteinander zurechtkommen, aber es gibt sehr viele Stafs, die untereinander harmonisch zusammenleben, auch mit Hunden anderer Rassen.

Stafs haben im allgemeinen Katzen gegenüber eine gewisse Abneigung, aber keine Schwierigkeiten, mit den eigenen Hauskatzen eine gute Beziehung aufzubauen.

Unten: Beech Lee My Fair Lady. Besitzer: Tom u. Connie Jurgensen.

Oben: Ch. Dogwood's Ogeechee Gambler vermittelt den Eindruck großer Kraft und Stärke. Besitzer: Martha Lloyd. Züchter: Dr. William Rhodes. Führer: Jimmy Phillips.

Oben: Korrekte obere Linie. Ch. Kirkee's Polar Bear O'Fraja E.C., C.D. Züchter: Jacqueline Fraser und Dr. John King. Besitzer: Scott Ivey und James Wheat.

ANATOMIE DES AMERICAN STAFFORDSHIRE TERRIER

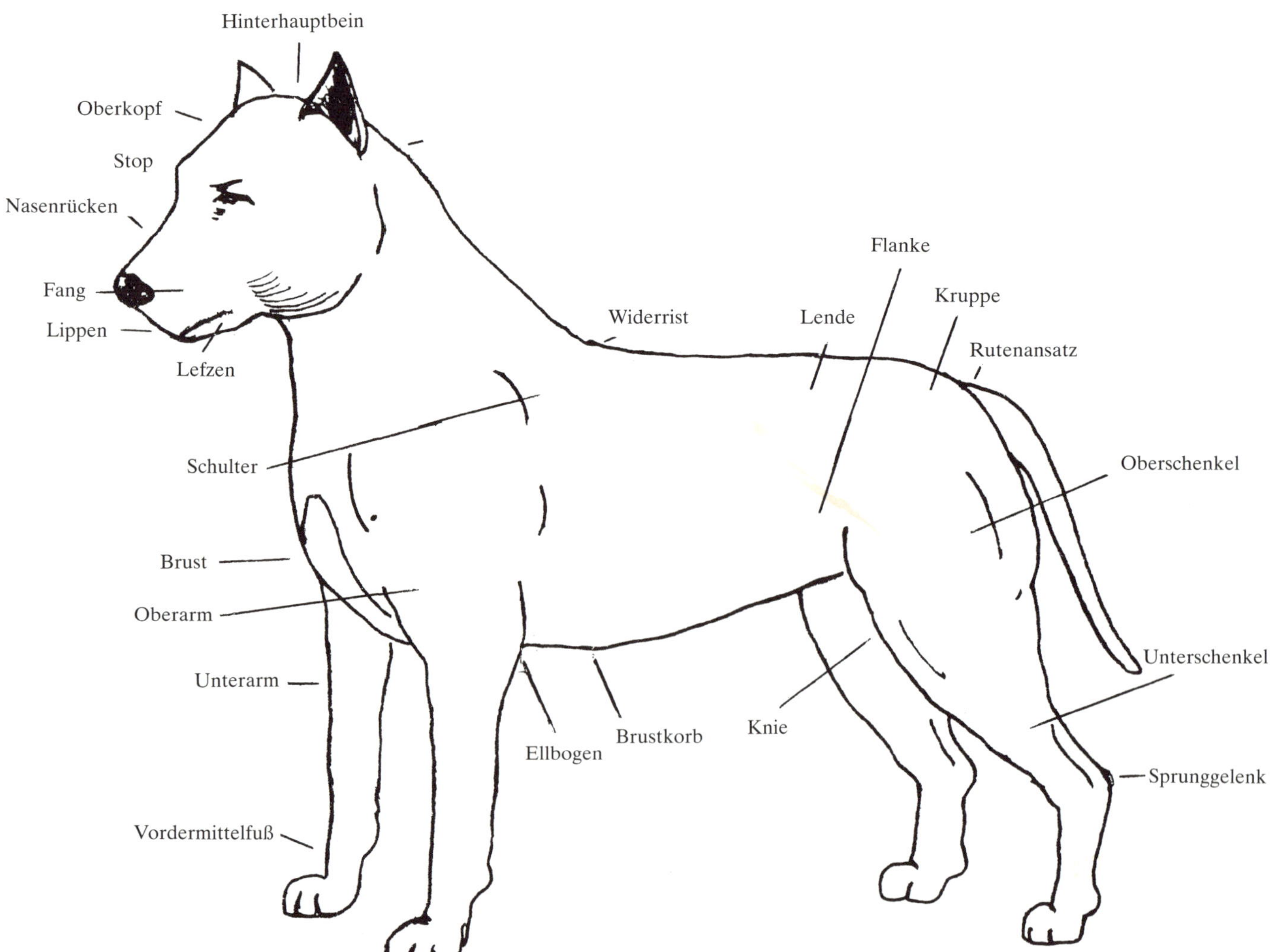

Zeichnung von Lou Fusco.

Anatomie des ausgewachsenen American Staffordshire Terrier

»Unter jenen, die zu Richtern von Hunden geworden sind, gibt es einige, die einfach nicht begreifen, daß bei Übertreibung bestimmter Punkte oder Merkmale einer besonderen Rasse bis zum Exzess sie zu Deformationen werden. So kommt es nicht selten zur Verurteilung gerade von Bulldogs, Spaniels und Terriern, die einfach nichts anderes mehr sind, als nutzlose und hilflose künstliche Geschöpfe, welche die Gesetze der Natur sowohl hinsichtlich Schönheit als auch Gebrauchstüchtigkeit verletzen. Dies sind ganz einfach Mißbildungen . . .«

George R. Jesse, »Researches into the History of British Dogs«, 1866.

Der Rassestandard ist der Maßstab, an dem alle Rassehunde gemessen werden. Jede der 130 Hunderassen, welche vom American Kennel Club anerkannt werden, hat ihren eigenen Standard. Der Rassestandard wird vom Rassehundezuchtverein des Ursprungslandes geschrieben, im jeweiligen Land durch den zuständigen Rassezuchtverein (Parent Club), wobei der zuständige nationale Kennel Club dieser Fassung seine Zustimmung geben muß. Der Standard für den American Staffordshire Terrier wurde am 10. Juni 1936 vom AKC anerkannt, er blieb seit diesem Datum unverändert. Man muß sich den Standard als »Standard of Excellence« (als eine Art Wunschbild) vorstellen, Ziel ist die Beschreibung eines perfekten American Staffordshire Terrier. Diesen Traumhund hat es nie gegeben, in allen Hunderassen gibt es immer Möglichkeiten der Verbesserung, selbst bei den wirklich besten Exemplaren. So ist es das Ziel jedes Züchters, einen Hund zu züchten, der den im Standard aufgelisteten Kriterien so nahe wie möglich kommt. Die Aufgabe des Ausstellungsrichters ist es, als Gewinner den Hund auszulesen, der den Zielen des Rassestandards so nahe wie möglich kommt. Jeder neue Züchter muß dieses »blue print« eines Zuchtprogramms auswendig lernen, respektieren, wenn er je hoffen will, in Zucht und Ausstellung seiner Hunde Erfolg zu haben.

Es sollte hilfreich sein, hier ein paar Worte zu erläutern, die bei der Wertung von Hunden häufig gebraucht werden.

TYP: Wahrscheinlich ist das Wort »Typ« das am meisten mißbrauchte Wort der ganzen Hundesprache. Im Gegensatz zur allgemeinen Annahme hat jede Rasse nur einen einzigen »korrekten Typ«. Der »typische Hund« ist der, der den im Standard festgelegten Merkmalen der Rasse am nächsten kommt. Typ ist genau das, was eine Hunderasse von jeder anderen Hunderasse trennt. In allen Rassen treten kleine Abweichungen auf, selbst unter den »typischsten« Einzeltieren. Kleine Unterschiede in Größe, Ausdruck, Substanz, Eleganz, können auf Familienunterschiede zurückgehen, können Abweichungen auch in der gleichen Linie darstellen – es handelt sich aber um keine Unterschiede im Typ. So kann jeder einzelne Züchter versuchen, einen Hund zu züchten, der der idealen Interpretation von Größe, Substanz und Ausdruck entspricht. Vorausgesetzt, dieser Hund entspricht den im Standard aufgelisteten Merkmalen, hat er auch »Typ«, selbst wenn er ein klein wenig von dem Idealhund eines anderen Züchters abweicht, der deshalb aber auch nicht weniger »Typ« aufweist. Der sicherste Weg, an Typ zu verlieren, ist Ignoranz gegenüber dem Rassestandard. Ein anderer Weg ist, daß ein Bereich des Rassestandards übertrieben, andere Bereiche vernachlässigt werden.

SOUNDNESS: Unter Soundness versteht man in der englischen Sprache die Fähigkeit eines Hundes, in allen Bereichen richtig zu »funktionieren«. Soundess fordert einen korrekten Aufbau des Skeletts, gute Muskulatur und festes Wesen, erlaubt keine Mängel – vorübergehende oder dauernde – die den Hund darin hindern, alle seine körperlichen und wesensmäßigen Anlagen voll zu nutzen. Unsound sind lahme, taube, blinde, überaggressive, übernervöse oder scheue Hunde. Als unsound bezeichnet man auch Rüden, wenn nicht beide Hoden in das Scrotum abgestiegen sind. Ein Hund mit einer verletzten Pfote ist »temporarily (vorübergehend) unsound«. Sobald er nicht mehr hinkt, ist er wieder sound. Nicht alle Fehler machen einen Hund unsound. Ein Hund kann einen überlangen, dünnen Fang haben, seine Rute zu hoch tragen, zu hochläufig sein – so lange er alle seine Körperteile naturgemäß bewegen kann, ist er noch immer »sound«. Da aber solche Fehler für einen Staf gegenüber der Beschreibung im Rassestandard fehlerhaft sind, sagt man dann, ihm fehle Typ. So kann ein Mischling sehr »sound« sein, aber überhaupt keinen Typ haben.

KONDITION: Die alleinige Verantwortung, ob ein Hund in Kondition ist oder nicht, liegt bei seinem Besitzer. Ein Hund ist in richtiger Kondition, wenn er für seine Größe das richtige Gewicht aufweist, gut bemuskelt ist, klare Augen und ein glänzendes, gepflegtes Fell hat.

BALANCE: Unter Ausbalanciertheit versteht man, daß alle Körperteile eines Hundes zueinander passen, kein Teil gegenüber den übrigen heraussticht. Ein Hund mit einem langen, schmächtigen Körper und einem breiten, klotzigen Kopf würde unproportioniert erscheinen. Man kann die Begriffe »gut proportioniert« und »richtig ausbalanciert« gegeneinander austauschen.

STYLE: Webster definiert den Begriff Style als »eine Art angemessener Eleganz«, »stylishness« wird als »Attraktivität« verstanden. Gerade auf einer Hundeausstellung trennt »Style« das Überragende vom Guten, die Gewinner von den Verlierern, wenn alle übrigen Punkte nahezu gleich sind. Ein Hund mit »Style« zeigt optimal die Merkmale seiner Rasse, macht aus seiner »typeyness« das Beste. Er bewegt sich voller Stolz: mit hohem Kopf, geschwungener Halspartie vermittelt den Eindruck von Mut, Fröhlichkeit und Aufmerksamkeit – bleibt dabei stets unter Kontrolle. Stil und Eleganz, beides sind Qualitäten, die man seinem Hund selbst nicht vermitteln kann, er ist entweder damit geboren oder hat sie nicht. Man kann jedoch die hohe Qualität eines Hundes, die er bei Geburt hatte, verlieren, wenn man unangemessene oder gar brutale Erziehungsmethoden anwendet, ihn nicht richtig sozialisiert, nicht auf seine Gesundheit achtet oder ihn schlecht hält.

Ein Hund kann typisch sein, sound, gut ausbalanciert, in erstklassiger Kondition, – aber dennoch kann ihm Style fehlen. Das braucht nicht zu besagen, daß ein solcher Hund nicht gewinnen kann, denn ein korrekter Hund wird immer auch einige angemessene Siege erringen. Das bedeutet jedoch, daß wenn ein solcher Hund gegen einen ebenso korrekt aufgebauten Hund im Wettbewerb steht, der ebenso elegant ist, dann wird der Hund, dem es an Style fehlt, wahrscheinlich Zweiter.

Der offizielle Rassestandard für den American Staffordshire Terrier ist nachstehend im englischen Original wie in deutscher Übersetzung in kursiver Schrift abgedruckt. Meine Anmerkungen und Erläuterungen zu jedem Teil erfolgen in Normalschrift.

Scherengebiß – korrekt

Zangengebiß – in Wahrheit leicht vorbeißend

Vorbiß

Rückbiß

Alle Zeichnungen auf dieser Seite von Lou Fusco.

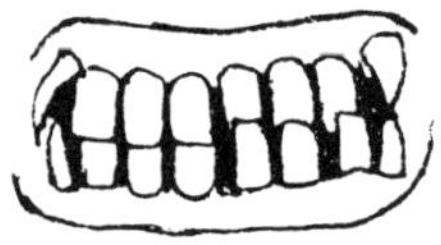
Wry mouth – teils Scherengebiß, teils Vorbiß

HÖHEN- UND LÄNGENMASSE BEIM HUND

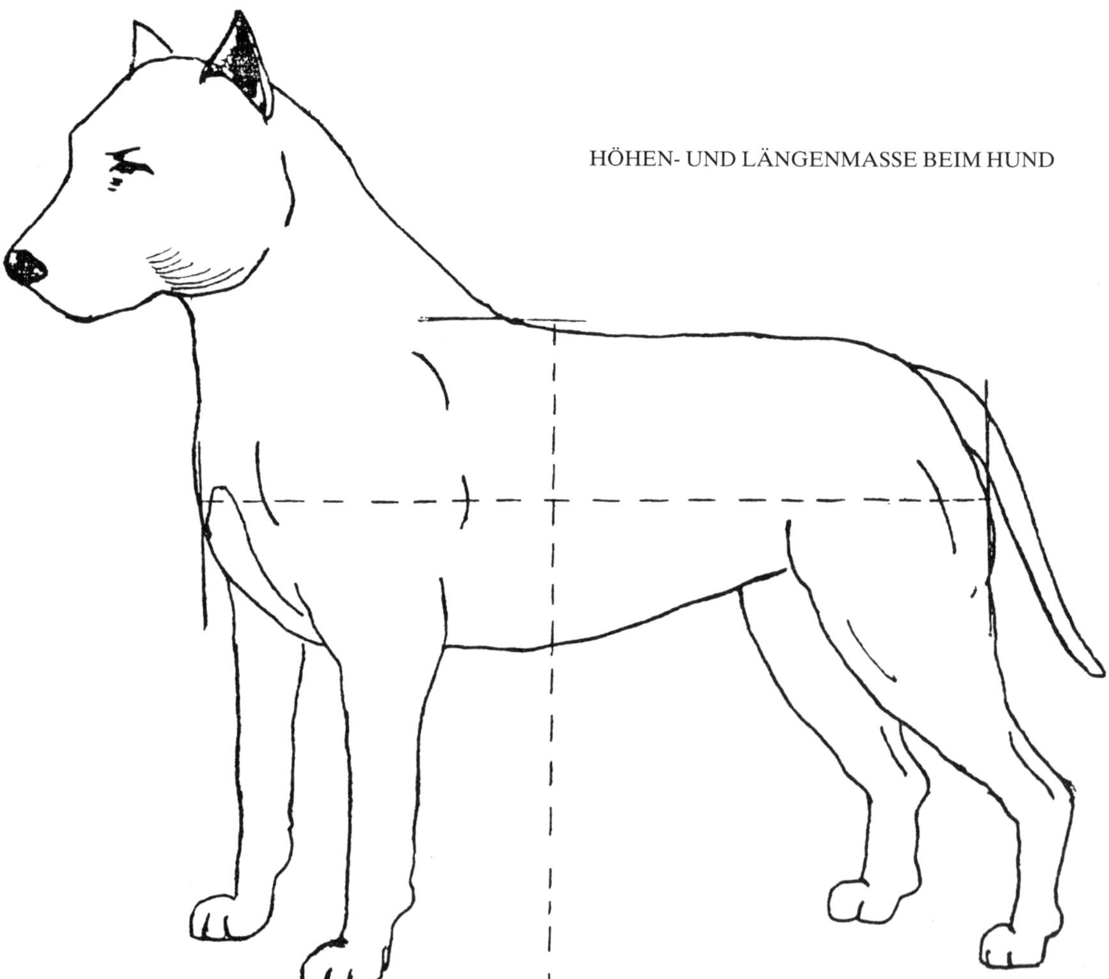

Höhenmessung: Man legt einen flachen Gegenstand über den Widerrist, mißt die Entfernung bis zum Boden.
Längenmessung: Man mißt vom Schulterblatt bis Hinterschenkel.

Offizieller Rassestandard des American Staffordshire Terrier

Erlassen durch den Staffordshire Terrier Club of America und anerkannt durch den Board of Directors des American Kennel Clubs – 10. Juni 1936.

General Impression: The American Staffordshire Terrier should give the impression of great strengh for his size, a well-put-together dog, muscular, but agile and graceful, keenly alive to his surroundings. He should be stocky, not long-legged or racy in outline. His courage is proveribal.

Allgemeine Erscheinung: Der American Staffordshire Terrier soll den Eindruck von großer Kraft im Verhältnis zu seiner Größe vermitteln. Er ist ein gut aufgebauter Hund, muskulös, dabei beweglich und gefällig, sehr interessiert an seiner Umwelt. Er muß stämmig und untersetzt sein, nicht langbeinig oder windhundartig in seinen äußeren Linien. Sein Mut ist sprichwörtlich.

Diese 43 Eröffnungsworte des englischsprachigen Standards fassen die zwei wichtigsten Eigenschaften des American Staffordshire Terriers zusammen – Eigenschaften, die ihn identifizieren, die ihn zur abgegrenzten Rasse machen – umschreiben den Rassetyp, machen diesen Hund »typey«. Seine Identitätsmerkmale sind sein allgemeines Erscheinungsbild und sein Wesen.

So sehr wir Stafford-Züchter die ursprüngliche Idee des Hundekampfes verabscheuen, müssen wir dennoch im Gedächtnis bewahren, für welche ursprüngliche Aufgabe der Staf gezüchtet wurde. Als Hundekampf und Bullbaiting die Massen begeisterte, in dieser Zeit wurde die Rasse geschaffen, nicht nur um zu kämpfen, sondern vor allem um zu gewinnen. Obwohl der Einsatz unserer Hunde zum Hundekampf oder Bullbaiting heute unter gar keinen Umständen in Betracht gezogen werden darf, müssen wir dennoch zur Wahrung der Rassenidentität Hunde züchten, die wie Kampfhunde aussehen, die in der Lage sind zu gewinnen.

Der Staf ist ein kräftiger Hund, muß auch diesen Eindruck vermitteln. Er sollte stets in Topkondition vorgeführt werden, mit sich gut abzeichnender, harter Muskulatur. Dennoch muß diese Muskulatur auch geschmeidig erscheinen. Ein Stafford sollte nie so massig sein, daß er in seiner Muskulatur überladen wirkt oder ihm die Beweglichkeit und Eleganz zur geschmeidigen Bewegung fehlt.

Bei einem gut aufgebauten Hund fließen alle Körperteile sanft und attraktiv ineinander über, ohne daß irgendein einzelner Körperteil übertrieben erscheint. Jeder Teil des Hundes muß offensichtlich passen, die richtige Größe und Form haben, die mit dem übrigen Hund harmoniert. Niemals darf der Hund den Eindruck erwecken, er sei aus Einzelstücken zusammengesetzt, selbst wenn die Einzelstücke für sich »sound« wirken. Das Wesen des Stafs ist furchtlos und aufmerksam. Sein Ausdruck spiegelt Lebhaftigkeit – als erfreue er sich seiner selbst, niemals furchtsam, gelangweilt oder übel gelaunt. Zu recht erwartet man von ihm, daß er freundlich ist, sich wie ein Gentleman benimmt – wie ein intelligenter Gentleman mit dem richtigen Sinn für das Leben. Der Staf ist ein zu kraftvoller Hund, um im Ausstellungsring außer Kontrolle vorgeführt zu werden. Man muß ihn dazu erziehen, wohlerzogene Manieren zu zeigen, darf ihn aber nie so überfordern, daß es zu Stumpfsinn führt. Sein Wunsch, seinem Herrn zu gefallen, wird als recht stark entwickelt gesehen, seine Arbeitsfreude nützt ihm im Ausstellungsring. Zu jeder Zeit muß er Selbstvertrauen zeigen, man sollte ihm anmerken, daß er jederzeit – wenn es die Gelegenheit fordert – »seinen Mann steht«. Diese Rasse wurde von Anfang an gezüchtet, um zu siegen, deshalb muß dieser Hund immer verkörpern, daß er weiß, »was er kann«.

Head: Medium length, deep through, broad skull, very pronounced cheek muscles, distinct stop; and ears are set high.

Kopf: Von mittlerer Länge und großer Tiefe. Breiter Oberkopf, sehr ausgeprägte Backenmuskulatur, betonter Stop (Stirnabsatz). Die Ohren sind hoch angesetzt.

Der Kopf vermittelt immer den ersten Eindruck eines Hundes. Er trennt den American Staffordshire Terrier sofort von allen anderen vom AKC anerkannten Hunderassen, mit Ausnahme des Staffordshire Bull Terrier, dessen Kopf, obwohl kleiner, von ähnlicher Struktur ist. Der Staffordkopf ist zwar breit und massig, dennoch vermittelt dieser Kopf den Eindruck, als sei er wunderschön gemeißelt, ausgefüllt durch sich deutlich abzeichnende Muskulatur, eine Mischung von Kraft, Eleganz und Einmaligkeit. Der große Oberkopf ist ziemlich quadratisch, vereint Breite und Tiefe. Die Backenmuskulatur zeichnet sich klar ab. Der Stop (Einsenkung direkt vor den Augen, zwischen Oberkopf und Fang), im Profil gesehen, zeigt einen plötzlichen Abfall, sollte fast stufenartig geformt sein – nicht als fließender Übergang.

Die Ohren reagieren auf äußere Reize. Die Verbindung der lebhaften Augen mit den beweglichen Falten des Vorderkopfes führen zu einem ungewöhnlich ausdrucksreichen Mienenspiel.

Obgleich der Kopf insgesamt den Eindruck von Kraft und Größe vermitteln sollte, darf dies nicht übertrieben sein, als fordere man damit einen größeren Körper, um diesen Kopf zu tragen. Alle Teile des Tieres müssen zu recht als absolut passend zum Hund erscheinen, sonst fehlt dem Hund die Ausgewogenheit (Balance).

Ears: Cropped or uncropped, the latter preferred. Uncropped ears should be short and held half rose or prick. Full drop to be penalized.

Ohren: Kupiert oder unkupiert, letzteres bevorzugt. Unkupierte Ohren sollen kurz sein, werden entweder als halbes Rosenohr oder als Kippohr getragen. Hängeohr ist fehlerhaft.

Zur Zeit wird noch die große Mehrheit der Stafs mit coupierten Ohren ausgestellt. In den USA kommt aufgrund der allgemeinen Vorliebe für coupierte Ohren das uncoupierte Ohr sehr selten vor, obgleich der Standard das uncoupierte Ohr im Ausstellungsring bevorzugt. In vielen Ländern des Kontinents einschließlich England und Deutschland ist das Coupieren der Ohren gesetzlich verboten. Die meisten Richter scheinen beide Ohrenarten zu akzeptieren, vorausgesetzt, das uncoupierte Ohr ist von akzeptabler Form. In der Rasse gibt es heute viele uncoupierte Champions; ein guter Hund, coupiert oder uncoupiert, sollte unabhängig davon immer gewinnen können. Die Ohren beider Typen sollten vom Hund aktiv gebraucht werden, auf alle Reize reagieren, hierdurch passen sie zum aufmerksamen Gesichtsausdruck des Tieres.

Es ist wichtig, daß das uncoupierte Ohr richtig getragen wird. Hier gibt es einen Fehler im Plazieren eines einzigen Wortes im Standard, der bisher nie offiziell korrigiert wurde. Die Staffordzüchter kennen das richtige Ohr, übertragen den korrekten Sinn auf neue Züchter. Richtig gelesen sollte der

Standard lauten: »Uncropped ears should be short and held rose or half prick.« (Uncoupierte Ohren sollen kurz sein, als Rosenohr oder halbstehend getragen werden).

Es gibt kein »halbes Rosenohr«. Das Rosenohr ist nach hinten gefaltet, dadurch kann man ein wenig das Innenohr (burr) sehen. Die Ohrspitzen fallen entweder seitlich oder werden nach hinten gelegt – je nach Form, Größe und Ohrhaltung im Augenblick. Meistens liegen sie nach hinten, wenn der Hund entspannt ist, bewegen sich dann weiter nach vorn, so daß sie seitlich hängen, wenn der Hund aufmerksam ist. Das kleine Rosenohr ist erwünscht.

Ein halb aufgestelltes Ohr ist eines, das in der unteren Ohrmuschel nach oben gerichtet ist, dann etwa auf halbem Weg abkippt. Die Ohrspitzen hängen nach vorne, manchmal leicht seitlich, sind aber immer viel mehr nach vorne gerichtet als das Rosenohr. Auch halb aufgerichtete Ohren müssen klein sein, um gut auszusehen.

Ein volles Hängeohr sieht man an Spaniels und vielen anderen Hunderassen. An diesen sieht entsprechend dem Rassestandard ein solches Ohr recht attraktiv aus. An einem Staf ist aber ein Hängeohr unerwünscht, paßt nicht zu ihm.

Eyes: Dark and round, low down in skull and set far apart. No pink eyelids.

Augen: Dunkel und rund, tief im Oberkopf eingesetzt und weit auseinanderliegend. Rosa Augenlider nicht zulässig.

Bei der Augenfarbe wird immer die dunklere bevorzugt. Manche Richter und auch Züchter geben in der Augenfarbe etwas Toleranz bei Hunden von heller Fellfarbe, aber hellgraue, gelbe oder gar blaue Augen wären eine viel zu große Toleranz, denn Augen mit dieser Farbe ruinieren völlig den Ausdruck des Hundes, demzufolge auch seinen Typ. Der äußere Augenwinkel sollte in einer direkten Linie zum Ansatz der Backenmuskulatur liegen.

Zu dicht beieinander stehende Augen lassen den Fang lang und schmal wirken, nehmen dem Ausdruck des Hundes etwas von der Kühnheit seines Blicks, der aber so sehr zum korrekten Typ gehört. Eng zusammenstehende Augen lassen den Hund eher schlau und listig als intelligent wirken.

»No pink eyelids« muß man in dieser Rasse so interpretieren, daß rosa Augenlider unerwünscht sind, man möchte also, daß die das Auge umschließenden Lider voll durchpigmentiert sind. Ist die Fellfarbe rund um das Auge weiß, üben manche Züchter und Richter in der Lidfarbe einige Toleranz.

Muzzle: Medium length, rounded on upper side to fall away abruptly below eyes. Jaws well-defined. Underjaw to be strong and have biting power. Lips close and even, no looseness. Upper teeth to meet tightly outside lower teeth in front. Nose definitely black.

Fang: Von mittlerer Länge; nach oben abgerundet, unter den Augen abrupt abfallend. Kiefer kräftig ausgeprägt. Der Unterkiefer muß stark sein und Beißkraft zeigen. Lefzen eng und gleichmäßig anliegend, immer geschlossen. Die oberen Schneidezähne stehen dicht vor den unteren. Die Nase muß eindeutig schwarz sein.

Die Länge des Fangs muß immer im richtigen Verhältnis zur Kopfgröße stehen. Im Profil oder von vorne betrachtet muß eine perfekte Harmonie bestehen, der Fang darf weder merklich lang noch extrem kurz wirken.

Das plötzliche Abfallen unter den Augen hängt mit dem richtigen Stop zusammen. Fehlender Stop oder zu schwacher Stop sind für die Rasse fehlerhaft. Wären Kopf und Fang so geformt, würde man sagen, dem Hund fehle es an Typ.

Der Nasenrücken muß gerade sein. Bildet er eine nach oben gerichtete Kurve (downfaced und roman finish), ähnelt er dem Bull Terrier, verläuft die Kurve leicht nach innen, steht also die Nase etwas höher als der übrige Fang (dish-faced) oder sieht der Fangrücken eingebeult oder faltig aus, so ist auch dies untypisch.

Da wir einen Hund züchten, der den Eindruck vermitteln muß, daß er zu kämpfen und siegen versteht, müssen Kraft und Stärke der Kiefer erhalten bleiben. Der Unterkiefer sollte sehr ausgeprägt sein, so daß das Fangende einen quadratischen Eindruck macht, obwohl die Winkel tatsächlich ineinander übergehen, nicht so quadratisch verlaufen wie die beim Boxer. Ist der Unterkiefer nach hinten versetzt, schwächlich ausgebildet und hohl, erscheint der Fang »geschnürt« (pointy). Im Profil erscheint er länger als er wirklich ist. Einem so geformten Fang fehlt es an Kraft, man nennt dies »snipy«.

Je enger die Lefzen anliegen, desto besser. Manchmal erkennt man die quadratische Form des Kiefers nicht, weil der Hund tief hängende obere Lefzen hat. Durch das Überhängen der Lefzen über den Unterkiefer, werden die klaren Linien des Fangs gestört. Starke Lefzen wären für die alten Kampfhunde ein echter Nachteil gewesen, sind dementsprechend unerwünscht.

Unser Standard verlangt den kräftigsten und besten Griff – und diesen sieht man allgemein im »Scherengebiß«. Unkorrekte Gebißstellungen und schlecht pigmentierte Nasen werden in einem späteren Abschnitt beschrieben.

Neck: Heavy, slightly arched, tapering from shoulders to back of skull. No looseness of skin. Medium length.

Hals: Kräftig, leicht gebogen und von mittlerer Länge. Er verjüngt sich von den Schultern zum Hinterkopf. Fell knapp anliegend.

Ein guter Hals mündet von der Seite gesehen elegant und sanft im Widerrist des Hundes (Schulterspitzen). Niemals darf der Hals den Eindruck erwecken, als sei er nachträglich aufgesetzt (Hirschhals).

Der Hals muß kräftig sein, stark bemuskelt, insbesondere im oberen Bereich, wo die Muskeln die Halskrümmung betonen, was viel zur Eleganz des Hundes beiträgt. Tatsächlich sind richtiger Ausdruck und eine gut geformte Halslinie die zwei wichtigsten Komponenten für die Eleganz des Hundes. Es wird immer wieder vorkommen, daß ein Hund mit diesen Vorzügen selbst über ein besser aufgebautes Exemplar siegt, dem diese Eleganz fehlt.

Die schmalste Stelle des Halses liegt direkt hinter den Ohren, von da an verbreitet er sich elegant nach unten, um sanft in den Widerrist überzugehen.

Falten oder lose Haut, die manchmal direkt unter der Kehle beginnt, nennt man Wammenbildung (»throatiness«, »having a dewlap«). Bei einer Rasse, bei der es auf klare äußere Linien und fest anliegende Haut ankommt, ist dies ein Fehler.

Ein zu kurzer Hals ist meist Folge falsch gelagerter Schulterblätter. Ein sehr kurzer Hals macht es für den Hund praktisch unmöglich, den Kopf standardgerecht zu tragen.

Überlange Hälse sieht man am häufigsten bei Hunden, die im Körperbau wie auch den Läufen zu lang sind, denen es an Substanz fehlt. Solche Hunde erscheinen insgesamt windig, hochläufig (»racy«, »rangy«).

Shoulders: Strong and muscular with blades wide and sloping.

Schultern: Kräftig und muskulös. Schulterblätter weit auseinander und schräg gelagert.

Der am meisten gebrauchte Ausdruck für korrekte Schulterlage lautet »gut zurückgelagert« (»well laid back«). Hierunter versteht man, daß das Schulterblatt (scapula), das den Oberarm mit der Wirbelsäule verbindet, von unten (am Oberarm) bis oben (direkt vor dem Widerrist) recht deutlich nach hinten gelagert ist. Der Begriff Winkelung bezieht sich bei der Vorhand des Hundes auf den Winkel zwischen Schulterblatt (scapula) und Oberarm (humerus).

Schultern, denen die Lagerung nach hinten oder Winkelung fehlt, nennt man aufrecht oder steil (»upright«, »straight«). Hierunter versteht man, daß das obere Ende des Schulterblattes zu weit nach vorne gelagert ist – in den Hals des Hundes gedrückt. Steile Schulterblätter lassen nicht nur die Halspartie kurz erscheinen und mindern dadurch die Eleganz, sie behindern auch das richtige Ausgreifen der Vorderläufe nach vorne.

Das Schulterblatt sollte breit sein, stark bemuskelt. Ist es lang und gut zum Oberarm gewinkelt, ist auch die Muskulatur über den gesamten Schulterbereich gut verteilt. Steht die Schulter steil, ist deshalb kürzer, erscheinen die Muskeln oft ziemlich grob, beulen aus. Diesen Fehler nennt man überladene Schultern (loaded shoulders). Sie nehmen viel von den fließenden Linien, von den vollendeten Formen eines guten Hundes.

Back: Fairly short. Slight sloping from withers to rump with gentle short slope at rump to base of tail. Loins slightly tucked.

Rücken: Ziemlich kurz. Vom Widerrist bis zur Lende leicht abfallend, von der Lende bis zum Rutenansatz mit leichter Biegung. Lendenpartie etwas hochgezogen.

Der American Staffordshire Terrier wird manchmal als »quadratischer« Hund bezeichnet. Hierunter versteht man, daß man beim Messen vom Widerrist zum Boden wie vom vorderen Schulterblatt bis zum Hinterlauf jeweils etwa gleiche Maße findet. Bei einem Hund mit langem Rücken liegt die Überlänge in der Regel in der Lendenpartie. Ein Hund mit zu kurzem Rücken ist im allgemeinen in der Bewegung eingeengt.

Die obere Linie vom Widerrist bis zum Rutenansatz (wo die Rute die Wirbelsäule verlängert) nennt man die »Top-line«. Diese obere Linie sollte eine glatte, elegante Linie bilden, am Widerrist etwas höher als an der Kruppe – mit einem zweiten, kürzeren Abfall zwischen Kruppe und der ziemlich tief angesetzten Rute. Schaut man von oben auf den Rücken, muß er muskulös und breit erscheinen. Die Haut sollte eng anliegen, darf keinerlei Falten oder Fettrollen am Widerrist aufweisen. Solche Falten sind in aller Regel das Ergebnis von Überfütterung, häufig aber auch Folge von Strukturfehlern im Schulterblatt.

Ein recht verbreitetes Problem der Rückenlinie ist ein Absacken (sagging) hinter dem Widerrist. Man nennt dies eine weiche Rückenlinie, einen Knick im Rücken. Andere Fehler in der Rückenlinie sind: Kruppe höher als Widerrist (überbaut); aufgezogener Rücken – hier wölbt sich das Rückgrat in einer konvexen Kurve, die hinter dem Widerrist anfängt und sich im Lendenbereich sehr stark abzeichnet.

Man muß sich darüber klar sein, daß die Lendenpartie die Taille des Hundes bildet. Sein Körper muß auch von oben betrachtet Form haben, sollte nicht aussehen wie ein Stück Holz oder eine fette Wurst. Eine bemerkbare Taillenbildung in der Lendenpartie ist erwünscht, darf jedoch natürlich nicht übertrieben sein, so daß sie geschnürt und schwächlich wirkt.

Body: Well-sprung ribs, deep in rear. All ribs close together. Forelegs set rather wide apart to permit chest development. Chest deep and broad.

Rumpf: Ausgeprägte Rippenwölbung. Alle Rippen eng zueinander anschließend, auch der übrige Rumpf tief. Vorderläufe breit stehend, um dem Brustkorb Raum zu geben. Brust tief und breit.

»Gut aufgewölbte Rippen« bedeutet, daß ein Hund seitlich gut gerundet, nicht flach erscheint. Der Hund braucht einen großen Rippenkorb, um Herz und Lungen genügend Raum zu bieten. »Deep in rear« manchmal auch »well-ribbed back« genannt, besagt, daß die Rippen sich am Körper des Hundes weit nach hinten ausdehnen. Wenn der Rippenkorb weit nach hinten reicht, finden die Lungen mehr Raum um Luft aufzunehmen. Es ist allgemein anerkannt, daß, wenn zwischen der letzten Rippe und dem Knie des Hundes mehr als eine Hand paßt, es dem Hund an Tiefe fehlt.

Zwischen den Vorderläufen muß genügend Raum sein, um einem gut entwickelten Brustkorb Platz zu bieten. Der Brustkorb liegt zwischen den Vorderläufen des Hundes und muß tief genug herabreichen, daß er an seinem niedrigsten Punkt parallel zu den Ellbogen liegt. Eine Front, bei der die Vorderläufe zu eng zusammenstehen, ist meist durch schlechte Winkelung des Schulterblattes begründet. Dieser Fehler wird oft von einer zu schwachen Entwicklung des Brustkorbes begleitet. Die englischen Fachausdrücke für eine schmale Front lauten »pinched« oder »tight«.

Man darf nicht den Eindruck gewinnen, daß in bezug auf den Abstand zwischen den Läufen und Breite des Brustkorbes mehr immer besser sei. Das ganze Tier muß ausbalanciert bleiben, eine Übertreibung in der Front führt zu Bulldogformen (»bull-doggy«), wirkt grob, es fehlt an Eleganz.

Tail: Short in comparison to size, low-set, tapering to a fine point; not curled or held over back. Not docked.

Rute: Kurz im Verhältnis zur Körpergröße, tief angesetzt, in eine feine Spitze auslaufend. Nicht gekrümmt, nicht über dem Rücken getragen, nicht kupiert.

Die Rute des Stafs sollte sich von der kräftigen, dicken Wurzel bis zum Rutenende laufend verjüngen, sollte direkt über oder am Sprunggelenk enden. Die ideale Rute ähnelt einem altmodischen Pumpenschwengel. Sie muß tief angesetzt sein, allerdings nicht so tief, wie dies bei einigen Windhunderassen verlangt wird.

Eine richtige Rutenhaltung ist wichtig. Sie darf beim sich bewegenden Hund nicht oberhalb der Rückenlinie getragen werden. Ruten, die hoch über der Rückenlinie getragen, manchmal sogar leicht über den Rücken gerollt werden, nennt man »gay tails«, sie sind fehlerhaft. Aber auch eine richtig tief getragene Rute, wenn geringelt, ist fehlerhaft.

Ganz selten wird ein Welpe mit einer Korkenzieherrute (screw tail) – ähnlich Bulldoggen – geboren, dies ist ein Rückschlag in das Bulldogerbe. Solche Korkenzieherruten sind untypisch, werden als schwere Fehler angesehen.

Man muß sich im klaren sein, daß die Rute eine Fortsetzung

FRONTSTELLUNG DES AMERICAN STAFFORDSHIRE TERRIER

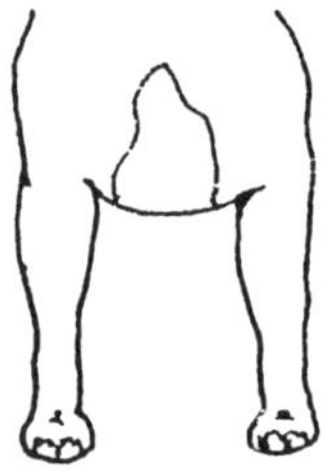
korrekt

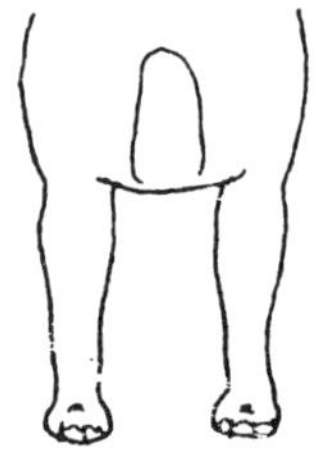
zu schmal

ausgedrehte Ellenbogen

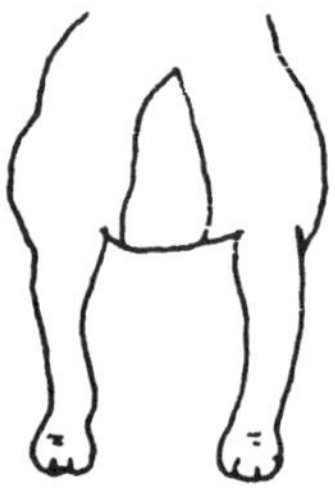
überladene Schultern und leichte, gekrümmte Knochen.

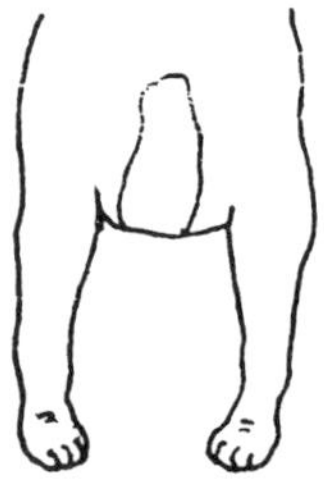
Einwärts gedrehte Pfoten – im Gegensatz zu auswärts gedrehten Pfoten – nennt man in den USA eine »East-West front«.

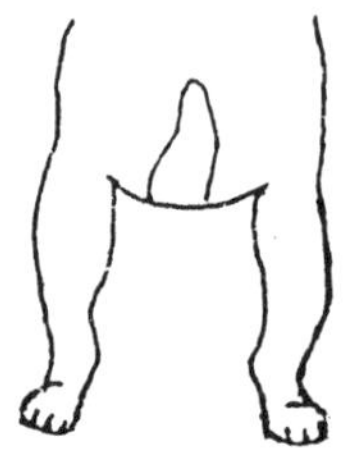
Nach außen gedrehter Oberarm mit Knick im Vordermittelfuß, hierdurch stehen die Pfoten auswärts gedreht (Fiddle-front).

HINTERHANDSTELLUNG DES AMERICAN STAFFORDSHIRE TERRIER

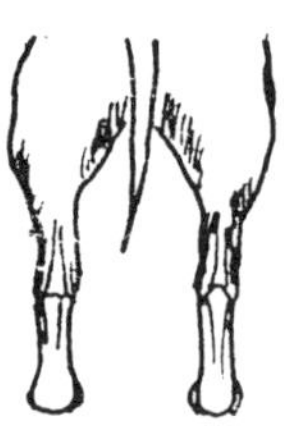
korrekte Stellung

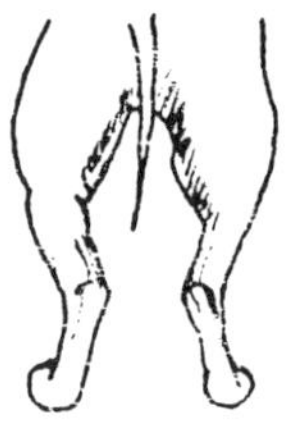
kuhhessig

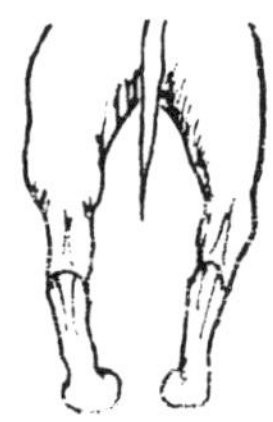
faßbeinig mit nach innen stehenden Zehen

SEITENANSICHT DES VORDERLAUFS MIT VORDERMITTELFUSS UND PFOTE

Aufrechter Vordermittelfuß, gut aufgeknöchelte Pfoten.

Große, flache Pfote.

Schwacher Vordermittelfuß.

SEITENANSICHT DES HINTERLAUFS

Mäßig gewinkeltes Knie, ermöglicht dem Hund verstärkten Schub aus der Hinterhand.

Hunde mit steiler Kniewinkelung haben einen abgehackten, stelzenden Gang, es fehlt ihnen Schub.

HÄUFIGE RÜCKENPROBLEME BEIM AMERICAN STAFFORDSHIRE TERRIER

Fig. A

Fig. B

Fig. C

Erfahrene Vorführer vermögen häufig im Stand bei der Überprüfung durch den Richter eine schlechte Rückenlinie zu verbergen. Solche Rückenlinienprobleme werden aber immer klar erkennbar, wenn der Hund sich im typischen Ausstellungstrab bewegt. Figur A zeigt eine korrekte Rückenlinie, Figur B einen Knick hinter dem Widerrist, der oft vom Überbautsein des Hundes begleitet ist, Figur C einen aufgezogenen Karpfenrücken.

der Wirbelsäule darstellt. Eine verkrüppelte Rute, eine Korkenzieherrute oder auch sehr dünne und schwache Ruten könnten ein Hinweis sein, daß ähnliche Mängel in der Wirbelsäule vorliegen.

Ein Staf mit einer coupierten Rute darf nicht ausgestellt werden.

Legs: The front legs should be straight, large or round bones, pastern upright. No resemblance of bend in front. Hindquarters well-muscled, let down at hocks, turning neither in nor out. Feet of moderate size, well-arched and compact. Gait must be springy but without roll or pace.

Läufe: Die Vorderläufe stehen gerade, mit starken Knochen, Fußgelenk fest. Keinerlei Anzeichen einer Krümmung in der Front. Hinterhand stark bemuskelt, gut gewinkeltes Sprunggelenk, weder nach innen, noch nach außen gestellt. Pfoten von mittlerer Größe, gut aufgeknöchelt und kompakt. In der Bewegung federnd, ohne zu rollen oder in Paßgang zu fallen.

Die Vorderläufe müssen in ihrer gesamten Länge kraftvoll und gerade sein. Die Ellbogen müssen eng an der Seite des Hundes anliegen, dürfen kein Spiel haben oder nach außen gedreht werden. Niemals darf ein Staf krummbeinig sein. Die Pfoten müssen gerade nach vorne gerichtet, dürfen weder nach außen noch nach innen gedreht sein. Der Vordermittelfuß (unterster Teil des Vorderlaufs, vom Gelenk abwärts zur Pfote hinab) muß kräftig und aufrecht gestellt sein. Mündet der Vorderlauf in einem Winkel gegen den Boden – nach vorn oder hinten gestellt – hat der Hund im Vordermittelfuß Schwächen. Sind die Ellbogen nach außen gestellt, stehen die Pfoten zu dicht beieinander und sind gleichfalls nach außen gedreht, nennt man dies eine »französische Frontstellung« (englisch auch »fiddle front«). Die Laufknochen müssen kräftig genug sein, um den Eindruck zu erwecken, daß sie das Körpergewicht mit Leichtigkeit tragen. Der Begriff »knochenschwach« (not enough bone) wird oft gebraucht, um einen zu geringen Umfang des Knochens selbst zu beschreiben, dadurch wirkt ein Hund überschwer im Körper, man wundert sich, wie solche schmalen Läufe diesen Körper tragen können. Der Ausdruck wird aber auch gebraucht, wenn man insgesamt fehlende Substanz ausdrücken will – in solchen Fällen ist ein Hund, wenn auch insgesamt zu leicht gebaut – zumindest körperlich ausbalanciert (balanced).

Die Hinterläufe des Hundes bestehen aus Oberschenkel und Unterschenkel, dazwischen liegt das Kniegelenk (stifle), was am Hinterlauf des Hundes vorn gelagert ist. Ober- und Unterschenkel müssen von harten Muskeln überzogen sein. Der Hinterlauf sollte am Knie eine Winkelung aufweisen, die im Winkelgrad dem Winkel am Schultergelenk entspricht. Anderenfalls fehlt es dem Hund an der Balance, kann er sich nicht richtig bewegen. Fehlt es dem Hund an Winkelung im Knie (steiles Kniegelenk), können die Hinterläufe nicht den notwendigen Schub bringen, der für eine gute Fortbewegung erforderlich ist. Der Schub, der den Hund vorwärts treibt, kommt aus einem sich beugenden und wieder gerade richtenden Kniegelenk. Ist das Kniegelenk aber steil gestellt, ist die Bewegung aus der Hinterhand abgehackt, wenig ergiebig. Schlechte Winkelung in Vor- wie Hinterhand verkürzt den Schritt des Hundes, ist einer der häufigsten Fehler in dieser Rasse.

Zwischen dem Kniegelenk und der Pfote liegt das Sprunggelenk. Es darf keinesfalls in der Mitte des Hinterlaufs liegen, sondern viel tiefer, denn der Kniebereich ist viel länger als der Bereich des Sprunggelenks. »Let down at hocks« bedeutet, daß das Sprunggelenk nahe am Boden liegen muß.

Ideale Hinterläufe stehen von hinten gesehen absolut parallel. Wird das Sprunggelenk nach innen gestellt (kuhhessig) oder dreht nach außen (faßbeinig), so liegt eine fehlerhafte Stellung vor. Im Profil gesehen muß das Sprunggelenk tief angesetzt sein, hinter dem Körper – nicht unter dem Körper stehen. Der Fußknochen sollte vom Sprunggelenk in senkrechter Linie zum Boden stehen.

Nie dürfen die Pfoten im Verhältnis zur Größe des Hundes zu groß erscheinen. Flache Pfoten und Spreizpfoten (mit Zwischenräumen zwischen den Zehen) sind fehlerhaft, mindern die Ausdauer des Hundes. Die Unterseite der Pfote muß mit kräftigen Ballen ausgestattet sein, denn der Ballen ist die Federung des sich bewegenden Hundes.

Am Rande vom Ausstellungsring hört man oft sagen: »Wenn ein Hund sich richtig bewegt, muß er anatomisch richtig aufgebaut sein.« Tatsächlich kann das Verhältnis zwischen der äußeren Form und den Körperfunktionen gar nicht zu sehr betont werden. Fachkundiges Vorführen kann beim aufgestellten Hund Fehler verbergen, in der Bewegung zeigen sie sich dem geübten Auge sofort.

Auch die Haltung des Hundes ist von Wichtigkeit. Der Staf sollte sich in freier, selbstsicherer Haltung zielgerecht und entschlossen vorwärts bewegen. Sind seine Ganganlagen in Ordnung, gibt es keine vergeudete Kraft, keine übertriebene (hackney) Aktion. Die Pfoten sind weder nach innen gestellt, noch schwingen sie nach außen. Der ganze Bewegungsablauf muß den Eindruck der Mühelosigkeit vermitteln. Auch die obere Linie des trabenden Hundes sollte elegant sein – kein Stoßen nach oben und unten oder rollende Seitwärtsbewegungen. Strukturfehler wie lose Bänder im Hüftgelenk können eine solch rollende Bewegung auslösen, Ursache kann aber auch übertriebener Fettansatz und Mangel an Bewegung sein. Ein Junghund, der solche rollenden Bewegungen zeigt, festigt sich meist mit dem Ausgewachsenwerden.

Im Paßgang bewegen sich Vorder- und Hinterlauf je einer Seite gleichzeitig nach vorne. Im Trab (der im Ausstellungsring geforderten Bewegung) bewegen sich der linke Vorderlauf und der rechte Hinterlauf gleichzeitig nach vorne, gefolgt vom rechten Vorderlauf und linken Hinterlauf. Den Trab nennt man eine diagonale Fortbewegung, der Paßgang ist dagegen eine laterale. Hunde bewegen sich im Paßgang aufgrund anatomischer Fehler, manchmal aber auch ganz einfach, weil sie müde sind. Im Paß gehen kann zu einer unangenehmen Gewohnheit werden.

Coat: Short, close, stiff to the touch, and glossy.

Haarkleid: Glatt, kurzhaarig, hart anzufassen und glänzend.

Das Fell spiegelt den allgemeinen Gesundheitszustand des Hundes. Die Haare müssen dicht an der Haut anliegen, abstehende Haare sind meist übertrieben trocken, dadurch fehlt ihnen auch Glanz.

Ein weiches, dünnes Fell, das sich bei einigen Stafs samtartig anfühlt, ist zwar angenehm zu berühren, aber nicht absolut korrekt – jedoch nur ein kleiner Fehler. Grundsätzlich sollte das Haar mehr schützen, etwas fester sein.

Ein richtig gefütterter und ausreichend bewegter Hund hat in der Regel viel Glanz im Fell. Der Besitzer braucht nicht mehr zu tun als ein tägliches, kurzes Durchbürsten, damit das Fell in Form bleibt.

> *Color: Any color, solid, parti, or patched is permissible, but all white, more than 80 percent white, black-and-tan, and liver not to be encouraged.*
>
> *Farbe: Jegliche Farbe für sich allein, verbunden mit einer zweiten oder auch gescheckt ist zulässig. Rein weiß, mehr als 80% weiß, schwarz verbunden mit lohfarben und leberfarben sind weniger erwünscht.*

Der Stafford hat für jeden Geschmack Farben, je nach Plazierung und Menge der weißen Abzeichen gibt es viele attraktive und ins Auge fallende Variationen. Keine Einzelfarbe oder Farbkombination ist im Ausstellungsring zu bevorzugen, wenn es auch manchmal über eine kurze Zeit scheint, als würde die eine oder andere Farbe bevorzugt. Hat man einen solchen Eindruck, ist man wohlberaten, sich den Hund, der so häufig gewinnt, gut anzusehen. Aussteller haben manchmal die Neigung, Ausstellungsergebnisse zu einfach zu erklären, etwa zu behaupten, daß ein Hund, nur weil er falb oder schwarz gestromt sei, gewonnen habe, während in Wirklichkeit dieser Hund deshalb verdient gewonnen hat, weil er einfach ein Hund von besonderer Qualität ist.

Die Farben des Staffords variieren von cremefarben bis schwarz, dazwischen alle Variationen von falb – vom büffelledergelb bis zum leuchtenden organgefarbenen loh (manchmal auch als »rot« bezeichnet). Gestromte Hunde in sehr attraktiven Farbkombinationen gibt es – von hellen Streifen auf schwarzem Grund bis zu dunklen Streifen auf falber Farbe. Unabhängig von der Fellfarbe ist richtiges Pigment von äußerster Wichtigkeit. Im Idealfall sind Augenränder, Nase und Lefzen voll durchpigmentiert.

Leberfarbene Hunde haben oft helle Augen und einen leberfarbenen oder braunen Nasenspiegel – zwei Eigenschaften, die beim Staf unerwünscht sind.

Es gibt einen jahrelangen Streit in der Rasse über die Farbkombination schwarz mit lohfarben (black and tan). Ich sehe keine Notwendigkeit, dies hier im einzelnen zu diskutieren, es genügt der Hinweis, daß unter den Züchtern weitgehende Übereinstimmung besteht, daß man keinen Staf möchte, der im Farbmuster eines Dobermann, Rottweiler oder Manchester Terrier gezeichnet ist – alle diese Hunde sind schwarz und haben lohfarbene Abzeichen auf den Wangen, über den Augen, an den Läufen und unter der Rute. »Black and Tan« ist ein Farbmuster – nicht einfach eine Farbe. Dagegen ist ein schwarzer Hund mit lohfarbenen oder rötlichen Streifen über seinen ganzen Körper ein gestromter Hund, sollte nie mit »black and tan« verwechselt werden.

> *Size: Height and weight should be in proportion. A height of about 18–19 inches at shoulders for the male and 17–18 inches for the female is to be considered preferable.*
>
> *Größe: Schulterhöhe und Gewicht müssen in richtigem Verhältnis zueinander stehen. Schulterhöhe für Rüden 46–48 cm, für Hündinnen 43–46 cm.*

»In proportion« – im richtigen Verhältnis – dies sind die Schlüsselworte. Der Hund muß den Eindruck erwecken, ringsum kraftvoll zu sein, dabei aber immer elegant und ausgewogen bleiben. Die meisten Stafs liegen heute im oberen Größenbereich des Rassestandards. Es gibt aber auch viele, die das Standardmaß nach oben leicht überschreiten, es scheint wichtig darauf zu achten, daß diese Entwicklung nicht unkontrolliert weitergeht. Größer darf man nicht als »besser« ansehen. Zwar sieht der Standard bei übergroßen oder zu kleinen Tieren keine Disqualifikation vor, ja der Züchter kann solche Hunde durchaus vorteilhaft in der Zucht einsetzen, solange er dies mit Überlegung tut. Hat jemand einen Hund mit einer Schulterhöhe von 51 cm, dessen Körperbau wohlproportioniert ist, der über gutes Wesen verfügt und »soundness« – dann verdient dieser Hund ausgestellt zu werden, daß man von ihm züchtet. Ergibt sich dann aber nach ein paar Paarungen, daß seine Nachkommenschaft 52 oder gar 55 cm groß sind, ist es Zeit zu überlegen, ihn aus der Zucht zu nehmen. Das Gleiche gilt für ein zu kleines Tier. Solange es gut proportioniert ist, außer seiner Kleinheit Qualitäten aufweist, sollte man es ausstellen und ihm auch Chancen in der Zucht geben. Tatsächlich war eine ganze Reihe von recht erfolgreichen Zuchtrüden etwas übergroß. Umgekehrt waren auch einige besonders erfolgreiche Zuchthündinnen ziemlich klein.

> *Faults: Faults to be penalized are Dudley nose, light or pink eyes, tail too long or badly carried, undershot or overshot mouths.*
>
> *Fehler: Als Fehler sind zu bestrafen: Fleischfarbene Nase (Dudley), helle oder rosa Augen, zu lange oder schlecht getragene Rute, Vorbiß oder Unterbiß.*

Unter einer »Dudley nose«, versteht man einen leber- oder fleischfarbenen Nasenspiegel. Eine Nase, die »nicht ganz durchgefärbt« ist (vorwiegend schwarz, aber mit fleischfarbenen Flecken), nennt man »butterfly nose« (Schmetterlingsnase). Auch diese wird als fehlerhaft angesehen.

Zu den hellen Augenfarben gehören bernsteinfarben, hellgrau und blau.

Die Rute sollte nicht tiefer als bis zum Sprunggelenk des Hundes reichen, nicht höher getragen werden als in Rückenhöhe. Unter »schlecht getragen« versteht man die bereits früher erwähnte »fröhliche Rute«. Eine zwischen die Hinterläufe geklemmte Rute (eine Haltung, die Unsicherheit spiegelt) muß bei einer Hunderasse, in deren Standard steht: »Sein Mut ist sprichwörtlich« besonders schwer bestraft werden.

Unter einem Vorbiß versteht man, daß der Unterkiefer so weit vorsteht, daß die unteren Schneidezähne vor die oberen greifen.

Ein Rückbiß liegt dann vor, wenn der Oberkiefer so weit vorsteht, daß bei geschlossenem Fang Raum zwischen unteren und oberen Schneidezähnen frei bleibt.

Auch ein Kreuzbiß oder Schrägbiß (wry or crooked mouth) ist fehlerhaft. Bei dieser Gebißstellung liegt häufig auf der einen Seite des Fangs Vorbiß, auf der anderen Scherengebiß vor.

Bei korrekter Gebißstellung – dem Scherengebiß – greifen die unteren Schneidezähne schleifend hinter die oberen Schneidezähne.

Obwohl der Standard keine Disqualifikationen im Ausstellungsring vorschreibt, hat der American Kennel Club einige allgemeine Disqualifikationsmerkmale festgelegt, die alle Hunderassen betreffen. So dürfen kastrierte Tiere an Schönheitswettbewerben nicht teilnehmen. Auch Hunde die lahm, blind oder taub sind, denen ein Hoden fehlt, deren Äußeres durch künstliche Maßnahmen – etwa Färbung oder plastische Chirurgie – verändert wurde, dürfen gleichfalls im Ausstellungsring nicht vorgestellt werden.

Wenn man sich alle vorstehenden Forderungen vor Augen hält, wundert man sich möglicherweise, wie es ein Richter überhaupt fertigbringt, in der ihm zur Verfügung stehenden kurzen Zeit die richtige Auswahl zu treffen. Ein guter Richter ist viel mehr als ein »Fehlersucher«. In erster Linie gilt seine Aufmerksamkeit den Vorzügen der Hunde. Vorzüglicher Typ, Ausgewogenheit, Kondition und Stil stehen im Vordergrund, fordern gebührend Aufmerksamkeit. Herausragende Vorzüge werden gegenüber Fehlern abgewogen. Auch ein Hund mit einem offensichtlichen Fehler kann durchaus der Beste im Ring sein, wenn er überragend im Typ ist, sound und sich gut bewegt. Für Neulinge ist es natürlich viel leichter, Fehler herauszufinden als wirkliche Qualität zu erkennen. Dementsprechend wundern sie sich sicher manchmal, wie ein Hund mit nicht völlig ausgefärbten rosa Augenlidern gewinnen kann, merken dabei überhaupt nicht, daß es der Hund im Ring ist, der sich am besten bewegt.

Die Suche nach Perfektion – nach dem idealen Hund, der jedes vom Standard geforderte Rassemerkmal verkörpert – geht weiter. Ein Züchter, der in der Rasse beginnt, sollte nach Möglichkeit die besten Zuchttiere erwerben, die er überhaupt kaufen kann. Dann nach sorgfältigem Studium von Körperbau, Beobachten und Vorführen auf Ausstellungen, Studium von Ahnentafeln, kritischer Beachtung des Wesens – kann er darangehen, das, was er hat, weiter zu verbessern. Wenn jede neue Züchtergeneration die Durchschnittsqualität der Rasse nur ein klein wenig anheben kann, haben die Züchter ihre Schuldigkeit getan.

Oben: Hündinnenkopfstudie. Our Gang's Black Jet, C.D. Besitzer: Sara Nugent.

Unten: Eleganz und Typ. Ch. Patton's Red Rock Skillet. Besitzer: Jerry Rooney. Züchter: Walter Patton, M.D.

Unten: Rüdenkopfstudie. Ch. Ruffian Buckingham of Tonkawa. Besitzer: John V. McNevin.

Links: Ch. X-Pert Mugs McCarthy, ein Musterbeispiel richtig coupierter Ohren. Besitzer: Jimmy und Roseann Ryan. Züchter: A. D. Amisano.

Unten: One Stone Berek, C.D.X., SchH III, F.H., A.D., uncoupiert, daneben One Stone Rex, coupiert. Züchter: John O'Hanlon.

Coupieren – Ja oder Nein?

»Ohren: Coupiert oder uncoupiert, letzteres bevorzugt ...«
Rassestandard für den American Staffordshire Terrier.

Die meisten Züchter verkaufen ihre Welpen mit natürlichen Ohren, uncoupiert, überlassen es dem neuen Besitzer, ob er sie coupiert haben möchte oder nicht. Viele Aussteller aus Kanada und anderen Ländern bevorzugen uncoupierte Hunde, in England und Deutschland ist schon über eine ganze Reihe von Jahren das Coupieren von Ohren durch Gesetze verboten. In den USA werden Boxer, Dobermänner und eine Reihe anderer Rassen coupiert, auf englischen Hundeausstellungen dürfen nur Hunde mit natürlich belassenen Ohren ausgestellt werden.

In all den Ländern, wo Hunde ausschließlich uncoupiert ausgestellt werden, müssen die Züchter bei ihren Zuchtplanungen Ohrhaltung und Ohrform sorgfältig berücksichtigen. In den USA – wo die meisten American Staffordshire Terrier, alle Boxer und Dobermänner und viele andere Hunderassen coupiert ausgestellt werden – haben die Züchter überhaupt keine Ahnung, ob Form und Haltung der Ohren ihrer Zuchtprodukte bei den erwachsenen Hunden uncoupiert korrekt wären. Demzufolge gibt es Beispiele, daß Käufer, die eine natürliche Ohrhaltung bevorzugen, Welpen uncoupiert gekauft haben. Da aber später die Ohren der Hunde entweder zu aufrecht getragenen Stehohren oder zu ausgeprägten Hängeohren wurden, entschieden sie sich dann doch zum Coupieren, um diese Fehler zu korrigieren, die Ausstellungskarriere ihres Hundes zu retten.

Möchte man seinen Stafford als Familienhund oder auch für Leistungswettbewerbe, hat aber nicht die Absicht, ihn auf Ausstellungen zu bringen, ist die Entscheidung über das Coupieren einfach. Man handelt entsprechend seinen Gefühlen gegenüber kosmetischer Chirurgie, schaut sich ein paar coupierte und ein paar uncoupierte Hunde an, entscheidet sich für den Stil, der dem eigenen Auge gefällt, der eigenen Philosophie entspricht. In den USA hat der Ausstellungsfan es schwieriger mit seiner Entscheidung. Obwohl der Standard festlegt, daß ein uncoupiertes Ohr zu bevorzugen ist, ist es mit einem uncoupierten Hund viel schwieriger als mit einem coupierten, ein Championat zu erreichen. Dies liegt wahrscheinlich daran, daß die Mehrheit der Stafs coupiert ausgestellt werden, die Richter an den Ausdruck coupierter Hunde mehr gewöhnt sind. Der aufmerksame Ausdruck coupierter Ohren wird als »attraktiver« angesehen, obwohl alle jene, welche größere Beweglichkeit des Ohrs und den weicheren Ausdruck uncoupierter Hunde bevorzugen, hiermit nicht übereinstimmen.

In dieser Rasse gibt es eine ganze Menge an Individualität, das gilt auch für die Züchter. Hat man hinsichtlich coupieren oder nicht coupieren keine eigene besondere Vorliebe und möchte einen Hund kaufen, der sein Championat so schnell wie möglich erringt, ist der Weg dahin für den coupierten Hund leichter. Verabscheut man jedoch den Gedanken, seinen Welpen unnötiger Schönheitschirurgie zu unterwerfen, oder bevorzugt man das natürliche Bild, sollte man unbedingt seinen Hund eben in der Art ausstellen, wie man ihn selbst mag. Es bedarf dann möglicherweise einiger Ausstellungen mehr, hat man aber einen hübschen, gesunden Hund mit Rosenohr oder Kippohr, wird er auch die notwendigen Punkte gewinnen und hat dann seine Championsurkunde im eigenen Sinn errungen. Auf diese Art weiß man auch, welchen Ohrtyp der ausgewachsene Staf wahrscheinlich vererbt. Dies wäre dann ein echter Fortschritt, wenn die Tierschützer mit ihrem Antrag auf Verbot des Ohrcoupierens sich durchsetzen, diese Prozedur eines Tages auch in den USA illegal wird.

Man muß sich darüber klar sein, daß es viele Tierärzte mit Erfahrung im Coupieren von Hundeohren in anderen Rassen gibt, die selbst aber nie einen Staf coupiert haben. Das Problem wird offenkundig, wenn der Besitzer seinen Hund zum Ohrencoupieren angemeldet hat und ihn dann sein Tierarzt fragt, welcher Coupierstil zur Rasse paßt. Der nachstehende Artikel soll den Tierärzten helfen, die im Coupieren von Staffordshire Terrier keine Erfahrung haben. Es gibt zwar mehrere Stilarten, die im Ausstellungsring akzeptiert werden, die nachstehend beschriebene ist aber für einen Tierarzt, der im Stafford-Coupieren keine Erfahrung hat, besonders einfach. Hunderte von Hunden mit erfolgreichen Ausstellungskarrieren sind nach diesem Stil coupiert worden.

Unten: Ch. Fraja East Coast Don Quixote im Alter von neun Wochen. Für die richtige Ohrstellung muß das Ohr sofort nach Ziehen der Fäden durch Pflaster geformt werden.

Oben: Natürliches Rosenohr, demonstriert von Ch. Bar-Wen's Corey of Blue Sky. Züchter: Barry und Wendy Moszer. Besitzer: Joyce Kenner.

Unten: Vorderansicht uncoupierter Ohren. One Stone Berek, C.D.X., SchH III, F.H., A.D., Besitzer: John O'Hanlon.

Oben: Ch. Bar-Wen's Corey of Blue Sky uncoupiert und vom Besitzer auf Ausstellungen selbst vorgestellt.

Oben: Can. Ch. White Rock Rosa Rugosa, uncoupiert. Besitzer: Holly Southard. Züchter: H.R. Pascoe.

Unten: Ch. Fraja's Delilah, uncoupiert. Besitzer/Vorführer: Barry Moszer. Züchter: Jacqueline Fraser.

COUPIERTECHNIK AMERICAN STAFFORDSHIRE TERRIER*
Bonnie Wilcox, D.V.M.

Das korrekt geschnittene Ohr eines Stafs betont die massive Kopfform, die Muskelstärke der Rasse. Da das coupierte Ohr verhältnismäßig kurz ist, treten selten nach der Operation Schwierigkeiten auf, das Ohr zum Stehen zu bringen. Wegen der verhältnismäßig geringen Nachfürsorge ist bei dieser Rasse das Alter beim Coupieren der Ohren weniger kritisch als bei anderen Rassen, wo das Ohr länger geschnitten wird. Staf-Welpen können schon mit 7–8 Wochen coupiert werden, aber auch das Abwarten bis zu 12–14 Wochen bringt keine Probleme.

Die Ohrenlänge wird bestimmt, indem man das Ohr parallel zum Auge nach vorne legt – *ohne irgendwelches Ziehen oder Verformen.* Der Schnitt beginnt kurz ehe der mittlere Ohrrand den hinten liegenden Augenwinkel trifft (vergleiche Zeichnung). Im Vergleich zu einem Zwergschnauzer ist dieser Schnitt etwas kürzer. Diese Form ist dem Staffordkopf angepaßt. Es gibt keine elegante Ohrkurve wie beim Boxer oder Dobermann. In Wirklichkeit ist der Ohrrand von der Ohrspitze zur Ohrmuschel ein wenig konvex. Die Ohrmuschel wird sauber zurückgeschnitten, dadurch erhält man eine glatte, flache Oberfläche, die zur Wangen- und Halslinie paßt.

Bei einem Welpen sieht ein korrekt geschnittenes Ohr etwas länger aus als das angestrebte Ideal. Mit dem weiteren Wachstum passen sich diese Ohren den Kopfproportionen an.

Ohren, die nach innen fallen oder seitlich nach Entfernen der Fäden herunterhängen, kann man durch Einrollen und Verpflastern zum Stehen bringen. Ein Ohrpflaster für ein oder zwei Wochen ist in der Regel alles, was notwendig ist. Die meisten Staffordohren stehen ohne Pflasterbehandlung. Eine Ohrhaltung mit Faltenbildung in der Kopflinie kann bei einigen Staffords Problemohren mit sich bringen. Nach der Operation neigen diese Ohren dazu, in die Mitte abzukippen, liegen häufig flach auf dem Oberkopf. Dieses Ohr zum korrekten Stehen zu bringen ist schwierig. Ein Welpe, dessen Ohrhaltung eine solche Tendenz zeigt, sollte so früh als möglich coupiert werden, ehe das Gewebe zu versteifen beginnt. Hierdurch hat man ein Maximum an Zeit, um diese Ohren durch Pflaster und Massage in die richtige Haltung zu bringen.

* Entsprechend amerikanischem Originaltext wurde dieser Hinweis originalgetreu in die deutschsprachige Ausgabe übernommen. Der Verlag distanziert sich aber ausdrücklich von jedem Coupieren der Ohren, sieht darin eine völlig überflüssige Tierquälerei.

Unten: Ch. Nugent's Sticky of Our Gang, C.D.X., vorzüglich coupierte Ohren. Besitzer: Sara Nugent.

American Staffordshire Terrier

Zeichnung von Bonnie Wilcox, D.V.M.

Dobermann

Oben: Von links nach rechts: Ch. Alice's Sir Bruno Ryeoul, Sandy Underwood, Ch. Bruno's Missy. Fotorechte: Courier Journal, 1981.

Unten: Hunde aus dem Houston Chapter of Therapy Dogs International. Stafs von links nach rechts: Ch. Nugent's Spanky of Our Gang, C.C. und Ch. Nugent's Sticky of Our Gang, C.D.X.

Die Persönlichkeit des American Staffordshire Terrier

Äußere Schönheit kann einen Mangel an Wesen und der Rasse entsprechendem Temperament niemals kompensieren, insbesondere nicht bei Hunderassen, die über Generationen mit Schwerpunkt auf ihre Wesenseigenschaften gezüchtet wurden. Beim American Stafford ist das Aussehen ein relativ spät entwickeltes Zuchtziel. Ein Staf, dem es an Wesen mangelt, ist eine Karikatur – eine traurige, keine amüsante. Natürlich gibt es von Hund zu Hund Wesensverschiedenheiten, aber gleichzeitig gewisse Merkmale, die wesentlicher Bestandteil des Wesens jedes einzelnen Hundes dieser Rasse sind. Der typische Staf ist ein Muster an Selbstbewußtsein – nicht nur zu Hause, ebenso auf der Hundeausstellung, im Park, auf einer Hauptverkehrsstraße. Dieser Hund ist verspielt, liebt es zu gefallen. So robust er ist, strotzend vor Kraft, ist er doch mit allen, die er liebt, sanft und empfindsam.

Er zeigt gegenüber territorialen Rechtsansprüchen wenig Respekt, anders als die meisten Hunderassen scheint er vielmehr zu glauben, daß auf wessen Eigentum er zufällig steht, ihm dies gehört. Kindern gegenüber ist er gutartig, hat dabei etwas von einem »ewigen Junghund«. Er genießt Spiele wie Seilziehen, Fangen und Apportieren selbst noch in fortgeschrittenem Alter. Angemessene Zurechtweisungen nimmt er gutartig hin. Oft ist eine Zurechtweisung in Worten zur richtigen Zeit alles, was er braucht, denn seiner Natur nach möchte er seinem Besitzer immer gefallen.

Er geht aus sich heraus – ist manchmal Freunden seines Herrn und freundlichen Fremden gegenüber überschäumend vor Spiellust, vorausgesetzt, sein Herr ist dabei und gestattet es. Neulinge in der Rasse denken oft, ihr Hund sei zu freundlich, um ihr Haus zu schützen, aber der Hund, der ohne zu zögern freundliche Fremde begrüßt, stoppt energisch suspekte Fremde, läßt diese keinen Schritt weitergehen. Und eine seiner großen Gaben ist es, daß er genau den Unterschied merkt. Kein eigenes Wachhundtraining ist notwendig oder zu empfehlen, denn der Staf ist seiner Natur nach ein außerordentlich befähigter Wachhund.

Dank großer Anpassungsfähigkeit kann der Staf in eine neue Umgebung verpflanzt werden, selbst ein Wechsel des Eigentümers verursacht keine großen Probleme, vorausgesetzt die neue Familie läßt ihn fühlen, daß er geliebt und erwünscht ist. Die Aggressionslust gegenüber anderen Hunden variiert von Hund zu Hund. Der ideale Staf ist so selbstbewußt, daß er nicht meint, sich immer wieder selbst bestätigen zu müssen, indem er laufend Streit sucht. Sollte ihn allerdings ein anderer Hund herausfordern, ist er sofort kampfbereit (»ready«). Er ist nun einmal kein furchtsamer oder unterwerfungsbereiter Charakter.

Stafs mit schlechtem Wesen sind die Ausnahme, man muß aber darüber sprechen, denn ein Hund mit Wesensproblemen ist eine Bedrohung, die man nicht tolerieren darf. Es gibt zwar in allen Hunderassen gelegentliche Problemhunde, die sie als Familienhunde weniger angenehm machen, der Stafford aber ist ganz einfach zu kraftvoll und aktiv, als daß man irgendwelche Wesensschwächen akzeptieren könnte. Besonders scheue und furchtsame Tiere werden leicht zu Angstbeißern, andere mit unentschuldbaren Aggressionstrieben gegen Menschen sind zu gefährlich, um sie als Haushunde zu halten. Verantwortungsbewußte Züchter achten sehr sorgfältig darauf, nur Tiere mit korrektem Wesen in der Zucht einzusetzen, aber hier – wie bei jeder anderen Hunderasse – kann dennoch einmal – wenn auch nicht häufig – ein schlechter Hund auftreten. Es ist ein nie in Erfüllung gehender Wunschtraum, daß irgendwann einmal irgendeine Hunderasse so weit vollendet sein werde, daß kein Einzeltier mit schlechtem Wesen mehr geboren wird.

Ererbtes schlechtes Wesen ist in der Rasse selten, aber einige Hunde entwickeln aufgrund schlechter Umgebung zweifelhaftes Wesen. Unglücklicherweise gibt es gelegentlich Menschen, die ihr Vergnügen am Besitz eines überaggressiven Hundes finden. Solche Menschen kaufen einen guten Welpen, gewinnen aber eine Art Selbstbefriedigung, durch Abrichtung dieses Junghundes auf Aggression. So wird der Hund in seinem Bemühen, seinem Besitzer zu gefallen, schnell genau so aggressiv werden, wie sich sein Besitzer dies wünscht. Ein anderer wiederum kauft sich einen Junghund voll Selbstvertrauen und entwickelt diesen durch fehlende Geduld und harte Disziplin zu einem sich versteckenden, umherkriechenden, nervösen Wrack, einem möglichen Angstbeißer. Wieder andere kaufen einen Junghund, spielen eine Weile mit ihm, vergessen und ignorieren ihn, wenn der Reiz der Neuheit vorbei ist. Ein Junghund, immer in den Käfig gesperrt oder an die Kette gelegt, ohne menschlichen Kontakt mit Ausnahme der Fütterungszeiten, ist nicht in der Lage, sein Wesen, seinen Charakter, seine Persönlichkeit zu entwickeln, wird träge und mürrisch, zieht sich zurück.

Stafs sind Hunde von überragender Intelligenz, scheinen sogar über Denkfähigkeiten zu verfügen, die denen vieler anderer Rassen überlegen sind. Es gibt zahlreiche Beispiele, wo das schnelle Erfassen der Umstände durch einen Staf sich für dessen Besitzer als außerordentlich wertvoll erwiesen hat.

Jeff Roeder unternahm mit seinem Allzweck-Farmstaff Fraja's Rednecking Roho eine Kanufahrt über einen ganzen Monat. Eines Abends in der Dämmerung legte Jeff das Boot an, nahm Roho ans Ufer und band ihn mit einer drei Meter langen Kette fest, um die Vorräte aus dem Kanu zu tragen, ehe Roho sich zum Spiel später ins Wasser stürzen konnte. Als Jeff umdrehte, mit seiner Last das Ufer hochklettern wollte, lief ein knurrender Rottweiler zum Ufer herunter und stellte sich zwischen Jeff und dem trockenen Ufer auf. Jeff schaute erwartungsvoll nach Roho, aber sein Hund beobachtete nur, wie der Rottweiler dastand, knurrte, seine Zähne zeigte, den angeketteten Staf überhaupt nicht gewahr wurde. Da begann Roho plötzlich zu winseln. Jeff beobachtete mit Erstaunen, wie sein immer selbstbewußter Lebensgefährte sich in einen erschrockenen Junghund verwandelte, wimmerte und sich am Boden rollte. Der Rottweiler wandte sich von Jeff ab, kletterte das Ufer aufwärts, um dem Lärm zu folgen. Roho kroch am Boden, sprang zurück und wimmerte weiter, als der knurrende Rottweiler auf ihn zukam. Plötzlich hatte Roho den großen Hund an der Kehle und warf ihn auf den Rücken. Jeff kletterte das Ufer herauf, lief durchs Gebüsch und rief um Hilfe, während Roho den heulenden großen Hund festhielt. Eine Campergruppe stromabwärts kam schnell, um ihren Rottweiler einzusammeln, während Jeff voller Bewunderung darüber nachdachte, daß sein Staf offensichtlich erkannt hatte, daß er durch das Anketten seinem Herrn nicht helfen, den Rottweiler nicht erreichen konnte. So mußte er den Aggressor erst verleiten, ihm nahe genug zu kommen, daß ihm sich die Möglichkeit für einen Angriff bot.

Der Schutzinstinkt des American Staffordshire Terrier zeigt sich normalerweise etwa ab einem Alter von zehn Monaten, dies ist aber von Hund zu Hund sehr verschieden. Ein Stafford mit gutem Wesen zeigt ohne wirklichen Grund keine Aggressionsabsicht gegen Menschen, aber er wird bald auf die Türklingel oder den Anblick eines Fremden, der sich dem Haus nähert, reagieren. Stafs brauchen keine Ermunterung, Familie und Wohnung zu schützen, man überläßt ihnen dies wirklich am besten selbst. Ausnahmen gelten nur, wenn ein Hund sich überaggressiv zeigt oder man die Absicht hat, ihn für ganz bestimmte Wachaufgaben auszubilden. Viele Beispiele beweisen die Fähigkeit des Staf, als Wachhund genau zu fühlen und zu reagieren, wenn eine Person oder eine Situation wirklich bedrohlich wird.

Der 16 Monate alte Tuffy von Margaret Schultes weckte seine Familie durch Gebell und aufgeregtes Laufen zwischen Schlafzimmer und Küche. Mrs. Schultes nahm an, die Hündin müsse einmal hinaus und öffnete die Tür, aber Tuffy hörte nicht auf zu bellen, bis man sie in die Küche ließ. Hier zeigte sich, daß von einem schadhaften Kühlschrank ungewöhnliche Geräusche ausgingen, möglicherweise stand der Kühlschrank vor einem Kurzschluß, hätte einen Brand auslösen können.

Ch. Fraja's Digger Dan im Besitz von Lou und Mary Fusco durchbrach eine Jalousientür und griff nachhaltig ein Rudel wilder Hunde an, die Mary mit ihrem Baby beim Stromern über dieses Gelände umringt hatten. Digger schlug sie alle in die Flucht. Digger's Tochter Whisper rannte hysterisch bellend aus einem kleinen Wäldchen und wieder zurück, sprang Lou immer wieder an. Als Lou begriff, daß er der Hündin folgen sollte, führte der Hund ihn durch die Bäume bis zu der Stelle, wo sein Vater hilflos am Boden lag. Er war beim Beerenpflücken gestürzt und hatte sein Bein so schwer verletzt, daß er nicht mehr nach Hause gehen konnte.

Ch. X-pert Mugs McCarthy im Besitz von Jimmy und Roseanna Ryan weckte eines Nachts den ganzen Haushalt. Als man ihn hinaus ließ, stürzte er sich auf zwei Männer, die gerade das neue Fahrrad zu stehlen versuchten, das dem Sohn gehörte. Die Diebe ließen das Fahrrad fallen und flüchteten, aber später fanden die Ryans zwei Räder auf einem Nebenweg. Bei ihrer Flucht hatten die Diebe auch die Fahrräder liegen lassen, die sie schon im Nachbarhaus gestohlen hatten.

Harry Wheeler arbeitete in der Umgebung von Chicago in einer unsicheren Gegend. Er hatte seinen LKW verlassen und wurde von zwei Maskierten angegriffen, einer davon zückte ein Messer. Harry's Staf Ch. Diamonds Top Hat and Tails sprang aus dem LKW direkt auf den Rücken des Maskierten mit dem Messer, schlug ihm das Messer aus der Hand, und der Raufbold stürzte auf den Boden. Topper hielt ihn fest, stand über ihm und schüttelte einen Fang voll Haar und Kleidung, wann immer der Mann versuchte, sich zu bewegen. Dadurch hatte Harry die Möglichkeit, den unbewaffneten zweiten Raufbold gebührend zu bedienen.

Meine eigene Hündin Angel (Ch. Kirkee's Polar Bear O'Fraja, E.C., C.D.), die ich Anfang der 80er Jahre besaß, ist mit Menschen so freundlich, daß es an Dummheit grenzt. Aber eines frühen Morgens vor einer Hundeausstellung, als wir noch im Motel waren, wurde ich um fünf Uhr morgens dadurch geweckt, daß Angel grollend mit voller Kraft gegen die Tür sprang. Ich war außerordentlich beunruhigt durch den Klang der ins Schloß fallenden Tür. Ich wußte nicht, wie weit sie geöffnet war, die Tür hatte keine Sicherheitskette, wie sie bei den meisten Hoteltüren angebracht ist. Zornig, so früh geweckt worden zu sein, rief ich beim Hotelbüro an und beklagte mich, daß die Zimmermädchen zu so früher Stunde bereits Türen öffneten. Der Hotelmanager sagte jedoch, die Zimmermädchen seien noch gar nicht im Hause. Er versprach mir, ein Auge auf mein Zimmer zu haben und er werde über den Eindringling die Polizei informieren. Eine Stunde später kam ein Polizist an die Tür. Angel begrüßte ihn freundlich mit ihrem gewöhnlichen Springen und Lecken; der Polizist hielt mir einen Geldbeutel vor und fragte mich, ob dies meiner sei. Es war meiner! Die Nacht zuvor hatte ich meine Tasche und Schlüssel mit ins Zimmer genommen, die nahezu leere Geldbörse aber im Auto gelassen.

Die Polizei erwischte kurz darauf zwei allgemein gesuchte Einbrecher auf ihrem Weg aus der Stadt, nachdem sie alarmiert worden waren, daß dieses Paar eine Tankstelle verlassen hatte, ohne zu zahlen. In der kompletten Ladung sichergestellten Diebesgutes in ihrem Auto befand sich auch mein Geldbeutel und mein C.B.-Radio. Die zwei Einbrecher wurden nach Kansas ausgeliefert, wo sie wegen schwerer Körperverletzung und Entführung gesucht wurden. Meine Angel, die ihnen so kraftvoll die Tür vor ihrer Nase zugeschlagen hatte, hatte nie vor diesem Tag irgendeinen Menschen angeknurrt, noch hat sie es seither wieder getan.

Pat Cook war unterwegs, als ein plötzlich aufkommender Sturm ihre Haustüre zu Hause öffnete. Ihr neun Wochen alter Border Collie Welpe lief hinaus und wurde von einem Sturzbach erfaßt. Glücklicherweise fuhr ein Freund vor dem Hause vor und wurde von Pat's Stafford O.T.Ch. Scotwood Sun Bear empfangen, die ihn bellend an seinen Ärmeln zog, bis er der Hündin durch die Nacht folge. Der Strom war über seine Ufer getreten, die Hündin zog ihn weiter hinter sich her, bis er den halb ertrunkenen Border Collie fand, der sich gerade noch schwach an einen großen Felsen klammerte.

Die Lebensfreude des Stafs in Verbindung mit seinen gelegentlichen Versuchen, seinen Besitzer zu überlisten, macht diese Rasse für viele so besonders wertvoll, wird aber sicherlich von jenen, die »ein wenig weniger Hund bevorzugen«, als lästig empfunden. Ein paar Stafs sind reine Ausbruchartisten und widmen sich mit solcher Hingabe dem Öffnen der Türen und Überspringen (sogar Überklettern) von Zäunen, daß sie zu echten Entfesselungskünstlern (Houdinis) werden. Hendrix Harper züchtet über viele Jahre Stafs und ist gleichzeitig Besitzer einer Tierpension. Eines Nachts wachte er vom Lärm vieler bellender und herumtobender Hunde auf. Er stellte fest, daß die Türen an verschiedenen Ausläufen der Pensionshunde geöffnet waren, und daß die Pensionshunde zusammen mit seinem zehn Monate alten Staf-Jungtier Ch. Tonkawa's Jokers wild herumtobten, fröhlich spielten. Am nächsten Abend, nachdem er alle Zwingertüren doppelt überprüft hatte, passierte das Gleiche wieder. Die Nacht darauf blieb er auf, um den Eindringling auf frischer Tat zu ertappen. Er beobachtete fasziniert, wie der Stafford-Junghund seine eigene Tür öffnete, dann die ganze Zwingerreihe entlang ging und die Ausläufe der Hunde öffnete, mit denen er gemeinsam einen Mitternachtsauslauf vorhatte.

Die meisten Stafs sind außerordentlich aktiv, voller Lebenslust. Manchmal rast auch der best erzogenste Haushund

Oben: Rip im Alter von sechs Monaten. Besitzer: Peter Nash. Züchter: Jacqueline Fraser.

Oben: Fraja's Feleena of El Paso, 7 Monate alt, beim Gewinn einer Haupttrophäe. Besitzer: Tom Long. Führer: Sharon Long.

Unten: Auf Wache! Ch. X-Pert Sligo's Happy Fellow. Besitzer: Vincent Grillo. Züchter: Dr. John King und Jacqueline Fraser.

Unten: Die viele Preise gewinnende Majorette Suzanne Williams mit ihren Lebensgefährten.

plötzlich wie ein wildgewordener Affe durchs Zimmer, um aufgestaute Energie abzureagieren. Dieser verrückte Lauf endet meist nach einer Minute, danach zieht sich der Hund zufrieden auf den Platz zurück, von dem der aus ihm selbst kommende Sprint seinen Ausgang nahm – oder der Hund entspannt sich auf seine ihm eigene Art – flach auf dem Rücken liegend auf Couch oder Sessel, wobei sein Kopf locker über die Unterlage nach unten hängt.

Hat der Stafford das Gefühl, sein Besitzer behandele ihn unfair, wendet er ihm zuweilen den Rücken zu, weigert sich, seinen Herrn anzusehen. Es scheint seine Art, jemanden auszuschließen, ihm zu erklären: »Wir sprechen zur Zeit nicht miteinander!« Einige Stafs haben durchaus Neigung zur Dickköpfigkeit, werden zuweilen übellaunig, wenn man sie zu zwingen versucht, etwas zu lernen, was sie nicht mögen. Der Trick ist, fest und ausdauernd zu bleiben, ohne die Geduld zu verlieren. Wenn der Staf einmal versteht, was man von ihm verlangt und erfährt, daß sein Besitzer noch dickköpfiger ist als er selbst, gibt er nach. Man muß ihn dann tüchtig loben, und bald benimmt sich der Hund so, als wäre dies immer seine ureigenste Idee gewesen. Ein vernünftiger Besitzer kann Selbstbewußtsein und Dickköpfigkeit seines Hundes in einen positiven Faktor umwandeln.

Einige Stafs sind »ewige Lächler«. Diese Clowns begrüßen Besitzer und Freunde mit großem »Zähnegrinsen«, heben dabei ihre Oberlippe bis zu den Maulwinkeln, heben gleichzeitig den Vorderlauf, zeigen all ihre Freude über die Ankunft eines geliebten Menschen. Man braucht kaum zu betonen, daß dieser Gesichtsausdruck, der alle Kenner der Rasse amüsiert und für sie komisch wirkt, freundliche Fremde durchaus erschrecken kann. Nahezu alle Stafs haben die gleiche reizvolle Art, ihr Gesicht in Falten zu legen, den Kopf wie ein Hahn zu drehen, wenn sie sich voll auf die Zwiesprache mit dem Menschen konzentrieren. Anders als viele andere Hunde, die ungerne dem menschlichen Blick Kopf zu Kopf begegnen, lieben es Stafs geradezu, Menschen direkt ins Auge zu schauen.

Einer der geradezu auf Kommunikation spezialisierten Stafs, den ich gut kenne, ist Ch. Pepper Ridge Fraja's Thunder, U.D. im Besitz von Sue Ann Thompson. Thunder hat ein unvergleichliches Repertoire an Mimik, einschließlich Rollen mit den Augen und einem deutlich ausgeprägten Lächeln. Sue Ann weiß bereits, wenn sie den Übungsplatz betritt, ob sie an diesem Tag in der Unterordnung irgendwelche Chancen hat oder keine. Dreht Thunder beim Bereitlegen der Unterordnungsgegenstände ihr den Rücken zu, bedeutet dies, daß sie das Meldegeld für diesen Wettbewerb aus dem Fenster geworfen hat. Lächelt andererseits Thunder, hüpft mit leuchtenden Augen und zufriedenem Grunzen hin und her, wird das Team an diesem Tag zu den Siegern gehören. Wenn Thunder bei einem Schönheitswettbewerb vorgestellt wurde, merkte man schnell beim Betreten des Rings, ob sie den Richter mochte oder nicht. Viele Richter blicken kurz über die ganze Ausstellungsklasse, ehe sie mit der Einzelmusterung beginnen. Obwohl Thunder stets stolz in den Ring marschierte, beobachtete sie immer genau den Richter, während der Richter sie ansah. Schon zu dem Zeitpunkt, wenn der Richter sich die Klasse in der Bewegung ansah, wußte sie, ob sie einen Freund gewonnen hatte. Hatte sie den Eindruck, der Richter möge sie, zeigte sie sich von ihrer besten Seite, bannte den Richter geradezu mit ihren Augen, wedelte mit der Rute und zeigte ihre schön gebogene Halslinie. Fand sie umgekehrt, daß er sie wenig mochte, ließ ihr Interesse merklich nach. Sie benahm sich zwar immer noch gut, schaute aber kein einziges Mal mehr zum Richter, lief mit einem Ausdruck von Langeweile durch den Ring, als wollte sie der gesamten Prozedur den Rücken drehen. Zunächst glaubten wir, dies sei ein Zufall, aber dieses Verhaltensmuster hielt an von der ersten Puppy Class bis zu ihrem Erringen des Championtitels. Vielleicht war dies Intuition, aber sie irrte sich nie. Es scheint allerdings auch durchaus möglich, daß, nachdem sie beschloß, der Richter möge sie nicht, ihr Mangel an Teilnahme nun den einen oder anderen Richter daran hinderte, seine Meinung nochmals zu ihren Gunsten zu ändern.

Da Stafs solche ausdruckstarken Gesichter haben, sind sie als Tierdarsteller, Unterhalter und Modelle ausgesprochene Naturtalente. Zu den berühmtesten Tierschauspielern aller Zeiten gehörte Lucenay's Peter, einer der ersten beim AKC eingetragenen Stafs. Er war im ganzen Land als Pete aus der Serie »Our Gang« bekannt, arbeitete neun Jahre für Filme, zwei auf der Bühne – er war der einzige Hundedarsteller, der den Übergang vom Stummfilm zum Tonfilm mühelos schaffte. Sein ringförmiges Kopfabzeichen rund um das Auge war angeboren, wurde nicht angeschminkt. (Ripley's Believe It or Not, 1/13/36)

In Caracas, Venezuela, wurde die Rolle der »Sandy« in dem Musical »Annie« durch Funny Face gespielt, eine 11jährige Stafford-Hündin im Besitz von Peggy Guilini. Funny Face lernte ihre Rolle leicht, vielleicht weil sie sie an die Jahre zuvor erinnerte, als sie ihren Titel »Companion Dog Excellent« (C.D.X.) beim AKC errang.

Bue Cin's Valient Image, C.D. von Patricia King ist ein bekanntes Fotomodell für Halsbänder und Leinen, arbeitet für ein Spezialgeschäft. Ch. Tryarr Am I a Devil im Besitz von Karen Steffen führte in der Fernsehshow A. M. Chicago als Modell Hundekleidung vor.

Fraja East Coast Cochise, C.D. arbeitete über ein ganzes Jahr für die Buster Brown Company, er spielte dabei in einem Werbefilm zur Sicherheit von Kindern die Rolle von Tige, erschien in Werbeanzeigen von Zeitschriften und Tageszeitungen, hatte persönliche Auftritte in Warenhäusern.

Knight Watch Chaya, C.D.X., im Besitz von Richard und Ozzie Foreman, spielte Rollen im Werbefernsehen von Kentucky und für das Cincinnati's P. M. Magazine, zeigte in diesen Rollen perfekte Unterordnung.

Der Schauspieler James Caan ist Besitzer von Pit Bulls und Stafs, seine Fraja's Carbon Copy erschien mit ihm in dem Film »Hide in Plain Sight«.

Da Stafs Menschen lieben, gerne im Mittelpunkt stehen, genügend Selbstvertrauen haben, um sich ungewöhnlicher Umgebung anzupassen, werden sie zu erstklassigen Helfern der internationalen Organisation für Therapiehunde (Therapy Dogs International). Diese Organisation hat in vielen Großstädten eigene Niederlassungen, sie setzen ruhige und gehorsame Hunde aller Rassen ein, um Menschen in Kinderkrankenhäusern, Altersheimen und Schulen für geistig Zurückgebliebene und Schwerbehinderte zu unterhalten. Die Stafford-Züchterin Sara Nugent in Texas gehört zu den Gründern der Houston Group, mit ihren Stafs Ch. Nugent's Spanky of Our Gang, C.D. und Ch. Nugent's Sticky of Our Gang, C.D.X. nimmt sie an diesen Arbeiten teil. Richard Foreman arbeitet mit seinem Knight Watch Chaya, C.D.X. in der Gruppe in

Ohio. In diesen Programmen gibt es »Streichelzeiten«, wobei es den Hunden überhaupt nichts ausmacht, gelegentlich einen Schlag oder einen Tritt hinzunehmen. Zärtlich legen sie ihre Köpfe in den Schoß der an den Rollstuhl gefesselten Kinder, werden für die Kleinen durch fröhliches Grinsen zum Entzükken, nehmen nichts übel, wenn sie hier und da etwas zu hart gestreichelt oder gestoßen werden.

Stafs sind mit Kindern wunderbar! Sie haben die Ruhe, daß es ihnen wenig ausmacht, wenn man ihnen gelegentlich auf die Rute oder die Zehen tritt. Sie haben die Ausdauer, um über Stunden zu spielen. Sie scheinen zu verstehen, welche Kinder rauheres Spiel lieben, welche zu klein dafür sind. Bringt man ein Baby erstmals nach Hause, sollte man sich wie zuvor liebevoll um seinen Hund kümmern, mit ihm sprechen, während man sich um das Baby kümmert. Schiebt man seinen Staf nicht zur Seite, als wäre er plötzlich unerwünscht, versteht er schnell, daß dieses neue Baby jetzt seinem persönlichen Schutz anvertraut ist, genau wie die übrige Familie.

Mana Rie Paumen fuhr mit ihrem Baby und ihrem Staf Ch. Tarifa Valhall's Gypsy, C.D. von einer Hundeausstellung nach Hause. Das Baby fiel in Schlaf, nutzte dabei Tarifa als Kissen. Tarifa war schon am äußersten Rand ihres Sitzes angekommen, bei jedem Stoß des Wagens spannte sie ihre Muskeln an, nutzte ihre Zehennägel, um auf dem Sitz zu bleiben, keinesfalls hätte sie eine gemütlichere Stellung eingenommen, ehe der kleine Junge von alleine aufwachte. Als der Fünfjährige von Mana Rie Tarifa bei einem »Fun Match« in der PeeWee Handlers Class vorführte, wurde der vor ihnen vorgeführte Labrador plötzlich nervös, griff Tarifa an. Tarifa begegnete den Labrador auf halbem Wege, hielt ihn dort fest, blieb zwischen ihm und »ihrem« kleinen Jungen, der keinen Augenblick die Leine los ließ. Als die Hunde getrennt wurden, beruhigte sich Tarifa schnell und arbeitete sich zum Sieg auf den ersten Platz durch, obgleich ihr Führer der Jüngste in der ganzen Klasse war.

Einige Stafs beider Geschlechter zeigen bei ihrem Zusammentreffen mit allen Arten junger Tiere ausgesprochen mütterliche Instinkte. Faye Lee züchtet neben ihren Stafs auch Pomeranians. Ein Pomeranian-Welpe wiegt ungefähr 170 gr (six ounces). Ihr Staf Ch. Chikoko Mandrake Ogre ist ihr ständiger Babysitter, Kauring für kleine Hundezähne, Fitnessgerät und Wächter dieser winzigen Fellbällchen. Manny traut sich gar nicht aufzustehen, wenn die Welpen aus ihrem Auslauf heraus sind, zieht sich lieber auf dem Bauch liegend nach vorne.

Gallant Mack's Dempsey im Besitz von Carolyn Martina fand ein vom Baum gefallenes junges Eichhörnchen, er brachte es Carolyn, die danach das kleine Eichhörnchen mit einem Augentropfer mit der Hand aufzog. Als das kleine Eichhörnchen alt genug war, ritt es auf Dempsey's Rücken durch die ganze Wohnung.

Obwohl die meisten Stafs gegen fremde Katzen einen ausgeprägten Widerwillen zeigen, kommen sie mit Katzen, die zur Familie gehören, die sie als ihre eigenen ansehen, recht gut zurecht. Lakeside Knight Watch, C.D. (Dolly) im Besitz von Margo Milde verabscheute alle Katzen, bis Margo eines Tages ein halb verhungertes Kätzchen fand. Dolly merkte, daß dieses winzige Kätzchen Hilfe brauchte, leckte es ab, hielt es warm, es wurde zum ureigenen Haustier des Staf.

Die Persönlichkeit des American Staffordshire Terrier ist eine erstaunliche Verbindung von interessanten Gegensätzen – Kraft mit Empfindsamkeit, Robustheit mit Zartheit, Unwilligkeit mit Gutmütigkeit. So läßt sich leicht verstehen, warum es bei Staf-Besitzern das Sprichwort gibt: »Einmal einen Stafford, immer einen Stafford!“

Der American Staffordshire Terrier bedeutet eine Verantwortung, ist nicht für jedermann der richtige Hund. Aber für alle jene, zu deren Lebensstil er paßt, bringt er eine Fülle an Erlebnissen. Er hat ein Lebensgefühl, das überschäumt und alles ringsum mit sich reißt, ein Hundegesicht, das den menschlichen Ausdruck nachzuahmen und zu verstehen scheint. Ist er einmal dickköpfig, fällt ihm meist dabei irgendetwas »Spaßiges« ein. Dieser Hund paßt sich dem Leben auf dem Land wie in der Stadt an, dem Leben auf der Straße wie in der heutigen Wohnung – das einzige, das sein Herz, sein Wesen bricht, ist fehlende Zuneigung und Liebe seines Herrn.

Oben: Mari-Don Topsy's Number One Son mit Leah Humes. Züchter: D.C. Humes, 1971.

Unten: Ch. Boondock's U Casey Fraja, C.D. Besitzer: Andy Johnson.

Oben: Der hier gezeigte Staffordshire Bull Terrier ist der erfolgreichste Ausstellungshund in der Rassegeschichte – Ch. Gaurdstock's Red Atom. Hier gewinnt er gerade unter der Richterin Mrs. Tom Stevenson das Prädikat Best in Show. – Besitzer: Judi Daniels und Joe LeBlanc. – Führer: Judi Daniels.

Namenswirrwarr

Es bestehen berechtigte Zweifel, daß irgendeine Hunderasse im Verlauf ihrer Entwicklungsgeschichte unter mehr verschiedenartigen Namen bekannt wurde als der American Staffordshire Terrier: Ab dem Zeitpunkt, da frühe Bulldoggen und Terrier in England miteinander gekreuzt wurden, dann über die ganze weitere Entwicklungsgeschichte in den Vereinigten Staaten, wurden diese Hunde unter den verschiedenartigsten Namen bekannt: »Half and Half«, »Bull and Terrier«, »Pit Bull«, »Pit Bull Terrier«, »Brindle Bull Dog«, »Pit Dog«, »Bulldog«, »Yankee Terrier«, »American Bull Terrier«, »American (Pit) Bull Terrier« und »Staffordshire Terrier«. Der Name »Pit Bull« wurde früher als Abkürzung für »American (Pit) Bull Terrier« benutzt. Den Zeitabschnitt, in dem historisch diese Namen gebraucht wurden, findet der Leser im historischen Teil dieses Buches. Heute wird der Name »Pit Bull« leider häufig fehlerhaft als allgemeine Bezeichnung für nahezu jeden kurzhaarigen Hund gebraucht. Tatsächlich wurden Retriever, Boxer, Pointer, Mastiffs und hunderte von Mischlingen über die Jahre (manchmal vorsätzlich) fehlerhaft als „Pit Bulls" bezeichnet.

»Yankee Terrier« war der Name, den Captain Will Judy, ein bekannter Verleger von Hundebüchern und Hundezeitschriften, gleichzeitig ein begeisterter Anhänger der Rasse, favorisierte. In seinen Zeitschriften in den 1930er Jahren einschließlich »Dog World« finden Sammler alter Ausgaben dieses Magazins eine Rassespalte mit der Überschrift »Yankee Terrier« bis Mitte 1936, dem Zeitpunkt, da der American Kennel Club die Rasse endgültig unter dem Namen »Staffordshire Terrier« anerkannte. In der großen Dog Encyclopedia von Will Judy, Anfang 1936 herausgebracht, wird die Rasse als »Yankee Terrier« aufgeführt, die zweite Auflage, 1937 veröffentlicht, führt die Rasse unter der neugestalteten Überschrift »Staffordshire Terrier«. Obwohl der Name »Yankee Terrier« bei den Forschern der Rassegeschichte nie besonders große Beachtung fand, sollten sie dennoch darauf achten, daß wann immer sie auf diesen Namen stoßen, dieser zu dem Hund gehört, den wir heute als »American Staffordshire Terrier« kennen.

Die meisten Züchter der 1930er Jahre bevorzugten den Namen »American Bull Terrier« und auch einige der heutigen Liebhaber der Rasse empfinden, daß dieser Name den Ursprung der Rasse am besten beschreibt. Dieser Name wurde Anfang 1930 dem American Kennel Club zur Genehmigung vorgeschlagen, von diesem aber deshalb zurückgewiesen, weil er dem Namen »Bull Terrier« zu ähnlich schien, es dadurch zu Verwechslungen der zwei Rassen kommen könnte. Der englische Bull Terrier wurde vom AKC immerhin seit 1891 anerkannt. Der andere Name »American (Pit) Bull Terrier« wurde gleichfalls verworfen, weil das Wort »Pit« auf die alten »blutigen Sportarten« zurückverwies.

Im Jahre 1936 bildete sich unter der Führung von Wilfred T. Brandon eine Gruppe von Züchtern, sie gründeten den »Staffordshire Terrier Club of America«. Unter dem Namen »Staffordshire Terrier« erbaten und erhielten sie für ihre Hunderasse die Anerkennung durch den American Kennel Club – dieser Name ist dem seines britischen Vetters, des »Staffordshire Bull Terrier«, der 1935 vom englischen Kennel Club anerkannt wurde, sehr ähnlich. Aus einer Vielzahl von Gründen ließen nicht alle amerikanischen Züchter ihre Welpen beim American Kennel Club eintragen. Einige entschlossen sich, den Namen »American (Pit) Bull Terrier« beizubehalten und ließen ihre Hunde weiterhin beim »United Kennel Club (UKC)« in Michigan oder bei anderen Vereinen eintragen.

Am 1. Oktober 1974 erkannte der American Kennel Club Englands Hunderasse »Stafforshire Bull Terrier« offiziell an. Die Züchter des amerikanischen Verwandten, seit 1936 als »Staffordshire Terrier« bekannt, wurden gebeten, einem Namenswechsel zuzustimmen. Das Wörtchen »American« wurde hinzugefügt, hiermit wollte man Verwechslungen zwischen den zwei Rassen vermeiden. Aber der Ursprungsclub (»Parent«), der nationale Zuchtclub, benutzte seinen Originalnamen »Staffordshire Terrier Club of America (STCA)« bis zum Oktober 1988, nahm dann aber seinen endgültigen Namen »American Staffordshire Terrier Club (ASTC)« an. Die Hauptaufmerksamkeit gilt heute damit diesen drei vom American Kennel Club anerkannten Terrier-Rassen, die aus den Bull- und Terrierhunden Englands entwickelt wurden – deren Namen so häufig falsch verwendet werden. Heute gibt es den »American Staffordshire Terrier«, den »Staffordshire Bull Terrier« und den »Bull Terrier«. (In Amerika unterscheidet man zwei Bull Terrier-Schläge – weiße und farbige).

Der Englische Staffordshire Bull Terrier unterscheidet sich vom American Staffordshire Terrier in erster Linie durch die Größe. Er ist um etwa 7 bis 12 kg leichter, um 7 bis 15 cm niedriger. Der Staffordshire Bull Terrier wird ausnahmslos mit natürlichen (uncoupierten) Ohren ausgestellt. Obgleich seine Vorderläufe gerade sind, drehen die Pfoten leicht aus.

In den 1850er Jahren begann James Hinks aus Birmingham, England, mit dem Kreuzen von Bull and Terrier mit dem heute ausgestorbenen White English Terrier. Alte Dokumente bestätigen, daß der damalige White English Terrier in seinem Körperbau dem heutigen Standard Manchester Terrier ähnlich war. Historiker vermuten, daß auch Dalmatiner, möglicherweise auch Pointer-Kreuzungen erfolgten, aber nur in geringem Umfang. Das Ergebnis mehrerer Generationen von Kreuzungszucht war ein reinweißer Hund, den Mr. Hinks Bull Terrier nannte. Etwa 50 Jahre später hatte eine Reihe von Liebhabern den Wunsch, bei gleichem Körperbau solche Hunde auch farbig zu züchten. Um dies zu erreichen, wurde der weiße Bull Terrier auf seinen Originalvorfahren zurückgekreuzt, den Bull and Terrier. Unausweichlich führte dies zu Verschlechterungen von Kopftyp und anderer bestimmender Merkmale, die in der weißen Rasse sorgfältig gefestigt waren. Die farbigen Nachkommen zeigten deutlich Mängel. Es bedurfte planmäßiger Zucht, um den erwünschten Typ und die Merkmale des modernen Bull Terriers wieder zu festigen. Heute verlangt man vom Bull Terrier, weiß oder farbig, exakt denselben Körperbau.

Der auffälligste Unterschied zwischen dem Bull Terrier und dem American Staffordshire Terrier (auch dem Staffordshire Bull Terrier) liegt in der Kopfform. Von vorne gesehen ist der Kopf des Bull Terrier oval, der Standard beschreibt den Kopf als »eiförmig«. Im Profil bezeichnet man diesen Kopf als »down-faced«, er zeigt römisches Profil. Dies bedeutet, daß es an der Stelle, wo der Fang in den Oberkopf übergeht, keinen Stop gibt, ja daß sogar die Nasenspitze bei den besten Exem-

Oben: Ch. Herring's Beau Jangles. Züchter: Robby und Jean Herring. Auf der 1983 STCA National Specialty Ausstellung Rassebester, auf der UKC National American Pit Bull Terrier Specialty gleichfalls Best of Breed.

Oben: Weißer Bull Terrier. Kopfstudie von Ch. Banbury Bachelor's Button.

Unten: Farbiger Bull Terrier Ch. Banbury Benson of Bedrock, erster Platz Terrier Group Westminster Ausstellung. Besitzer und Züchter: W. E. Mackay-Smith.

plaren noch ein wenig nach unten gebogen ist. Der Bull Terrier hat auch natürliche Stehohren, seine Augen sind klein, liegen tief, sind eng zueinander gestellt, liegen ziemlich hoch im Schädel.

Die letzte und nicht leicht lösbare Verwirrung der Namen besteht heute zwischen American Staffordshire Terrier und American (Pit) Bull Terrier. Der American (Pit) Bull Terrier ist heute von jeder Eintragung durch den American Kennel Club ausgeschlossen, auch im Gesamtbereich der FCI wird diese Rasse von keinem Rassehundezuchtverein anerkannt. In den USA wird jedoch der American (Pit) Bull Terrier von anderen eintragenden Vereinen anerkannt, an erster Stelle vom United Kennel Club, dessen Sitz in Kalamazoo, Michigan liegt (der UKC trägt diese Hunde seit 1898 ein) und durch die American Dog Breeders Association (ADBA) mit Sitz Utah.

Bis Anfang der 1980er Jahre akzeptierte dieser United Kennel Club beim AKC eingetragene Staffordshire, wies sie auf seinen UKC-Papieren unter »American (Pit) Bull Terrier (AST)« aus. So war es möglich, daß der gleiche Hund einerseits in AKC-Ahnentafeln als American Staffordshire Terrier bestätigt wurde, aber gleichzeitig in diesen UKC-Papieren als American (Pit) Bull Terrier vorkommt. Man nennt dies doppelte (Dual) Eintragung. Anfang der 1980er Jahre schloß jedoch der UKC seine Papiere vor beim AKC eingetragenen Hunden. Später aber, im Sommer 1983, wurden die UKC-Papiere mit neuen Bestimmungen – einschließlich Inspektion – für Hunde mit AKC-Papieren wieder eröffnet.

Fragt man heute nach dem Unterschied zwischen dem American Staffordshire Terrier und dem American (Pit) Bull Terrier, lautet die einfache Erklärung, daß es sich bis zum Jahre 1936 um die gleiche Rasse handelte, dann die Anerkennung durch den AKC erfolgte. Züchter, die beim American Kennel Club ihre Welpen eintragen ließen, benutzten ausschließlich beim AKC eingetragene Zuchttiere. Ihre Hunde wurden innerhalb der Rasse zu einem ausgewählten Schlag, denn über mehr als 50 Jahre haben die beim AKC eintragenden Züchter ihre Zucht nachdrücklich auf übereinstimmenden Körperbau und Wesen ausgerichtet, auch den Gesichtspunkten Bewegung und Stil ihre Aufmerksamkeit gewidmet.

Ab den 1970er Jahren führte der UKC gleichfalls eigene Ausstellungen ein, einige beim UKC eingetragene Hunde sind dementsprechend auch von Ausstellungshunden gezogen. Es gibt sogar ein paar Hunde, die um bei beiden Clubs auf Ausstellungen konkurrieren zu können, sowohl beim AKC wie UKC eingetragen wurden. Dies führt dazu, daß die Unterschiede der Ausstellungshunde noch schwieriger zu durchschauen sind. Ein Musterbeispiel hierfür ist der bei beiden Clubs eingetragene Hund »Ch. Herring's Beau Jangles«, dieser Hund gewann 1983 nationale Spezialausstellungen sowohl als American Staffordshire Terrier wie als American (Pit) Bull Terrier.

Ein paar Züchter, die vor der Anerkennung der Rasse durch den AKC über mehrere Jahre ihre Zucht auf UKC-Zuchttieren aufbauten, ließen danach ihre Hunde sowohl beim UKC als American (Pit) Bull Terrier wie beim AKC als American Staffordshire Terrier eintragen. Sie haben auch noch Zuchttiere, deren Zugehörigkeit zu jeder dieser Rassen nicht bestritten werden kann.

Aber viele der heutigen doppelt registrierten Hunde wurden in den 1970er Jahren nur deshalb beim UKC eingetragen, um auf UKC-Ausstellungen zugelassen zu sein. Diese Tiere sind in Wirklichkeit ganz einfach beim AKC eingetragene Hunde, die zufälligerweise noch außerdem UKC-Papiere haben.

Der American Kennel Club ist nicht bereit, Hunde aus Vorfahren einzutragen, die nur beim UKC oder ADBA eingetragen sind. Für AKC-Ahnentafeln kommt heute nur ein Hund in Frage, dessen beide Elterntiere nachweislich die Voraussetzung für Eintragung beim AKC haben. Deshalb ist ein heute in den USA geborener Junghund entweder von Geburt an zur Eintragung als American Staffordshire Terrier berechtigt oder er wird nie AKC-Papiere erhalten können.

Unten: American (Pit) Bull Terrier. Sechs Monate alter Junghund Humes M-D Jessie. Besitzer: Don und Mary Humes.

Oben: Ch. Mari-Don Villainous Fagin mit ihrem zehnjährigen Besitzer Tom Moore.

Unten: Ch. Diamond Ringmaster of Evergreen. Besitzer: Jim und Carolyn Brown. Züchter: Tom Shimak.

Unten: Gallant Rocky. Besitzer: Carolyn Martina. Züchter: E. C. Ringold.

Oben: Ch. O.T.Ch. Fraja Earth Shaker, U.D. mit Besitzer, Ausbilder und Handler: Amy Ammentorp. Der erste Stafford, der gleichzeitig Schönheits- und Unterordnungschampionate gewonnen hat.

Oben: Am./Can. Ch. Mari-Don Mister Beau Jangles, C.D.X. mit seinem winzigen Sohn und Peggy und Sunny Fraser.

»Unterkunft und Verpflegung« des Familienhundes

Wenn man sich rechtzeitig nach der notwendigen Ausstattung umschaut, ehe man mit dem Welpen nach Hause kommt, kann man sich viel leichter den Anforderungen des neuen Familienmitgliedes stellen. Man braucht eine Wasser- und eine Futterschüssel, nach Möglichkeit aus rostfreiem Stahl, ein Modell, das nicht leicht umfällt. Man braucht einiges Spielzeug zum Kauen, ein Halsband und eine weiche Lederleine, eine weiche Haarbürste zur Fellpflege. Dann muß man entscheiden, wo der Hund schlafen soll, ihm seinen Schlafbereich vorbereiten.

Jeder Hund sollte sein eigenes Lager haben, gemütlich und warm, in das er sich immer dann zurückziehen kann, wenn er ein Schläfchen machen will. Dies gilt besonders für einen Welpen. Für ihn muß man eine Schlafstelle so vorbereiten, daß man sie über gewisse Zeiten auch sicher abtrennen kann, daß man keine Besorgnis zu haben braucht. Hat ein Junghund bereits früh in seinem Leben gelernt, die Nacht über ruhig in seiner Box zu bleiben – auch wenn die Familie ausgegangen ist – dann bewährt sich diese Erziehung auch beim erwachsenen Hund, Hund wie Besitzer haben den Vorteil.

Niemals darf man einen Hund in einen feuchten, kalten Keller verbannen, vielmehr muß man ihm eine ruhige Ecke einrichten, die dem Zentrum der Familienaktivitäten benachbart liegt. Sein Bett kann ein Kissenlager mit elektrischer Wärmeplatte sein oder auch eine rechteckige Holzkiste, ja selbst ein kräftiger Pappkarton, wenn man diesen mit einer sauberen Decke oder Baumwolltuch auslegt. Gerade für einen Welpen ist letzeres ideal, denn es ist behaglich, leicht zu reinigen und schnell austauschbar. Zum leichteren Zugang kann man in den Karton eine »Tür« schneiden, jedoch so, daß man erforderlichenfalls den Welpen darin einsperren kann.

Flugversandkisten und Ausstellungskäfige, wie sie auf Hundeausstellungen von erfahrenen Vorführern verwendet werden, sind ideale Lager in der Wohnung. Sie sind leichtgewichtig, aber stark, haben angemessene Luftzirkulation, sind trotzdem behaglich und warm und lassen sich leicht reinigen. Für einen Hundebesitzer, der seinen Hund auf Reisen mitnehmen möchte, ist ein Hundekäfig ideal, der Hund bleibt bereitwillig in seinem gewohnten Bett, auch während langer Autoreisen. Insbesondere kann man aber den Käfig nachtsüber auch meist in das Motel oder Hotel nehmen. Dadurch wird der Hund für das Hotel ein leicht akzeptierter Gast.

Hundekäfige werden aus Metall, Holz oder Plastik hergestellt, manche sind auf der Oberfläche mit einer speziellen Gummimatte ausgestattet, so daß hieraus ein Pflegetisch wird. Wer selbst mit Handwerkszeug umgehen kann, kann eine ähnliche Box selbst bauen, man erhält sie aber leicht beim Zoofachhandel und auf Hundeausstellungen. Es gibt Käfige verschiedener Größen, passend zur jeweiligen Hunderasse. Aus Ersparnisgründen sollte man die für den Welpen ausgewählte Box so bestimmen, daß der Hund auch erwachsen noch darin Platz findet. Erscheint anfangs der Raum zu groß, kann man vorübergehend mit Karton den Raum für den Welpen abteilen.

Wichtig ist gerade beim Stafford eine genügende Stärke des Käfigs, entsprechende Qualität. In Deutschland gibt es hierzu den in seiner Größe auf Bull Terrier abgestimmten Blumax-Käfig. Aus Gründen der Bequemlichkeit für den Besitzer und um dem Hund mehr Sicherheitsgefühl zu verleihen, sollte man Futter- und Wasserschüsseln stets im gleichen Raum aufbewahren, in dem der Käfig steht. Außerordentlich bewährt haben sich gerade für die Anfangszeiten Raumabtrennungen ähnlich einem Kinderlaufstall. Hierdurch wird verhindert, daß der Hund unbeaufsichtigt in Gefahrenbereiche des Haushalts gerät, auch keine wertvollen Haushaltsgegenstände vom Hund zerstört werden.

ERNÄHRUNG

Die Hauptbestandteile der Hundeernährung sind Proteine, Fette und Kohlehydrate. Wichtig sind auch Vitamin A, Vitamin B Komplex, Vitamine D und E, außerdem reichliche Mengen an Kalzium und Eisen. Der Hund braucht noch neun weitere Mineralien in kleinen Mengen, aber fast in jeder Nahrung gibt es ausreichende Mengen, so daß man sich hierüber nicht den Kopf zu zerbrechen braucht.

Der wichtigste Nahrungsbestandteil ist Protein, es muß täglich verabreicht werden, weil es notwendig für das normale Wachstum ist und den Ersatz von Körpergewebe, das durch die Tagesaktivitäten verbraucht wird. Bevorzugtes tierisches Protein stammt von Rindern, Schafen, Pferden und Fisch. Innere Organe wie Herz, Leber und Pansen sind gut, lösen aber, zu reichlich verfüttert, Durchfall aus. Knochen in größeren Mengen können den gegensätzlichen Effekt – Verstopfung – bewirken. Einige Tierärzte halten Schweinefleisch für unerwünscht, andere akzeptieren zwar mageres Schweinefleisch, verlangen aber, daß es gut gekocht wird. Schinkenabfälle werden häufig als Ergänzung der Hundeernährung empfohlen, hierüber sollte man aber zunächst mit seinem Tierarzt sprechen, weil das Salz in den Schinkenabfällen für einen Hund, der nicht gesund ist, schädlich sein kann. Industriell angebotene »Fleischmahlzeiten« stammen meist aus Schlachtabfällen, die bei hohen Temperaturen verarbeitet, dann getrocknet werden. Solches Fleisch ist nicht so nahrhaft wie Frischfleisch, aber gemeinsam mit anderen Proteinen ist es ein akzeptabler Bestandteil der Hundeernährung.

Gekochte Eier und rohes Eigelb sind gute Proteinquellen, rohes Eiweiß sollte nicht gefüttert werden, es könnte zu Durchfall führen. Hüttenkäse (Quark) und Milch (frisch, getrocknet und in Büchsen) sind reich an Proteinen. Welpen mögen Milch, im allgemeinen gehört diese bis zum Alter von drei Monaten zum Welpenspeiseplan, bei älteren Hunden kann sie Durchfall auslösen, wenn sie nicht gesäuert wird (Joghurt, Quark) oder mit industriell vorgefertigter Hundemilch angereichert. Sojabohnenmehl, Weizenkeimmehl und getrocknete Brauereihefe sind pflanzliche Produkte von hohem Proteingehalt, können die Hundeernährung verbessern.

Pflanzliche und tierische Fette in mäßigen Mengen können verfüttert werden, insbesondere wenn die Hauptnahrung aus Trockenfutter besteht. Mit Fett muß man aber aufpassen, damit der Hund kein Übergewicht ansetzt. Im allgemeinen sollte man den Winter über etwas mehr Fett füttern, bei warmem Wetter die Fettmenge reduzieren.

Für den richtigen Aufschluß des Fettes braucht der Hund Kohlehydrate. Hundekuchen, Mixer und andere Trockenfutter sind reich an Kohlehydraten, ebenso Getreideprodukte aus Reis, Mais, Weizen und Hafer. Wichtig ist ein breites Auswalzen der Flocken, dadurch werden Zeralien vom Hundemagen besser aufgeschlossen.

Gemüse bieten zusätzliche Proteine, Vitamine und Mineralien, durch ihre Ballaststoffe sind sie in Fällen von Verstopfung nützlich. Rohe oder gekochte Karotten, Sellerie, Salat, Rüben, Spargel, Tomaten und gekochter Spinat können verfüttert werden. Man muß sie aber immer ganz fein zerkleinern und mit anderem Futter vermischen. Man kann verschiedenartige Futterkombinationen verfüttern, aber eine gute Hausmischung für den ausgewachsenen Hund besteht zu zwei Teilen aus Fleisch und je einem Teil Gemüse und Zeralien.

Kalziumphosphat und Lebertran gehören zum Welpenernährungsplan, dadurch erhält der Welpe genügende Mengen an Kalzium und Vitaminen A und D. Übermäßiger Einsatz von Ergänzungsmischungen ist nicht nur nicht notwendig, sondern kann sich als schädigend erweisen. Viele Züchter wissen, daß eine Überdosierung zu übertriebenem Wachstum und auch zu Übergewicht beim erwachsenen Hund führen kann. Nierenschäden bei ausgewachsenen Hunden werden auch auf ein Überangebot von Kalzium und Vitamin D in der Hundeernährung zurückgeführt.

Futter von bekannten Futtermittelherstellern mit gutem Ruf sind für die Hundeernährung gesund, werden in mannigfaltigen Geschmacksrichtungen, Zusammensetzungen, Strukturen angeboten. Die meisten Hunde finden sie wohlschmekkend und mögen sie. Büchsenfutter ist im allgemeinen »fütterungsfertig«. Nahrungsmittel, denen Wasser entzogen wurde, in Form von Mixer, Mehl oder Hundekuchen, fordern Ergänzung durch Wasser oder Milch. Trockenfutter, das Fett enthält, wird manchmal ranzig. Um einen unangenehmen Geschmackswandel zu vermeiden, setzen Hersteller meist Trokkenfutter kein Fett zu, sondern empfehlen Fettzusatz gemeinsam mit Wasser oder Milch.

Zucker, Schokolade und andere Süßigkeiten sind verboten, der Hund hat hierzu kein Ernährungsbedürfnis. Erlaubt man ihm trotzdem Süßigkeiten, frißt er meist von dem Futter, das er braucht, weniger. Ebenso tabu sind Gebratenes, stark gewürzte Nahrung und besonders stärkereiche Futtermittel, denn der Verdauungsapparat des Hundes ist nicht geeignet, diese zu erschließen. Gefrorene Nahrungsmittel müssen vollständig aufgetaut, zumindest handwarm angewärmt werden, gekochte Nahrungsmittel müssen auf Handwärme gekühlt werden. Futter sollte man in ziemlich fester Form anbieten, suppenartige Nahrung ist für den Hund schwierig zu verdauen.

Ob Fleisch roh oder gekocht verfüttert wird, macht wenig Unterschied, solange man dem Hund auch die Brühe gibt, die beim Fleischkochen entsteht. Knochen enthalten wenig Nährstoffe, das Kauen von Knochen macht aber kräftige Zähne und verhindert, daß sich Zahnstein ansetzt. Fisch-, Geflügel- und Kotelettknochen dürfen nie an Hunde verfüttert werden, denn sie könnten splittern und den Verdauungstrakt des Hundes durchbohren. Sauberes, frisches und kaltes Wasser ist wichtig, es muß über 24 Stunden verfügbar sein, ab der Zeit, wenn der Welpe laufen kann. Insbesondere bei heißem Wetter sollte die Wasserschüssel in regelmäßigen Intervallen ausgeschüttet und neu gefüllt werden.

Futterbedarf von Hunden und ausgewählte empfohlene Futterstoffe

(In Prozent oder Menge bezogen auf 1 kg Futter)

	Futtermittel				
	Trockenfutter	Stark getrocknet	halbfeucht	Büchsenfutter	
Feuchtigkeitsgrad (%)	0	10	25	75	
Trockensubstanz (%)	100	90	75	25	
Nährstoffe	**Futtermenge**				**Hauptfunktion**
Protein	22 %	20 %	16,5 %	5,5 %	Wachstum, Erhaltung
Fett	5,0 %	4,5 %	3,75 %	1,25 %	Energie, Haut, Fell
Linolensäure	1,0 %	0,9 %	0,75 %	0,25 %	Haut, Fell
Kalzium	1,1 %	1,0 %	0,8 %	0,3 %	Skelett, Zähne
Phosphor	0,9 %	0,8 %	0,7 %	0,22 %	Skelett, Zähne
Potasche	0,6 %	0,5 %	0,45 %	0,2 %	Muskel
Sodiumchlorid	1,1 %	1,0 %	0,8 %	0,3 %	Körperflüssigkeit
Magnesium	0,040 %	0,036 %	0,030 %	0,010 %	Muskeln, Skelett
Eisen	60 mg	54 mg	45 mg	15 mg	Blut
Kupfer	7,3 mg	6,5 mg	5,5 mg	1,8 mg	Blut
Mangan	5,0 mg	4,5 mg	3,8 mg	1,2 mg	Metabolism
Zink	50 mg	45 mg	38 mg	12 mg	Haut
Jod	1,54 mg	1,39 mg	1,16 mg	0,39 mg	Thyroid
Selenium	0,11 mg	0,10 mg	0,08 mg	0,03 mg	Muskeln
Vitamin A	5000 IU	4500 IU	3750 IU	1250 IU	Augen, Haut
Vitamin D	500 IU	450 IU	375 IU	125 IU	Skelett, Zähne
Vitamin E	50 IU	45 IU	37,5 IU	12,5 IU	Fortpflanzung, Muskeln
Thiamin	1,00 mg	0,90 mg	0,75 mg	0,25 mg	Nerven, Verdauung
Riboflavin	2,2 mg	2,0 mg	1,6 mg	0,5 mg	Enzyme
Pantonsäure	10,0 mg	9,0 mg	7,5 mg	2,5 mg	Wachstum
Niacin	11,4 mg	10,3 mg	8,6 mg	2,8 mg	Nerven
Pyridoxin	1,0 mg	0,0 mg	0,75 mg	0,25 mg	Blut, Wachstum
Folicsäure	0,18 mg	0,16	0,14 mg	0,04 mg	Blut
Biotin	0,10 mg	0,09	0,075 mg	0,025 mg	Haut, Fell
Vitamin B 12	0,022 mg	0,020 mg	0,017 mg	0,006	Blut
Cholin	1200 mg	1100 mg	900 mg	300 mg	Leber, Nerven

Ernährungsdaten aus „Nutrient Requirements for Dogs" (revidierte Fassung 1974), veröffentlicht durch National Research Council, National Academy of Sciences, Washington, D.C.

Die Welpenfütterung beginnt beim Züchter je nach Wurfstärke im Alter von 3–5 Wochen, kauft man seinen Welpen mit 7–12 Wochen, ist er bereits an einen Futterplan gewöhnt. Jeder Züchter sollte seinen Welpenkäufern genaue Angaben über die Anzahl der täglichen Mahlzeiten, Art und Menge des Futters u. a. mitgeben. Es ist ganz wesentlich, die gewohnte Fütterung zunächst fortzusetzen, plötzliche Veränderungen in der Futterzusammensetzung und der Anzahl der Mahlzeiten könnten zu ernsthaften Magenverstimmungen führen. In den meisten Fällen wird eine Mischung von Trockenfutter, Büchsenfutter und vom Züchter selbst zusammengestelltes Futter verabreicht, dies gewährleistet eine ausgewogene Ernährung. Ist ein Welpe wesentlich zu fett oder zu dünn oder entstehen bei ihm Gesundheitsprobleme, verschreibt der Tierarzt möglicherweise eine Spezialernährung, aber im Regelfall können unbedenklich die von der Futtermittelindustrie angebotenen Produkte verwendet werden.

Die jeweils angebotene Futtermenge wird mit dem Heranwachsen des Junghundes gesteigert, ein fünf Monate alter Junghund braucht ungefähr die doppelte Menge eines drei Monate alten. Keinesfalls darf man den Junghund aber fett werden lassen. Fettleibigkeit wurde zu einem der schwierigsten Gesundheitsprobleme aller Hunde, man schätzt, daß heute etwa 41% aller in Amerika lebenden Hunde übergewichtig sind. Es ist wichtig, daß das Gewicht des Hundes über sein gesamtes Leben sorgfältig kontrolliert wird, daß der Hund in guter, schlanker Kondition gehalten wird, denn durch Übergewicht können viele körperliche Probleme entstehen. Wird bereits in der Welpenzeit die Gewohnheit des zuviel Fressens aufgebaut, wird die Gewichtskontrolle des ausgewachsenen Hundes sehr schwierig werden.

Ein ausgereifter Hund braucht im allgemeinen etwas weniger Futter als der heranwachsende Junghund. Für ausgewachsene Hunde genügt meist eine große Mahlzeit täglich, einige Hundebesitzer ziehen es vor, täglich zweimal zu füttern. Solange der Hund sich bei vorzüglicher Gesundheit befindet, weder zu fett noch zu dünn ist, ist die Anzahl der Mahlzeiten zweitrangig, ohne grundlegenden Einfluß.

Die für den ausgewachsenen Hund notwendige Futtermenge ist von Hund zu Hund verschieden. Bei Büchsennahrung oder selbst hergestellten Futtermischungen (eine Kombination von Fleisch, Gemüse und Zeralien) beträgt die ungefähre Futtermenge etwa 30 g je Kilogramm Körpergewicht. Die meisten Hersteller von Hundefutter geben ausreichende Futterempfehlungen über den täglichen Futterbedarf für die verschiedenartigen Hunderassen. Je nach Trockensubstanz des einzelnen Futtermittels gibt es da beträchtliche Unterschiede. Für die meisten Hunde sollte man über die Wintermonate die empfohlene Futtermenge etwas anheben, umgekehrt bei heißem Sommerwetter, wenn die Hunde weniger aktiv sind, die Futtermenge etwas reduzieren.

Wird ein Hund älter und dadurch weniger aktiv, besteht erneut die Gefahr des Fettwerdens. Manchmal läßt der Appetit aber auch nach, der Hund wird zu dünn. In beiden Fällen muß die Futtermenge angepaßt werden, denn der Hund lebt länger, hält seine Gesundheit besser, wenn er stets in guter Körperkondition gehalten wird. Die einfachste Art, Körpergewicht zu mindern oder zu mehren, ist Reduzieren oder Erhöhen des Fettanteils im Futter.

Wenn ein älterer Hund futtermäklig wird, kann es notwendig sein, ihn mit Futter zum Fressen zu animieren, das er besonders gern mag. Ein Anwärmen des Futters vermehrt die Aromastoffe, regt den Hund zum Fressen an. Mag er immer noch nicht fressen, kann man durch Anbieten des Futters aus der Hand versuchen, sein Interesse zu wecken. Aber Vorsicht! Hier besteht immer die Gefahr, Hunde zu sehr zu verwöhnen. Manchmal nützt es, kleinere Futtermengen auf mehrere Mahlzeiten verteilt zu verfüttern. Für ältere Hunde sind nährstoffreiche und leicht verdauliche Futtermittel besonders empfehlenswert. Man sollte der Nahrung häufiger kleine Mengen gekochter Leber, Quark oder zerkleinerte hart gekochte Eier beifügen.

Ehe man mit einer Hündin züchtet, muß sich der Besitzer vergewissern, daß sie sich in optimaler Kondition befindet – lieber etwas schlanker als runder. Während der Tragezeit erhält die Hündin zunächst exakt die gleiche Fütterung wie zuvor, Fleisch, Leber und Milchprodukte können geringfügig vermehrt werden. Etwa sechs Wochen nach der Paarung sollte man von einmaliger Fütterung zu zweimaliger übergehen, die gesamte Futtermenge vermehren. Manche tragenden Hündinnen brauchen bis zu 50% mehr Futter als ihr Normalverbrauch. Trotzdem darf man einer Hündin nicht gestatten, fett zu werden, denn übergewichtige Hunde haben viel häufiger Geburtsprobleme. Ab sechs Wochen nach der Paarung bis zum Absetzen der Welpen sollte man der Hündin zusätzlich Lebertran und Kalziumphosphat füttern.

Ein Rüde, der nur ab und zu zum Decken verwendet wird, braucht keine Spezialnahrung, sollte aber gut gefüttert und in optimaler Kondition gehalten werden. Ein häufig eingesetzter Deckrüde braucht etwas mehr Futter. Aber die Grundernährung sollte unverändert bleiben, solange der Hund gesund ist, sich sein Körper fest und hart anfühlt.

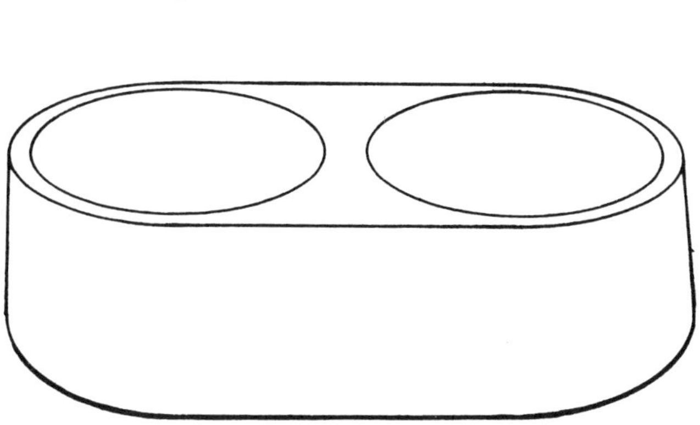

Gestell für Futter und Wasser aus rostfreiem Stahl.

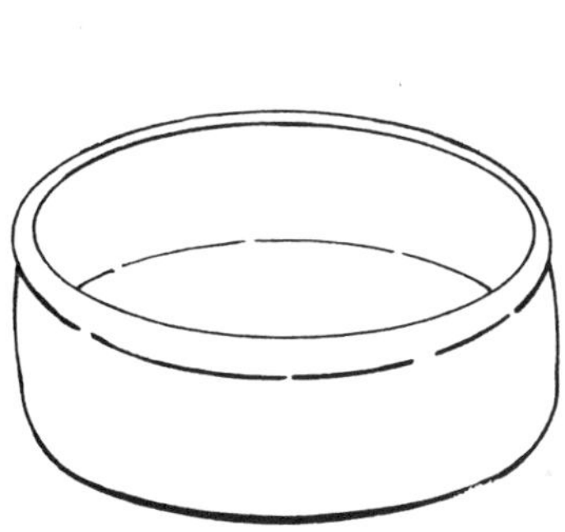

Steingutgefäß für Futter oder Wasser.

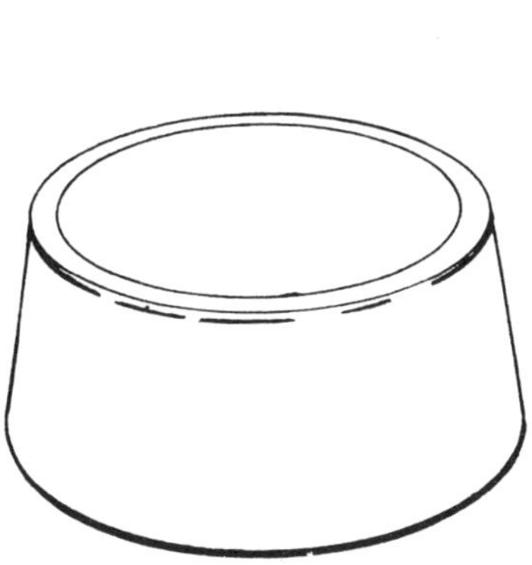

Schüsseln dieser Art gibt es sowohl in Plastik wie aus rostfreiem Stahl.

Oben: Spartan's Invictus mit der zwei Tage alten Antonette Wheeler. Besitzer: Harry Wheeler.

Oben: »Tony« darf aufs Sofa. Besitzer: Robert und Cindy Voyles.

Unten: Refraf's Knight Watch Chaya, C.D.X. Besitzer: Richard und Roselyn Foreman.

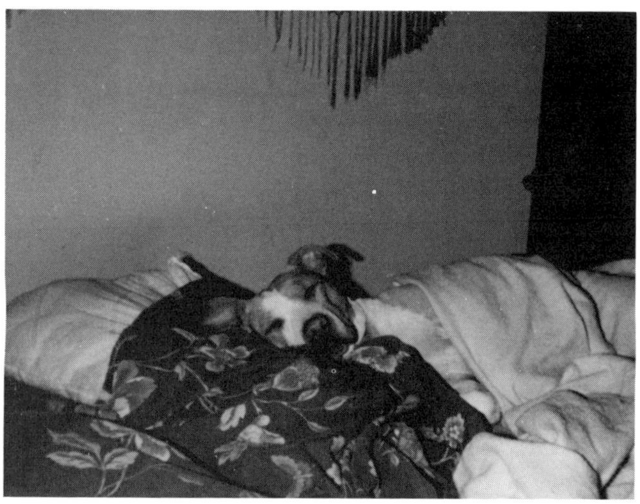

Oben: Ch. Babe the Blue Ox, der insgesamt über 200 000 Meilen gereist ist. Besitzer: Carlos und Mary Menard.

Oben: Künftige Champions. Links: Paragon Lucre of Chegra. Rechts: May's Root Beer.

Unten: MRT's Jinx. Besitzer: Tim und Mana Rie Paumen.

Gesundheitsfürsorge

Befaßt man sich mit der Gesundheitsfürsorge, sind immer ganz einfache Maßnahmen der präventiven Vorsorge späteren Behandlungen – die kompliziert und kostspielig sein können – vorzuziehen. Viele der Probleme, an denen Hunde leiden können, lassen sich leicht vermeiden, indem man vernünftige Haltungsverhältnisse hinsichtlich Fütterung, Unterbringung und Auslauf einführt.

Richtige Ernährung ist für die Widerstandskraft eines Hundes gegen Infektionskrankheiten besonders wichtig. Hierdurch mindert sich die Anfälligkeit gegen Organerkrankungen, natürlich vermeidet man auch Mangelerkrankungen.

Sauberkeit ist besonders wichtig, verhindert das Wachstum krankheitserregender Bakterien und anderer Mikroorganismen. Alle Ausrüstung, insbesondere Futter- und Wassernäpfe, müssen peinlich saubergehalten werden. Auch zur Kontrolle äußerer Parasiten ist Sauberkeit wesentlich, Parasiten gedeihen insbesondere in unhygienischer Umgebung.

Die Muskeln, die man unter dem straffen Fell des Hundes sich abzeichnen sieht, die durch regelmäßigen Auslauf gestärkt und geformt werden, sind nur eine Teilansicht. Hinzu kommen Herz und Uterus, beide fast ganz aus Muskeln gebildet, selbst das Eingeweide enthält Muskeln. Der Blutkreislauf, der diese Muskeln ernährt, ist von richtiger Bewegung abhängig. So leben aktive Tiere nicht nur länger, sie gebären auch leichter und zeigen mit Sicherheit ein gesünderes Aussehen.

KRANKHEITSSYMPTOME

Manchmal sind Krankheitssymptome so offensichtlich, daß der Besitzer sofort erkennt, daß sein Hund krank ist, manchmal sind sie aber auch so versteckt, daß schwer zu beurteilen ist, ob eine Abweichung gegenüber dem Normalzustand vorliegt.

APPETITLOSIGKEIT, UNWOHLSEIN (allgemeine Interessenlosigkeit gegenüber der Umgebung) und ERBRECHEN können zuweilen übersehen werden, wenn sie allein auftreten und nur über ein paar Stunden andauern. Treten sie jedoch gemeinsam auf mit anderen Krankheitsanzeichen, können solche Symptome ein klarer Hinweis sein, daß man den Hund dem Tierarzt vorstellen sollte. UNGEWÖHNLICHER VERDAUUNGSABLAUF – insbesondere Durchfall oder Blut im Stuhl – sind Zeichen, die sofortiger Beachtung bedürfen. ABNORMER URINABGANG kann Infektionen anzeigen, zum Beispiel Scheidenentzündung oder Blasenentzündung, die bei jungen Hündinnen häufig auftreten, leicht behandelt werden können. Blut im Urin ist immer ein Hinweis auf eine ernste Erkrankung. Wird ein gut erzogener, stubenreiner Hund plötzlich unsauber, sollte man einen Tierarzt zu Rate ziehen. Dieser kann durchaus eine Behandlung oder ein Medikament empfehlen, das hilft.

FIEBER ist ein eindeutiger Hinweis auf Erkrankung, eine ständige Abweichung von der Normaltemperatur von etwa 38,5° C ist gleichfalls zu beachten. Die Temperatur mißt man beim stehenden Hund. Man fettet das Thermometer mit Vaseline ein, hebt die Rute des Hundes an, führt das Thermometer zumindest in halber Länge in den After ein, hält es in dieser Stellung über zwei Minuten. Nach jedem Gebrauch wird das Thermometer mit Alkohol abgewischt und danach wieder heruntergeschüttelt.

KRÄMPFE (Zuckungen) werden oft als Symptome für Wurmbefall angesehen, werden aber durch eine Vielfalt von Ursachen ausgelöst einschließlich Vitaminmangel oder Spiel bis zum Zustand der Erschöpfung. Treten solche Anfälle auf, sollte man unbedingt einen Tierarzt konsultieren, es kann sich um ein Symptom für eine ernsthafte Erkrankung handeln.

HARTNÄCKIGER HUSTEN ist eine weitere Erkrankung, die in den USA häufig mit Würmern verbunden ist, insbesondere mit dem Herzwurm. Husten kann aber auch ein Hinweis auf eine Herzerkrankung sein – insbesondere bei älteren Hunden. Auch Erkrankungen im oberen Atmungssystem können schwere Hustenanfälle auslösen, mit oder ohne Schleimausstoß. Gegen Infektionen des Atmungssystems wie Parainfluenza gibt es Vorbeugeimpfungen. Sie haben zwar nicht immer den Erfolg, daß der Hund die Erkrankung gar nicht bekommt, aber ein geimpfter Hund zeigt sie in viel milderer Form. Die allgemeine Bezeichnung für solche ansteckenden Infektionen, die Husten auslösen, ist »Zwingerhusten«.

STUMPFES FELL (abgestumpft, ohne Glanz) ist ein Hinweis auf schlechten Gesundheitszustand, möglicherweise schweren Wurmbefall. TRÜBE AUGEN können ähnliche Ursachen haben. Bestimmte Formen der Erblindung können gleichfalls Anlaß sein, daß das Auge den gesunden Glanz verliert.

ERBRECHEN ist ein weiteres Symptom, das auf Wurmbefall hinweist. Hunde mit Magendrücken fressen zuweilen Gras, offensichtlich um dadurch Erbrechen auszulösen und sich zu erleichtern. Ständiges Erbrechen erfordert schnelle tierärztliche Untersuchung.

UNFÄLLE UND VERLETZUNGEN

Ernsthafte Verletzungen wie tiefe Schnitte, gebrochene Knochen und ernsthafte Verbrennungen erfordern immer tierärztliche Behandlung. Möglicherweise braucht der Hund aber erste Hilfe, ehe man ihn zum Tierarzt bringen kann.

Einem Hund, der ernsthaft verletzt ist, sollte man immer vorsichtig gegenübertreten. Schmerzreaktionen des Hundes sind immer möglich, es kann zu Bissen kommen – selbst gegenüber dem geliebten Herrn. Vor jedem Versuch der Behandlung oder des Transports sollte man zunächst dem Hund einen Maulkorb anlegen, Improvisationen mit einem Stück Tuch, einer Bandage, selbst mit einer kräftigen Schnur sind möglich, man schlingt sie um den Fang des Hundes und bindet sie unter dem Unterkiefer zusammen. Dann führt man die Enden hinter den Kopf des Hundes und bindet sie erneut hinter den Ohren zusammen, so daß die Bandage rund um die Kiefer an dieser Stelle bleibt.

Man kann zum Transport eines schweren Hundes eine Bahre mit einer Decke improvisieren oder mit einem Brett. Zum Transport sollte man immer zwei Leute einsetzen. Eine Person kann einen kleinen Hund leicht tragen, hierfür packt man mit der einen Hand den Hund am Nackenfell, legt die andere Hand unter die Hüften des Hundes.

CHEMISCHE VERBRENNUNGEN sollten sofort behandelt werden, indem man das Fell mit klarem Wasser überschüttet, dabei aber Augen und Ohren des Hundes schützt. Um die Chemikalien zu neutralisieren, kann man danach eine Waschsodalösung anwenden. Ist der verbrannte Bereich groß, bedarf es sehr intensiver Behandlung, sofortiger tierärztlicher Hilfe.

VERBRENNUNGEN DURCH HEISSE FLÜSSIGKEITEN ODER HEISSES METALL sollten unter Anwendung antibiotischer Salben und steriler Verbände versorgt werden, vorausgesetzt der verbrannte Bereich ist klein. Man wechselt täglich den Verband, prüft die Wunde auf Infektionsanzeichen. Verbrennungen über größere Bereiche müssen immer vom Tierarzt behandelt werden.

ELEKTRISCHER SCHLAG ist meist die Folge, wenn man eine elektrische Leitung übersehen hat, an welcher der Hund kauen konnte. Wenn irgend möglich, sollte man vor Berührung des Hundes die Leitung abschalten. Anderenfalls muß man die Schnur aus dem Hundefang mit plötzlichem Ruck herausreißen, dann erhält man beim Versuch zu helfen, keinen Schlag. Ist der Hund bewußtlos, bedarf es sofortiger künstlicher Wiederbelebung. Man sollte schnellstens einen Tierarzt herbeirufen.

KNOCHENBRÜCHE machen sofortige tierärztliche Behandlung erforderlich. Auf dem Transport zum Tierarzt muß ein gebrochenes Bein ruhig gestellt werden, man sollte aber nicht versuchen, eine Schiene anzulegen.

VERGIFTUNG erfolgt häufiger zufällig als durch böse Absicht, aber gleich wie sie zustandekam, Symptome und Behandlung sind immer die gleichen. Wird die Vergiftung nicht sofort bemerkt, findet man möglicherweise den Hund bereits bewußtlos. Dabei ist der Fang schleimig, der Hund zittert, hat Atemschwierigkeiten, unterliegt möglicherweise bereits schweren Zuckungen. Es bedarf sofortiger tierärztlicher Hilfe.

Trifft man den Hund darüber an, daß er etwas frißt, was man als giftig erkennt, versucht man schnelles Erbrechen auszulösen. Hierzu zwingt man den Hund mehrfach, eine Mischung von Wasserstoffperoxyd und Wasser zu gleichen Teilen hinunterzuschlucken. Eine Verzögerung auch nur von Minuten kann tödlich sein. Wurde hierdurch der Mageninhalt entleert, zwingt man den Hund, rohes Eiweiß zu schlucken, hierdurch wird die Absorbtion des Giftes verlangsamt. Dann ruft man sofort den Tierarzt an, gibt ihm alle Informationen über den Gifttyp und befolgt für die weitere Behandlung seine Anordnungen.

Einige Chemikalien sind giftig, selbst wenn sie nicht verschluckt wurden; deshalb sollte man vor Verwendung jeglichen Mittels in Haushalt oder Garten sich vergewissern, daß es auch im Umfeld von Haustieren unbedenklich angewandt werden kann.

SCHWERE BLUTUNG an einem Hundelauf kann dadurch gestoppt werden, daß man zwischen Wunde und Körper das Glied abbindet; die Abbindung muß aber in 10minütigem Abstand immer wieder gelockert werden. Schwere Blutungen an Kopf oder Körper können dadurch unter Kontrolle gebracht werden, daß man auf die Wunde ein Stück Tuch oder Verbandzeug legt, dann mit der Hand dagegen drückt.

Bei der Behandlung von kleinen Schnittverletzungen schneidet man zunächst das Haar rund um die Wunde ab, wäscht dann den Wundenbereich mit warmem Seifenwasser aus und bringt ein mildes Desinfektionsmittel auf, zum Beispiel eine Metaphentinktur.

Ein KREUZBANDRISS als Folge einer Verletzung des Knies verursacht schweres Hinken des Hundes am Hinterlauf. Eine solche Verletzung tritt besonders gerne bei stark bemuskelten, besonders aktiven, starkknochigen Hunden auf. Es entspricht den Knieverletzungen, die so viele Fußballspieler auf einige Zeit auf die Bank verbannen, muß chirurgisch behandelt werden. Zweifellos tritt eine solche Verletzung beim Staf häufiger als bei anderen Hunderassen auf, deshalb glauben einige Liebhaber, daß hier auch eine erbliche Veranlagung für solche Verletzungen vorliegen könnte. Bisher ist jedoch keine solche genetische Verbindung nachgewiesen. Tierärzte sind unverändert der Auffassung, daß es sich um eine reine Sportverletzung handelt.

SCHOCK ist häufig die Nachwirkung einer schweren Verletzung; bedarf sofortiger tierärztlicher Behandlung. Der Hund erscheint verstört, Lefzen und Zunge sind blaß, das Atmen schwach. Einen solchen Hund sollte man in Tücher einpacken und warm halten, wenn irgend möglich muß dabei der Kopf tiefer gelagert werden als der Körper.

VIRUSERKRANKUNGEN UND BAKTERIELLE INFEKTIONEN

STAUPE tritt in verschiedenen Formen auf, ist selbst für erfahrene Tierärzte manchmal schwierig zu diagnostizieren. Staupe ist die Nummer eins der »Killerkrankheiten« bei Hunden, sie tritt zwar auch bei älteren Hunden auf, ihre Opfer sind aber in der Regel Jungtiere. Zwar überstehen einige Hunde die Krankheit, dabei treten aber häufig Dauerschäden im Gehirn oder im Nervensystem auf. Die ersten Krankheitssymptome sind Lethargie, Durchfall, Erbrechen, verringerter Appetit, Husten, Ausfluß aus der Nase, Entzündung der Augen und ein Ansteigen der Körpertemperatur. Vermutet man Staupeerkrankung, muß der Tierarzt sofort hinzugezogen werden, frühzeitige Behandlung ist wichtig! Staupeschutzimpfungen sollten bei allen Welpen erfolgen, die günstigste Zeit ist etwa im Alter von 12 Wochen, bis dahin sind die von der Mutter über Plazenta und Kolostralmilch übertragenen Abwehrstoffe aufgebraucht. Schutzimpfungen im Alter von 8 Wochen beim Züchter geben keine langfristige Immunität, werden aber häufig sicherheitshalber zusätzlich durchgeführt. Die im Alter von 12 Wochen gegebene Schutzimpfung muß jährlich wiederholt werden. In diesem Zusammenhang sollte hinsichtlich aller Impfungen angemerkt werden, daß zwar häufig der Begriff »Dauerschutzimpfung« angewandt wird, es aber keine Impfung gibt, die wirklich lebenslänglich anhält, Auffrischungsimpfungen sind immer jährlich erforderlich.

HARTBALLENERKRANKUNG. Hierbei verhärten sich die Pfoten des Hundes, schälen sich zuweilen ab. Die Krankheit tritt gelegentlich gemeinsam mit Staupe auf. Die Chancen der Wiedergesundung liegen nicht günstig, wenn nicht sehr frühzeitig tierärztliche Behandlung einsetzt. Das zu den Impfungen für Staupe Gesagte trifft auch hier zu.

INFEKTIÖSE HEPATITIS befällt beim Menschen wie auch bei Hunden die Leber, aber offensichtlich ist die Erkrankung des Hundes auf Menschen nicht übertragbar. Ein erstes Symptom ist heftiger Durst, die übrigen Symptome sind ähnlich denen der Staupeerkrankung.

Die Erkrankung erreicht schnell ihr kritisches Stadium. Da Hepatitis oft tödlich ausgeht, ist schnelle tierärztliche Hilfe notwendig. Es gibt wirksame Impfstoffe, alle Welpen sollten etwa im Alter von 12 Wochen geschützt werden, jährliche Wiederholungsimpfungen sind erforderlich.

LEPTOSPIROSE wird durch einen Mikroorganismus ausgelöst, den man als »Spirochete« bezeichnet. Dieser wird häufig bei Kontakt mit Ratten oder durch Aufnahme von Futter, das von Ratten verunreinigt wurde, übertragen. Diese Erkrankung kann auch auf Menschen übertragen werden, deshalb muß jeder, der einen befallenen Hund behandelt, aktive Vorbeugemaßnahmen ergreifen, um Eigeninfektion zu vermeiden. Zu den Symptomen gehören Erbrechen, starker Durst, Appetitverlust, blutiger Durchfall, Blut im Urin, Fieber, Depression, rote, von Blutandrang befallene Augen und Schleimhäute, Schmerzen in der Bewegung und manchmal Gelbsucht. Da leicht Dauerschäden der Nieren auftreten, muß sofortige tierärztlilche Behandlung einsetzen. Wiederum gibt es einen Impfstoff als Präventivmaßnahme, der im Alter von 12 Wochen verabreicht werden sollte, jährlich aufgefrischt werden muß.

PARVOVIROSE ist eine stark ansteckende und gefährliche Erkrankung, die bei Hunden erstmals 1977 auftrat. Man vermutet, daß eine Art „Katzenstaupe" einer Mutation ausgesetzt war, dadurch Hunde befällt. Allgemeine Anzeichen bei Welpen sind fehlender Appetit, gefolgt von Depression, Erbrechen und blutigem Durchfall. Leicht wird der Herzmuskel bei Welpen in Mitleidenschaft gezogen, wodurch schnell der Tod eintritt. Manchmal werden auch erwachsene Hunde von der Krankheit befallen, überstehen diese auch, ohne daß während der Krankheit andere Symptome auftreten als starker Appetitverlust, andere Erwachsene werden durch die Krankheit aber wesentlich heftiger befallen. Vermutet man »Parvo«, darf man keinerlei Zeit vergeuden, muß sofort zum Tierarzt. Schutzimpfung ist möglich, sollte entsprechend den Ratschlägen des Tierarztes erfolgen.

Es gibt Impfstoffkombinationen, in denen wirksame Vaccine gegen Staupe, Hepatitis, Leptospirose, Parainfluenza und Parvovirose in einer Schutzimpfung vereint sind. Man sollte dem Tierarzt immer klar sagen, ob ein Hund ausschließlich auf eigenem Grund und Boden gehalten wird, oder ob er – etwa durch Ausstellungen – viel unterwegs ist, andere Hunde trifft. Dadurch kann der Tierarzt die zweckmäßigste Schutzimpfung vorschlagen, die zum eigenen Hund paßt.

TOLLWUT ist eine Erkrankung, die immer tödlich verläuft – und auf den Menschen übertragen wird. Sie wird durch ein Virus ausgelöst, welches das Nervensystem befällt. Dieses Virus ist im Speichel infizierter Tiere vorhanden. Beißt so ein erkranktes Tier ein anderes (oder den Menschen), wird das Virus auf das neue Opfer übertragen. Das Virus kann auch in den Körper über Schnittverletzungen oder Kratzer gelangen, die mit Speichel eines befallenen Tieres infiziert werden.

Alle Warmblüter sind der Tollwut ausgeliefert. In der Regel erfolgt die Übertragung über Füchse, Skunks, Eichhörnchen, Waschbären, Pferde und Rinder – ebenso über Hunde und Katzen. Wer immer von einem Hund (oder einem anderen Tier) gebissen wird, sollte sofort den Arzt aufsuchen und auf die gesetzlich erlassenen Gesundheitsvorschriften achten. Falls ein Hund von einem anderen Tier gebissen wird, sollte man gleichfalls den Tierarzt um Rat bitten.

In den meisten Gebieten wird Tollwutschutzimpfung gesetzlich verlangt. Selbst wenn dies nicht der Fall sein sollte, ist es sehr ratsam, als wirksame Präventivmaßnahme alle Hunde impfen zu lassen.

MANGELERKRANKUNGEN

RACHITIS befällt Jungtiere, die zu wenig Kalk und Vitamin D in der Nahrung erhalten. Zu den Symptomen gehören Lahmheit, Verkrümmungen von Hals und Rücken, Verbiegen der Läufe. Die Behandlung umfaßt die Bereitstellung genügender Mengen von Kalziumphosphat und Vitamin D, zusätzlich sollte der Hund sich viel in der Sonne aufhalten (Vitamin A). Wird die Erkrankung vor Erreichen eines fortgeschrittenen Stadiums entdeckt und behandelt, kann die Knochenschädigung gemindert, jedoch nicht vollkommen behoben werden.

OSTEOMALACIE, sie ähnelt Rachitis, tritt in erster Linie bei ausgewachsenen Hunden auf. Die Behandlung ist die gleiche wie bei Rachitis, aber auch hier ist Vorsorge besser als Heilung. Dauerschäden aus Rachitis wie Osteomalacie vererben sich nicht, wenn daher ihre Opfer wieder genesen sind, kann man sie für die Zucht einsetzen.

KNOCHEN- UND GELENKERKRANKUNGEN

OSTEOCHONDRITIS DISSECANS und PANOSTEITIS lösen beide an den Vorderläufen junger Hunde Lahmheit aus. Man glaubt, diese Erkrankungen seien durch zu schnelles Wachstum verursacht, deshalb kann man sie ganz einfach bei Früherkennung dadurch behandeln, daß man die Hunde viel ruhen läßt. Mit dem Tierarzt gemeinsam sollte man prüfen, ob der Hund auf mehr als 1–2 Tage wirklich an Schmerzen leidet. In schweren Fällen kann man die Folgen der Krankheit chirurgisch korrigieren.

HÜFTGELENKDYSPLASIE (HD) verursacht in schweren Fällen in den Hinterläufen des Hundes Lahmheit. Es gibt keinen anderen Weg, um diese Krankheit zu diagnostizieren, als eine Röntgenaufnahme und fachkundige Auswertung der Hüftgelenkspartie. Die einzelnen Rassezuchtvereine haben entsprechende Präventivmaßnahmen in ihre Zuchtordnung aufgenommen, die ein Durchröntgen aller Zuchttiere vorsehen. Wichtig ist die fachkundige Auswertung der Röntgenaufnahme durch eine zentral eingerichtete Auswertungsstelle. Von mit HD befallenen Tieren sollte man nicht züchten. Viele Hunde weisen Dysplasie in leichter Form auf, äußere Anzeichen treten bei ihnen nicht auf. Alle Tiere sollten deshalb geröntgt werden, ehe man sie für die Zucht einsetzt, die noch zur Zucht qualifizierenden Toleranzen müssen in den Zuchtordnungen festgelegt werden.

ÄUSSERE PARASITEN

FLÖHE, LÄUSE, MILBEN und ZECKEN können in Hundelagern und Zwingern durch regelmäßigen Einsatz von Insektizidensprays ausgeschaltet werden, solche Behandlungen halten für die Dauer von 4–6 Wochen an. Man sollte Einstreu, Tücher und Kissen häufig wechseln, notfalls gleichfalls mit Insektiziden behandeln. Die Behandlung äußerer Parasiten ist unterschiedlich, je nach den Einzelparasiten, aber es gibt eine ganze Anzahl wirksamer Lösungen und Puder.

FLÖHE werden durch Einstäuben des Fells mit Flohpulver ausgemerzt. Man kann auch in regelmäßigen Abständen in den Sommermonaten ein Flohspray in Gegenden einsetzen, wo Flöhe häufig auftreten. Auch Flohhalsbänder halten einen Hund wirksam flohfrei. Es gibt aber Tiere, die gegen die

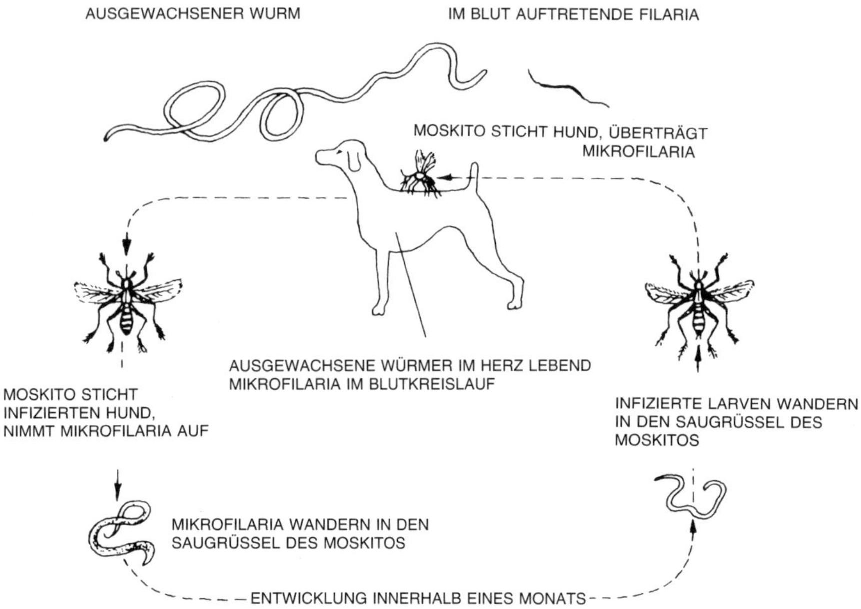

ENTWICKLUNGSKREISLAUF
DES HERZWURMS

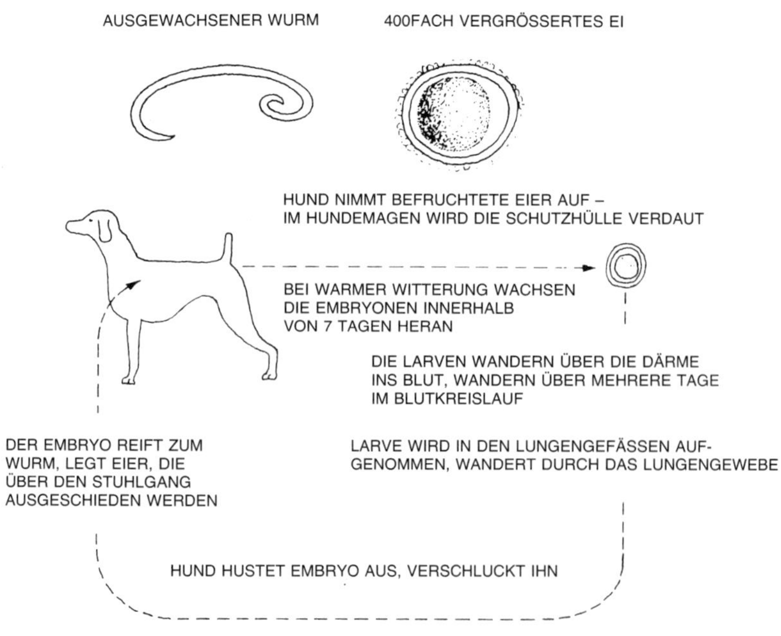

ENTWICKLUNGSKREISLAUF
DES SPULWURMS

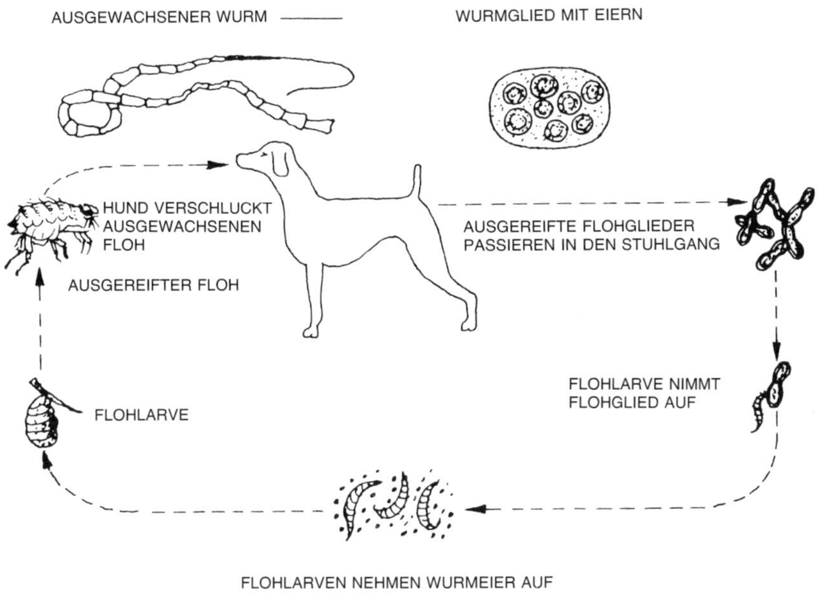

LEBENSKREISLAUF DES BANDWURMS MIT FLOH ALS ZWISCHENWIRT

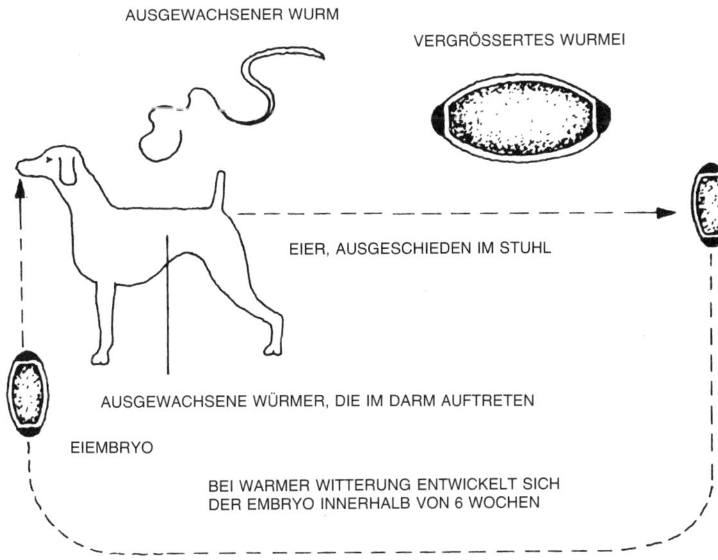

LEBENSKREISLAUF DES PEITSCHENWURMS

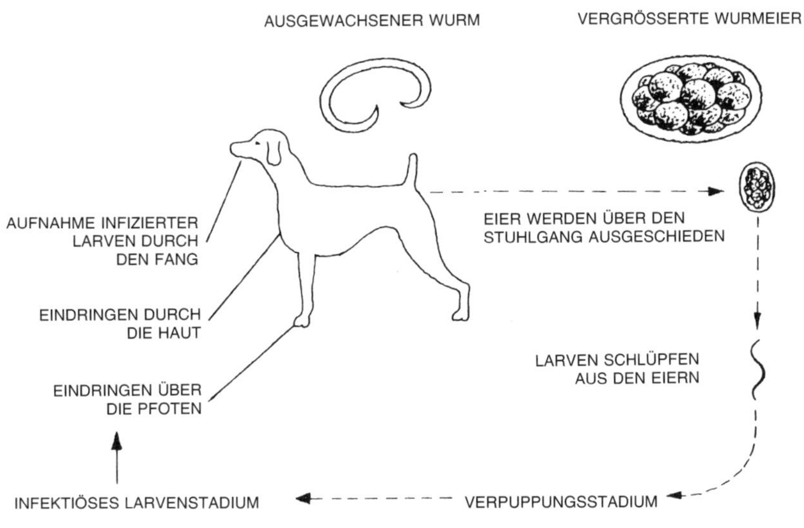

LEBENSZYKLUS DES HAKENWURMS

Chemikalien in diesen Halsbändern allergisch reagieren, deshalb muß man vorsichtig sein, die Haut im Halsbereich bei Anwendung solcher Bänder häufig kontrollieren.

Entzündet sich die Haut, muß das Flohhalsband entfernt werden. Man sollte auch darauf achten, daß das Halsband nicht zu eng angelegt wird, zu lange Enden des angelegten Halsbandes müssen abgeschnitten werden, damit der Hund nicht daran kauen kann. Man sollte das Halsband auch entfernen, wenn es naß (oder feucht) geworden ist, es sei denn, es handelt sich um ein wasserfestes Halsband. Vor dem Baden muß das Halsband abgenommen werden, darf auch nicht wieder angelegt werden, ehe das Fell völlig trocken ist. Für Hunde, die gegenüber Flohhalsbändern allergisch reagieren, gibt es ein Medaillon, das man an ein normales Halsband hängen kann. Hierdurch kommt es nicht zum direkten Hautkontakt, könnten eventuelle allergische Reaktionen vermieden werden. Auch dieses Medaillon muß vor dem Baden des Hundes abgelegt werden.

LÄUSE können ausgemerzt werden, indem man speziell gegen Läuse entwickelte Insektizide ins Fell reibt. Mit einem feinmaschigen Kamm kann man danach tote Läuse und Lauseier auskämmen, die fest im Fell hängen.

OHRMILBEN leben tief im Ohrkanal, führen zu Entzündungen im Ohrinneren, verursachen einen schwarzbraunen, trockenen Ausfluß. Man sollte mit reinem Mineralöl oder Ohrtropfen zweimal wöchentlich die innere Ohrfläche reinigen, bis die Milben entfernt sind.

ZECKEN können eine gefährliche Nervenerkrankung (Rocky Mountain Spotted Fever) übertragen, die auch für Menschen gefährlich ist. Um die Infektionsgefahr zu meiden, sollte man nie versuchen, mit der Hand im Fell festgesaugte Zecken abzunehmen; hierbei besteht auch immer die Gefahr, daß man zwar den Körper entfernt, der Zeckenkopf aber steckenbleibt. Am besten verwendet man ein vom Tierarzt erhältliches Zeckenmittel oder Waffenöl, das man auf den Zeckenkörper tupft. Hierdurch läßt die Zecke los. Schweren Zeckenbefall kann man durch tägliches Einreiben einer Antizeckenlösung in den Griff bekommen.

Neben den äußerlich anwendbaren Mitteln gegen Parasiten gibt es auch intern zu verabreichende. Da hier eine sehr sorgfältige Dosierung erfolgen muß, sollten solche Mittel ausschließlich nur unter tierärztlicher Kontrolle angewandt werden.

INNERE PARASITEN

INNERE PARASITEN werden mit Ausnahme des Bandwurms in der Regel über die Mutterhündin auf die Welpen übertragen. Eine Übertragung kann aber auch durch infiziertes Lager oder durch Zugang auf Gelände, auf dem ein infizierter Hund Kot abgesetzt hat, stattfinden. Die verschiedenen Parasiten, die auf Hunde übergehen können, sind: Spulwürmer, Peitschenwürmer, Bandwürmer, Hakenwürmer und Herzwürmer. Alle Wurmarten lösen ähnliche Symptome aus: Allgemein ungesundes Aussehen, rauhes, trockenes Fell, trübe Augen, Schwäche und Abmagerung trotz starken Appetits, Husten, Erbrechen, Durchfall, manchmal auch Blut im Stuhl. Natürlich sind nicht in jedem Fall alle Symptome gegeben. Gelegentlich ist ein von Würmern befallener Hund auch appetitlos.

Schwerer Wurmbefall, gleich welcher Art, ist eine ernsthafte Angelegenheit. Die Behandlung muß frühzeitig erfolgen und solange fortgesetzt werden, bis der Hund die Parasiten ausgeschieden hat. Anderenfalls könnte die Gesundheit des Hundes ernsthaft leiden. Selbst der Tod des Hundes kann bei Leichtfertigkeit gegenüber Wurmbefall eintreten.

Auch fahrlässiges Dosieren von Wurmbekämpfungsmitteln ist gefährlich, die verschiedenen Wurmarten verlangen unterschiedliche Behandlung. Vermutet man, daß der eigene Hund infiziert ist, sollte man seinen Tierarzt darum bitten, den Kot des Hundes mikroskopisch zu untersuchen und das richtige Wurmmittel zu verschreiben.

HERZWÜRMER waren ursprünglich auf das Gebiet der südlichen Vereinigten Staaten beschränkt, inzwischen sind sie aber auch in den Staaten des mittleren Westens zum wachsenden Problem geworden. Glücklicherweise treten sie in Europa bisher nicht auf. Die Larven des Herzwurms werden durch den Stich des Moskitos von Hund zu Hund übertragen, in der Regel liegen 8–9 Monate zwischen dem Moskitostich und der Zeit, daß übertragene Herzwürmer ausgereift sind. Sind sie erst einmal in den Blutkreislauf des Hundes eingedrungen, reifen sie im Herzen des Hundes heran, stören die Herzaktionen. Zu den Symptomen gehören Lethargie, chronischer Husten und Gewichtsverlust. Die einzige Art, die winzigen Larven (Mikrofilaria) zu entdecken, ist die mikroskopische Untersuchung des Hundebluts. Die Bekämpfung des Herzwurms ist außerordentlich schwierig, deshalb sollte man einen Tierarzt wählen, der gerade mit diesem Gebiet besonders vertraut ist. Vorsorge ist die beste Abwehr, deshalb sollte man seinen Tierarzt bitten, bereits beim Welpen ein Präventivprogramm einzuleiten und dies sorgfältig über das ganze Hundeleben hinweg fortsetzen.

HAKENWÜRMER treten bei Welpen wie erwachsenen Hunden auf. Werden diese Würmer im Stuhlgang ausgeschieden, sieht der ausgewachsene Wurm einem Faden sehr ähnlich, mißt etwa 1,8 cm. In Bereichen, in denen der Boden durch diese Würmer verseucht ist, ist die Behandlung ein ernsthaftes Problem, denn nach der Behandlung werden die Hunde in der Regel neu infiziert. Entsprechend muß die Behandlung in gewissen Zeitabständen wiederholt werden. Die Umgebung des Hundes einschließlich dem Auslauf, auf dem er sich bewegt, muß gleichfalls behandelt und für guten Wasserabzug gesorgt werden.

SPULWÜRMER sind die bei Hunden verbreitetste Wurmart. Die meisten Welpen werden bereits mit Spulwurmbefall geboren oder kurz nach der Geburt infiziert. In der Länge variieren Spulwürmer zwischen 5 cm und bis zu 18 cm, ihre Larven kann man durch mikroskopische Prüfung des Stuhls leicht entdecken. Ausgewachsen ringelt sich der ausgeschiedene Spulwurm meist kreisförmig, ähnelt einem zerschnittenen Gummiband.

Hat man den Verdacht, daß ein Junghund von Spulwürmern befallen ist, sollte man sich Zahnfleisch und Zunge ansehen. Bei schwerem Befall lösen diese Würmer Anämie aus, Zahnfleisch, Gaumen und Zunge nehmen eine sehr blaßrosa Farbe an. Leidet ein Junghund bereits unter Anämie, sollte der Tierarzt außer dem richtigen Entwurmungsmedikament zusätzlich ein Tonikum verschreiben.

BANDWÜRMER benötigen einen Zwischenwirt, dieser ist meist der Floh, zuweilen treten die Würmer aber auch in rohem Fisch und Schaffleisch auf. Auf dem Land lebende Hunde können auch durch Fressen von befallenen Kaninchen oder anderen Nagern infiziert werden, aber die Hauptinfektionsquelle ist immer, daß ein Hund den ihn plagenden Floh zerbeißt.

Der ausgewachsene Bandwurm kann 60–90 cm lang werden. Kopf und Hals des Bandwurms sind klein, zwirnartig, sein Körper besteht aus einzelnen Segmenten, jeweils etwa 1 cm lang und völlig flach. Diese Körpersegmente trennen sich vom Wurm selbst, man findet sie im Stuhlgang, manchmal auch im Hundefell (rund um den After), sie ähneln grauen Reiskörnern oder Gurkenkörnern.

Der Bandwurmkopf verankert sich in der Auskleidung des Hundedarms, hier saugt der Wurm Blut ab. Die Schwierigkeit der Bandwurmbekämpfung liegt in der Tatsache, daß die meisten Medikamente abführend wirken, die Abführwirkung aber so stark ist, daß sie den Wurmkörper vom Kopf trennt. Wird jedoch nur der Wurmkörper über den Stuhl ausgeschieden, bleibt der im Darm verankerte Kopf unversehrt, hinter ihm wächst ein neuer Wurmkörper. Ein wirksames Medikament besteht aus einer Tablette, die sich nicht auflöst, ehe sie den Hundedarm erreicht, hier betäubt sie den Wurm, so daß sich der Kopf löst, ehe die Ausscheidung beginnt.

PEITSCHENWÜRMER sind in den östlichen Staaten der USA sehr verbreitet, treten auch an der Westküste auf, gefährden aber eigentlich in allen Staaten Amerikas Hunde. Peitschenwürmer variieren in ihrer Länge zwischen 5 und 10 cm, laufen in der Form spitz zu und ähneln einer Peitsche.

Ausgewachsene Peitschenwürmer wandern in das Caecum des Hundes (einem kleinen Sack vor dem Dickdarm). Hier finden Medikamente schwer Zugang. Eine Stuhluntersuchung zeigt, ob Peitschenwürmer vorhanden sind. Nach einer Behandlung ist es immer gut, noch mehrfach den Stuhlgang zu untersuchen, um sicher zu sein, daß der Hund völlig frei von Peitschenwurmbefall ist.

HAUTPROBLEME

Hautprobleme verursachen meist Juckreiz, führen zu häufigem Kratzen. Bei der FOLLICULAR RÄUDE (Demodex) ist dies nicht immer der Fall, man erkennt sie an kleinen, runden Flecken, insbesondere am Kopf, entlang dem Rücken und den Flanken. Das Fell sieht »mottenzerfressen« aus. Mit Hunden, die starken Demodexbefall zeigen, an denen größere kahle Körperflecken auftreten, sollte man keinesfalls züchten, »Jugendbedingter Befall«, bei dem nur ein paar Flecken auftreten, kann durch Streß ausgelöst sein, fällt oft mit der Pubertät oder dem Beginn einer anstrengenden Ausstellungslaufbahn zusammen. Demodexmilben treten im Hundefell häufig auf, führen bei der überwiegenden Mehrzahl der Hunde zu keinerlei Hauterkrankungen. Aus diesem Grunde raten Genetiker sehr zur Vorsicht, befallene Hunde zur Zucht einzusetzen, man nimmt eine genetische Immunschwäche an.

SARKOPTISRÄUDE löst starken Juckreiz aus. Man erkennt sie an winzigen roten Pusteln und verkrusteten Flecken auf Körper, Läufen und Bauch. Jedes Anzeichen von Befall durch Sarkoptis- oder Follicularräude sollte dem Tierarzt vorgestellt werden. Beide Räudearten verlangen Behandlung, können möglicherweise auch auf Menschen übergehen.

ALLERGIEN lassen sich von anderen Hautproblemen nicht leicht unterscheiden, hierzu bedarf es eines sorgfältigen Tests im Labor. Hundebesitzer sollten sich darüber im klaren sein, daß Flöhe, verschiedene Körpershampoos und Hautpflegemittel, ja bereits zu oft baden des Hundes zu allergischen Hautreaktionen führen können. Hinzu kommen analog beim Menschen Hautreaktionen auf eine Vielzahl von Umwelteinflüssen.

EKZEME zeichnen sich durch extremen Juckreiz, Rötung der Haut und Austreten von Flüssigkeit aus, sind immer eine ernsthafte Angelegenheit. Eine Vielzahl von Ursachen sind möglich, der genaue Grund im Einzelfall ist manchmal sehr schwierig zu bestimmen. Erleichterung verschafft man dem Hund meist durch Auftragen von Puder oder Flüssigkeit, die Fungizide oder Insektizide enthalten. Die genaue Behandlung ist Sache des Tierarztes.

Die Ringwurmerkrankung ist eigentlich eine PILZERKRANKUNG. Sie zeigt sich durch kleine, runde, kahle Flecken, die häufig durch laufendes Kratzen entzündet sind. Da die genaue Diagnose von Hauterkrankungen beim Hund schwierig ist, sollte man sie und die Behandlung einem gerade in Hautfragen erfahrenen Tierarzt überlassen.

ANDERE GESUNDHEITSPROBLEME

BLOCKIERTE ANALDRÜSEN lösen starke Schmerzen aus. Meist versucht der Hund durch »Schlittenfahren« auf den Schenkeln am Boden sich Erleichterung zu verschaffen. Diese Drüsen – beidseits des Afters gelegen – sekretrieren eine Substanz, die es dem Hund ermöglicht, den Inhalt des Darms auszuscheiden. Werden sie blockiert, kommt es zu einem unangenehmen Geruch, wird dies übersehen, kann hieraus eine ernsthafte Entzündung entstehen. Der Inhalt der Drüsen kann leicht in einen Wattebausch entleert werden. Mit der linken Hand hält man die Rute steil nach oben, benutzt die rechte Hand, drückt mit Daumen und Zeigefinger beidseits von innen gegen den After, der Wattebausch wird von einem Helfer vor die Analdrüsen gehalten. Fühlt man sich unsicher, sollte man sich diese Handhabung das erste Mal durch den Tierarzt zeigen lassen.

Das normale Drüsensekret ist bräunlich und hat einen unangenehmen Geruch. Tritt Blut oder Eiter im Sekret auf, ist dies ein Hinweis auf eine Infektion, die vom Tierarzt behandelt werden muß.

HITZSCHLAG, ausgelöst durch extreme Hitze, ist außerordentlich gefährlich, kann oft tödlich ausgehen. Er tritt meistens auf, wenn gedankenlose Hundebesitzer ihren Hund ohne vollen Schatten und Belüftung in einem geschlossenen Auto lassen. Selbst an Tagen, da die Außentemperaturen nicht besonders hoch scheinen, erhitzt sich ein geschlossenes Auto bei direkter Sonneneinstrahlung, aber auch bei teilweisem Schatten, zu außerordentlich hohen Innentemperaturen. Jedes Jahr sterben viele Hunde (und kleine Kinder), weil man sie in einem ungenügend gelüfteten und überhitzten Auto zurückgelassen hat. Um solche Tragödien zu vermeiden, sollten Hundebesitzer oder Eltern niemals einen Hund oder ein Kind unbeaufsichtigt im Auto lassen – nicht einmal für ganz kurze Zeit.

Zu den Symptomen des Hitzschlags gehören schnelles und erschwertes Atmen, ein Zustand nahe oder in voller Ohnmacht. Als erstes hebt man das arme Opfer aus dem Auto, die schnelle Hilfe besteht darin, kaltes Wasser über den gesamten Körper zu schütten, um die Körpertemperatur so schnell als möglich herunterzukühlen. Bei schweren Anzeichen von Hitzschlag ist sofortige tierärztliche Hilfe lebensrettend!

Rechts: Bull and Terrier, Bronze Valton, ca. 1850, Sammlung Dr. Fleig.

Unten: Englische Bulldoggen, Illustration aus »Cynographia Britannica«, London 1800. Sammlung Dr. D. Fleig.

Geschichte der Hunde (Genus Canis)

Die Geschichte der Gemeinschaft Mensch/Hund ist faszinierend, sie umfaßt zumindest siebzig Jahrhunderte Vergangenheit, spiegelt die Geschichte der zivilisierten Menschheit von der frühen Steinzeit bis zur Gegenwart.

Sachlich gesehen, ist der Hund ein Mitglied der Gattung Hunde (genus canis), gehört zu der zoologischen Familie der Caniden, in der Tiere wie Wölfe, Füchse, Schakale und Kojoten vertreten sind.

In der Vergangenheit war man allgemein der Auffassung, daß der Hund aus einer Kreuzung verschiedener Mitglieder der Familie der Caniden entstamme. Neuere Forschungen haben diese Theorie stark verändert. Die meisten Forscher sind heute der Auffassung, daß es zwischen Schakal und Hund wahrscheinlich keine direkte Verwandtschaft gibt. Auch die Theorie, der Fuchs gehöre zu den Vorfahren, ist weitgehend widerlegt. Die allgemeine Auffassung geht dahin, daß der Stammvater des Hundes allein der Wolf ist. Der Schakal wird deshalb ausgeschlossen, weil das Gebiß des Wolfes in jedem Detail dem des Hundes entspricht, während das Schakalgebiß wesentliche Abweichungen aufweist.

Aber auch heute sind noch einige Forscher der Auffassung, der Hund habe schon immer als einzelnes und klar umrissenes Tier existiert. Sie geben zwar zu, daß es möglich ist, einen Hund mit einem Schakal, Kojoten oder Wolf zu kreuzen, betonen aber, daß dies immer nur unter extremen, in der Natur praktisch nie vorkommenden Voraussetzungen der Fall ist. Deshalb behaupten sie, daß ein völlig neues Tier aus derartigen, in der Natur praktisch nie vorkommenden Kreuzungen nicht entstanden sein könne. Die engste Beziehung besteht mit absoluter Sicherheit gegenüber dem Wolf – Kreuzungsprodukte mit dem Wolf können sich untereinander fortpflanzen.

Die Forscher betonen auch, daß es unter den Caniden ganz wesentliche erbliche Merkmale gäbe, die stark voneinander abweichen. So ist zum Beispiel die Pupille des Fuchsauges eliptisch und steht vertikal, während die Pupille bei Hund, Wolf und Kojote rund ist.

Es gibt heute zwei Zentren, in denen Hunde als wild lebende Tiere auftreten – der Dingo in Australien und der Dhole in Indien. Äußerlich ähneln sich diese Wildhunde, beide sind von rötlicher Farbe, haben ziemlich lange, schlanke Kiefer, beide Arten haben abgerundete Stehohren, jagen im Rudel. All dies weist darauf hin, daß sie gleiche Vorfahren haben. Aber heute leben sie in Gebieten, die durch mehr als 4000 Meilen voneinander getrennt sind.

Trotz der Tatsache, daß es unmöglich ist, genau zu sagen, wann der erste Hund als eigene Gattung auftrat, haben Archäologen doch klare Beweise gefunden, daß der Hund das erste Tier war, das vom Menschen gezähmt wurde.

1. Neufundländer. 2. English Setter. 3. Großer Wasserspaniel. 4. Terrier. 5. Cur-dog. 6. Schäferhund. 7. Bulldog. 8. Mastiff. 9. Grönlandhund. 10. Wasserhund. 11. Kleiner Wasserspaniel. 12. Old English Hound. 13. Dalmatiner. 14. Comporter (Papillon ähnlich). 15. »Zwerghund, Flasche, Glas und Pfeife« (aus einer Vignette). 16. Springer oder Cocker Spaniel. (Aus Thomas Bewick's »General History of Quadropeds«, 1790).

»Gefleckter Jagdhund, ausgebildet für die Jagd«.

»Tollwütiger Hund von Grevinus«.

»Spanischer Hund mit Hängeohren«.

Hunde nach Holzschnitten von Aldrovandus (1637).

Hund der Steinzeit.

Gefleckter indischer Hund »Vorfahre des modernen Wagenhundes«.

Als der Mensch von der Jagd lebte, den Fährten des Wildes folgte, Fallen aufstellte und das Wild zu töten versuchte, half ihm der Hund mit seinen Fähigkeiten. Durch seine Sinne spürte der Mensch die Beute auf, mit Hilfe des Hundes konnte er sie einfangen. Der Mensch teilte seine primitiven Lebensverhältnisse mit dem Hund, die beiden verzehrten gemeinsam ihre Beute. Auf diese Art halfen sie sich gegenseitig, am Leben zu bleiben. Zusätzlich diente der Hund dem Menschen, indem er das Lager gegen alle Eindringlinge verteidigte. Mit zunehmender Zivilisation der Menschheit zeigten sich weitere Nutzen des Hundes. Er bewachte und hütete die anderen Tiere, die der Mensch gezähmt hatte, und schon ehe das Rad erfunden wurde, diente der Hund als Lasttier. Tatsächlich beweisen archäologische Funde, daß die Ureinwohner der Schweiz und Irlands den Hund schon als Lasttier einsetzten, ehe sie gelernt hatten, den Boden zu bestellen.

Wandzeichnungen in alten Gräbern der Paleolithischen Zeit – das war der früheste Teil der alten Steinzeit – zeigen Jagdszenen, bei denen neben den Jägern ein rauhhaariges, hundeartiges Tier abgebildet ist. Eine dieser Höhlenzeichnungen schätzt man 50 000 Jahre alt. Sie unterstützen die Theorie, daß alle Hunde von einem primitiveren Vorfahren abstammen, der weder Fuchs noch Wolf war.

Ausgrabungen zeigen, daß die Europäer der neueren Steinzeit bereits Hunde von wolfsähnlichem Äußeren besaßen, diese Hunde lassen sich in ganz ähnlicher Form durch die nachfolgende Bronzezeit und das Eisenzeitalter verfolgen. Aus den angeführten Zeiten (rund 4000 bis 5000 Jahre zurück) gibt es außer auf die äußere Gestalt keine weiteren verwertbaren Nachweise.

Frühe Funde in chaldeanischen und ägyptischen Gräbern zeigen bereits klar unterscheidbare und gleichartige Hundetypen, die also bereits 3700 Jahre v. Chr. entstanden sind. Ähnliche Funde zeigen, daß die frühen Einwohner des Niltals Hunde als Götter verehrten, sie oft als Mumien in eigenen Friedhöfen beerdigten, ihren Tod tief betrauerten.

Einigen dieser frühen ägyptischen Hunde hatte man bereits Namen gegeben, zum Beispiel Akna, Tarn und Abu. In den in ägyptischen Königsgräbern entdeckten Zeichnungen unterscheidet man schlanke Hunde von Windhundtyp und kurzläufige Terriertypen, die zumindest 5000 Jahre alt sind. Nur kurze Zeit später findet man in Zeichnungen Darstellungen von Afghanen und Saluki. Es gab aber im alten Ägypten auch einen Hundeschlag, der viel schwerer war, viel kraftvoller, mit kurzem Fell und mächtigem Kopf. Wahrscheinlich jagten diese Hunde mit der Nase, genau wie ein anderer ägyptischer Hund mit dickem, langem Fell, der seine Rute nahezu flach geringelt über dem Rücken trug und aufrechte Stehohren hatte.

Römische und griechische Schrifsteller erwähnten Hunde in ihren Schriften öfter, sie machten klare Unterschiede zwischen Hunden, die mit dem Auge, und Hunden, die mit der Nase jagten. Die römischen Klassifikationen der Hunderassen ähnelten sogar unseren heutigen. Außer den bei den Griechen erwähnten Hunden, die mit dem Auge oder der Nase jagten, hatten die Römer »Canes villatici« (Haushunde) und »Canes pastorales« (Schäferhunde). Diese Aufteilungen entsprechen der heutigen Aufteilung der Arbeitshunde.

Im Alten Testament wird der Hund häufig erwähnt. Den ersten Hinweis finden wir in der Genesis. Dies veranlaßt eine Reihe von Bibelauslegungen zu der Behauptung, daß Mensch und Hund schon seit der Erschaffung des Menschen Gefährten waren. Spätere Hinweise in der Bibel sind Zeugen der Mannigfaltigkeit von Rassen und Hundetypen, die es schon über Tausende von Jahren gibt.

»Malteser mit kürzerem Haar«.

»Weißgrundiger Jagdhund«.

»Langhaariger Malteser«.

Hunde nach Holzschnitten von Aldrovandus (1637)

»Französischer Hund«.

»Englischer Kampfhund . . . von schrecklichem Äußeren«.

Mit dem Fortschritt der Zivilisation fand der Mensch für den Hund neue Aufgaben. Einige verlangten Größe und Kraft, andere weniger Größe und Stärke, dafür bessere Beweglichkeit und besseres Auge, wiederum andere eine besonders gute Nase. Im weiteren Verlauf wurden Hunde, die solchen Spezialaufgaben am meisten entsprachen, untereinander gepaart. Durch planmäßige Zucht über eine Reihe von Generationen traten die erwünschten Merkmale mit immer größerer Häufigkeit auf. So wurden Hunde, die in einem regional begrenzten Gebiet für spezielle Aufgaben eingesetzt wurden, einander immer ähnlicher, unterschieden sich immer mehr von Hunden in anderen Gebieten, die für andere Aufgaben Verwendung fanden. Dies war der Grundstein für die Bildung der vielen Hunderassen, die es heute gibt.

Der Amercian Kennel Club, die führende Hundezuchtorganisation der USA, teilt die verschiedenen Hunderassen in sieben Gruppen auf, diese Gruppen fassen Rassen zusammen, die für gleichartige Aufgaben entstanden sind.

Zu den »Sporting Dogs« gehören Pointer, Setter, Spaniel und Retriever, alle diese Rassen wurden von Jägern gezüchtet, die auf die Vogeljagd gingen. Die meisten Pointer und Setter sind vergleichsweise junge Rassen. Ihre Entstehung verläuft weitgehend parallel der Entwicklung der Jagdwaffen, die meisten entstanden auf den britischen Inseln. Ausnahmen hiervon sind der Weimaraner, der aus Deutschland stammt, die Deutschen Vorstehhunde, der Vizsla oder Ungarische Pointer, von dem man annimmt, daß bereits magyarische Stämme diese Rasse vor tausend Jahren züchteten, als sie durch Zentraleuropa zogen. Die Iren gehörten zu den ersten, die Spaniels einsetzten, obgleich ihr Name darauf hinweist, daß möglicherweise das ursprüngliche Zuchtmaterial aus Spanien stammt. Zwei »Sporting breeds«, der American Water Spaniel und der Chesapeake Bay Retriever, sind Rassen, die allein in den USA entstanden.

»Hounds«, zu denen Dachshunde, Beagle, Bassets, Harriers und Foxhounds gehören, werden einzeln, paarweise oder in Meuten eingesetzt, sie jagen (»course«) auf Kaninchen, Hasen, Füchse und verschiedene Nagetiere. Nur ein wenig größer wird der Norwegische Elchhund in seinem Ursprungsland zur Jagd auf Großwild eingesetzt – Elch, Bär und Hirsch. Die kleineren »Hound-Rassen« jagen mit der Nase, während die großen – nämlich Irisch Wolfhound, Barsoi, Scottish Deerhound, Saluki und Greyhound nach dem Auge jagen. Whippet, Saluki und Greyhound sind bemerkenswert schnelle Hunderassen, ihr Einsatz in Rennen (insbesondere Greyhound und Whippet) sind populärer Sport. Auch der Bloodhound gehört zur Hound Group, diese Hunderasse ist weltweit aufgrund ihrer besonders feinen Nase bekannt. Auf der anderen Seite ist der Basenji eine vergleichsweise seltene Hound-Rasse, sie zeichnet sich dadurch aus, daß sie die einzigen Hunde sind, die nicht bellen können.

Bis zum 1. Januar 1983 gehörten beim American Kennel Club zu den »Working Dogs« 18 Hunderassen, die auch heute noch in dieser Gruppe sind, aber auch weitere 15 Rassen, die man heute in der »Herding Group« zusammenfaßt. Alle diese Arbeitshunde haben einen hohen Nutzwert, tragen auf verschiedene Art zum Wohle des Menschen bei. Da gibt es Boxer, Dobermann, Rottweiler, Deutsche Dogge und Riesenschnauzer, die häufig als Polizeihunde und Suchhunde ausgebildet werden. Die Erfolge der Bernhardiner und Neufundländer wurden zur Legende, sie haben eine Vielzahl menschlicher Leben gerettet.

Siberian Husky, Samoyede und Alaskan Malamute sind bekannt durch ihre außerordentliche Kraft und Ausdauer.

Ohne diese zähen Nordlandrassen wären die großen Polarexpeditionen unmöglich gewesen, Admiral Byrd erreichte dank dieser Hunde Ziele, die anderweitig für ihn unzugänglich gewesen wären.

Selbst heutzutage bei modernstem Transportsystem bieten nordische Hunderassen praktikablere Reisemöglichkeiten durch Polargegenden als moderne Maschinen.

»Terrier« leiten ihren Namen vom lateinischen »Terra« ab – »Erde« – alle Rassen dieser Gruppe lieben das Graben. Terrier jagen unter der Erde, um Nagetiere und pelztragende Raubtiere wie Dachs, Fuchs und Otter zu fangen. Einige Rassen haben nur die Aufgabe, diese Tiere aus ihren Bauten herauszutreiben, so daß der Jäger sie schießen kann. Von anderen Rassen dagegen wird erwartet, daß sie das Wild töten, entweder über oder unter der Erde.

Es gibt Terrier sehr verschiedener Größen, angefangen mit so großen Rassen wie Airedale und Kerry Blue bis zu den kleinen wie Skye, Dandie Dinmont, West Highland White und Scottish Terrier. England, Irland und Schottland haben die meisten Terrier-Rassen gezüchtet, aus Deutschland kommt der Jagdterrier.

»Toys« (Zwerghunde) sind, wie der Name schon sagt, kleine Hunderassen. Zwar haben sie nicht viel mehr Nutzen als den idealer Haushunde, aber auch Zwerghunde entwickeln genau wie die größeren Hunderassen Beschützerinstinkte, können recht wirksam vor der Annäherung von Fremden warnen.

Die Heimat verschiedener Toy-Rassen ist mannigfaltig. So wurde der Pekingese als königlicher Hund in China schon vor mehr als 2000 Jahre vor der Geburt Christi gezüchtet. Der Chihuahua – der kleinste »Toy« – stammt aus Mexiko; die Sage lautet, er sei ein Nachfahre des Techichi, eines Hundes von großer religiöser Bedeutung für die Azteken. Das Italienische Windspiel war bereits in den Tagen des alten Pompeji sehr populär.

Zu den »Non-Sporting-Dogs« gehört eine Vielzahl recht populärer Rassen verschiedenen Ursprungs. Groß- und Kleinpudel wurden in Frankreich als Wasserapportierhunde gezüchtet. Der Bulldog entstand in Großbritannien, wurde für den Bullenkampf mißbraucht. Der Chow Chow entstand vor Jahrhunderten in China, er wird bereits in einem Wandrelief aus der Han Dynastie etwa 150 v. Chr. abgebildet.

Der Dalmatiner lief schon in Dalmatien als Begleiter neben der Kutsche, schützte Reisende in von Räubern bedrohten Gegenden. Der Keeshond, als Nationalhund Hollands anerkannt, entstammt alten Spitz-Hundeschlägen, die schon in den Pfahlbauten von Unteruhldingen am Bodensee nachgewiesen sind. Der Schipperke, irrtümlicherweise manchmal als holländischer Hund angesehen, entstammt den flämischen Provinzen Belgiens. Der Lhasa Apso wiederum kommt aus dem Tibet, wo er als »Abso Seng Kye« bekannt ist, als »Bark Lion Sentinel Dog«.

Die zur »Herding Group« gehörenden Hunderassen sind über die ganze Welt aufgrund ihrer außergewöhnlichen Geschicklichkeit als Hütehunde von Schafen, Rindern und anderen Tieren bekannt. Einige dieser Rassen verfügen auch noch über die Fähigkeit, Kinder zu »hüten«, die ohne Schutz dieser Hunde zu Schaden kommen könnten; der Deutsche Schäferhund ist besonders als Führhund der Blinden bekannt. Zur »Herding Group« gehören alle drei Collie-Rassen, verschiedene andere Schäferhunde und auch die zwei kleinen Corgi-Rassen.

Wandrelief mit Assyrischen Mastiffs auf der Wildpferdejagd (British Museum).

Über Tausende von Jahren, da Mensch und Hund so eng zusammenleben, hat sich zwischen diesen beiden Lebewesen eine sehr starke Bindung aufgebaut. Dabei hat der Hund als Helfer der Menschheit diese enge Bindung mehr als verdient, seine Treue und selbstlose Hingabe an den Menschen wurde zur Legende. In den zahllosen Geschichten über Heldentaten der Hunde wird all ihre Intelligenz, Mut und Verläßlichkeit in Gefahr hervorgehoben. Das Hohe Lied auf den Hund steht in den Analen der Geschichte, in Vergangenheit, Gegenwart und Zukunft.

Wandrelief über die Jagd mit Netzen und Mastiffs. Das Relief stammt aus dem Assurbanipal Palast in Nineveh (668–626 v. Chr.), British Museum.

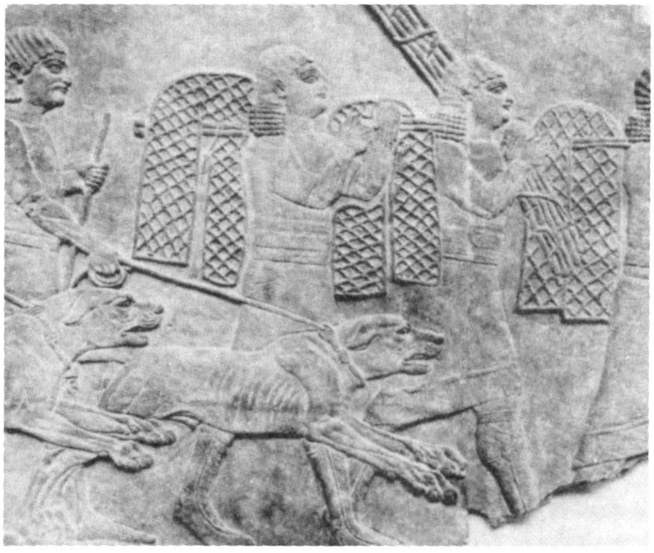

Links: Wasp, Child and Billy. Kampfbulldoggen aus der Zucht des Duke of Hamilton. Sammlung Dr. D. Fleig.

Rechts: Example II Bulldog. Kupferstich Sir Edwin Landseer, 1820, Sammlung Dr. D. Fleig.

Links: Crib and Rosa, Bull and Terrier und Bulldog. – Handcolorierter Stich, London 1817. Sammlung Dr. D. Fleig.

Links: Young Storm and old Storm. Bull and Terriers, Sporting Magazin. London 1824. Sammlung Dr. D. Fleig.

Rechts: White English Terrier, eines von zwei Pothouse Paintings, etwa 1830. Sammlung Dr. D. Fleig.

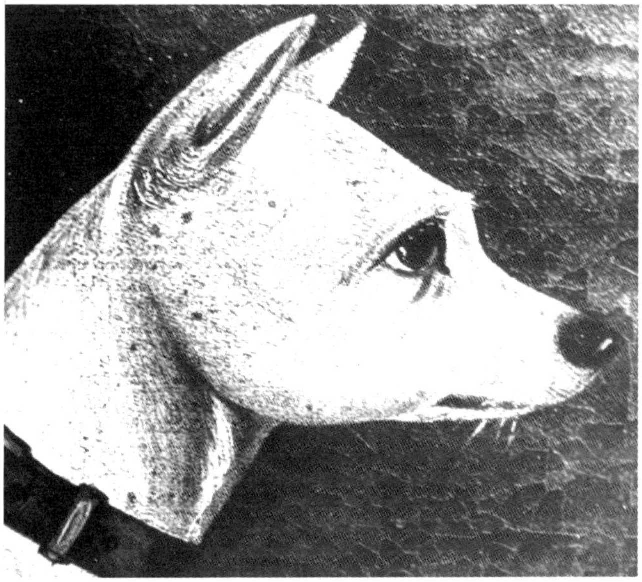

Links: Bull and Terrier. Ausschnitt aus einem Ölgemälde, J.T. Tuite, 1830. Sammlung Dr. D. Fleig.

Geschichtliche Herkunft des American Staffordshire Terrier

URSPRUNG

»A Mastiff of true English blood
Lov'd fighting better than his food;
He glory'd in his limping pace,
The scars of honour seam'd his face;
In ev'ry limb a gash appears,
And frequent fights retrench'd his ears.«

(»Ein Mastiff aus wahrem englischem Blut liebte den Kampf mehr als sein Futter. Seinen Ruhm sah man am hinkenden Schritt, Narben aus Kampf um Ehre zeichneten sein Gesicht; an jedem Glied eine Schramme, die häufigen Kämpfe haben seine Ohren verkürzt!«)

Gay (aus George R. Jesse's »Researches Into the History of the British Dog«, London, 1886).

DER BULLDOG

In alten Zeiten wurde wenig über Hunde geschrieben, gab es keine Aufzeichnungen über Hundezucht. Alles, was Historiker herausfinden konnten, ist, daß wahrscheinlich riesige, wilde Molosserhunde, wie sie bei den alten Griechen gezüchtet wurden, durch phoenizische Händler etwa im 6. Jahrhundert v. Chr. an die englischen Küsten gebracht wurden; diese Hunde waren wahrscheinlich die Vorfahren der ersten Hunde vom Typ Mastiff. Als die Römer ihr Land angriffen, kämpften Seite an Seite mit den Briten furchterregende, große Kriegshunde gegen die Eindringlinge. Nach Milo Denlinger (The Complete Pitbull or Staffordshire Terrier, Washington, D.C., 1948) sahen sich die Römer »nicht nur den britischen Kriegern, sondern auch riesigen Kampfhunden vom Mastifftyp gegenüber. Diese Hunde lösten bei den Römern solche Begeisterung aus, daß sie eine große Anzahl nach Italien sandten. Von hier aus gelangte ihr Einfluß in viele andere Teile Europas . . . Diese großartigen Hunde nannte man »Pugnaces« oder »Die breitmäuligen Hunde von England«. Der römische Geschichtsschreiber Claudian berichtete 395 n. Chr. von »einem britischen Hound, der den riesigen Schädel des Bullen auf den Boden zwingt«. Sein Zeitgenosse Symmachus schreibt über den Einsatz dieser Hunde in römischen Arenen und erzählt von sieben »irischen Bulldoggen«, welche die Zuschauer durch ihre unglaublichen Kampfeigenschaften und Tapferkeit erschreckten.

Über den Ursprung des Bulldogs gibt es unter den Forschern eine ausführliche Diskussion. Sydenham Edwards (Cynographia Britannica, London, 1800) vertrat die Auffassung, daß der Bulldog aus Kreuzungen zwischen großem Mastiff, holländischem Mastiff oder Mops aus Holland und Deutschland entstanden sei. George R. Jesse (Researches Into the History of the British Dog, London, 1866) behauptete, der Bulldog sei eine reine Abwandlung des Mastiffs – Ergebnis planmäßiger Zucht des Mastiffs auf kleinere, beweglichere Hunde. Der Bulldog sollte einen kürzeren Oberkiefer, zurückstehende Nase und vorstehende Unterkiefer haben, wodurch er leichter atmen konnte, wenn er sich in den Bullen verbissen hatte. Jesse erklärt hierzu: »Im Laufe der Zeit gewann der kleinere Schlag immer mehr Liebhaber; Ursache war wahrscheinlich der Wunsch, allergrößten Mut in kleinster körperlicher Gestalt zu vereinen. Man suchte eine Art »Zwerghund des Tages«, die extremste Verkleinerung, die aber immer noch einen echt ausgewachsenen Bullen zu Boden zwingen konnte . . .«. Jesse beschreibt das Äußere dieses Tieres: »Eingesunkenes Auge, ein etwas vorstehender, schwerer Unterkiefer, breiter, massiver, runder Schädel. Verbreiterte Nase, bei manchen Hunden Zähne immer sichtbar; mit seinem tiefen, breiten und muskulösen Körper vermittelte dieses Schrecken und Furcht erregende Tier ein grimmiges Aussehen, das aber in keiner Weise seinem unbändigen Mut und seiner unbesiegbaren Hartnäckigkeit im Kampf gleichkam. Diese Hunde bellten oder knurrten außerordentlich selten, griffen stumm direkt von vorne an . . .«.

Die meisten Forscher stimmen darin überein, daß Bulldog und Mastiff als gemeinsamen Ahnherrn den Alaunt haben – eine Hunderasse, die in einem Wörterbuch aus dem Jahre 1632 als ähnlich einem Mastiff beschrieben wird, ein Hund, der den Fleischern dabei half, wildgewordene Ochsen zu bändigen, sie in die Stallungen zu treiben.

Wenn man sich mit der Geschichte unserer Hunde befaßt, kommt man zwangsläufig zu dem Ergebnis, daß es vor der heutigen Zeit (19. und 20. Jahrhundert) keine so wie heute nach äußeren Formen aufgeteilte Rassen gab, die Hunde wurden in alten Zeiten vielmehr nach ihren Aufgaben klassifiziert. Der Begriff »Mastiff« besagte, daß es sich um einen großen, starkknochigen Hund von massiven Proportionen handelte. Hier gibt es zum Beispiel aus dem Jahre 1799 eine Beschreibung von Hunden, bei der Greyhounds, Alaunts, Bulldoggen und Mastiffs alle gemeinsam als jagende »Hounds« klassifziert wurden, die zur Wildschweinjagd dienten. Im Jahre 1707 schrieb Guy Miege: »Unsere Mastiffs, insbesondere jene, die wir Bulldoggen nennen, haben unvergleichlichen Mut. Jeder dieser Hunde ist in der Lage, ganz alleine Bär, Tiger oder Löwen anzugreifen, er wird nie seinen Griff lockern, bis er gesiegt oder das eigene Leben verloren hat.« In alten Quellen finden wir auch den Begriff »Bandog«. Dieser bezieht sich darauf, daß große Wachhunde normalerweise angekettet oder angebunden wurden. In ähnlicher Weise entstand der Begriff »Bulldog« aus der Hauptfunktion des Hundes, nämlich dem Angreifen von Bullen.

L. Cabot Briggs (Bullterriers, A. Biography of the Breed, Derrydale, 1940) beschreibt, daß Anfang des 19. Jahrhunderts der Bulldog sich sehr schnell im Typ veränderte. Die alte Form des Bulldogs erklärt er: »Der Bulldog jener frühen Tage war vom heute bekannten Bulldog sehr verschieden. Er war viel hochläufiger, beweglicher, die frühen Exemplare der Rasse zeigen einen recht gut entwickelten Fang.« Und Jesse, ein großer Bewunderer des alten Bulldogs, schätzte die Umwandlungen seiner Zeit überhaupt nicht und beklagte etwa 1866: »Dieses Tier ist weitgehend degeneriert; seine abscheulichen Formen, wie man sie heute auf Ausstellungen sieht, sind Mißbildungen von den Pfoten bis zum Fang. Reine Karikaturen der ursprünglichen Rasse, alle diese Tiere sind völlig unfähig, es mit einem ausgewachsenen Bullen aufzunehmen. Dies kann man ganz leicht sehen, wenn man diese Tiere mit alten Stichen vergleicht, die 20–50 Jahre zurückliegen, etwa mit den Portraits von »Wasp, Child and Billy« von H. B. Chalon; mit »Young Storm and Old Storm« aus dem Sporting Magazine vom Oktober 1824. Die in diesem Stich gezeigten Hunde wogen je etwa 30 kg, waren in jedem Kampf erfolgreich. Der Vater hat zweimal seinen Gegner in der Pit getötet, der Sohn – erst zwei Jahre alt – hat vier Kämpfe über jeweils mehr als eine Stunde durchgestanden.«

Wie die Stiche illustrieren, wurden die Bulldogs im alten England zum Kampf gegen Bullen und Bären eingesetzt, sie hatten nahezu gerade Vorderläufe, waren beweglich; natürlich bissen sie auch leicht vor, hatten aber viel mehr Muskeln und Kraft im Kiefer als die heutigen Exemplare. Viele von ihnen hatten dabei ziemlich lange, sich verjüngende Ruten. Diese edlen frühen Bulldoggen ähneln – möglicherweise mit Ausnahme der Kopfform – vielmehr dem heutigen American Staffordshire Terrier als einem heutigen Bulldog.

TERRIER

Es ist schwierig, alte Bücher zu finden, die speziell Terrier behandeln, denn in den meisten Fällen wurden früher Terrier als »Hounds« (Jagdhunde) gesehen. Robert Leighton (The Complete Book of the Dog, London, 1922) bestätigt das Alter der Terrier-Rassen und schreibt: »Es kann kaum viel Zeit zwischen der normannischen Eroberung und der Zucht jener kleinen »Erdhunde« gewesen sein, die wir heute Terrier nennen; sie sind von Anfang an auf diesen Inseln bekannt und wurden von Jägern und ihren Helfern auf der Jagd eingesetzt, auch von den Farmern zum Töten »lästigen Ungeziefers«. Er fährt fort: »Dame Juliana Berners vergaß nicht, die »Terroures« bereits im 15. Jahrhundert in das Verzeichnis der Jagdhunde (Sporting Dogs) einzugliedern«.

Im Jahre 1570 schrieb in seinem lateinischen Buch »De Canibus Brittanicus« Dr. Johannes Caius, Begründer des Caius College und Leibarzt von Queen Elizabeth über Hunde. Es handelt sich um das erste gedruckte Buch, in dem die einzelnen Rassegruppen nach ihren Aufgaben getrennt wurden. Die »Houndgroup« enthielt drei Rassen: »Terrare, Harier und Bludhunde«. Im Jahre 1576 wurde das Buch von Caius durch Abraham Fleming ins Englische übersetzt und gleichzeitig erweitert. Sein »Of Englishe Dogge« befaßt sich eingehend mit dem Terrier:

»OF THE DOGGE CALLED A TERRAR«

»Es gibt eine andere Hundesorte, die nur Füchse und Dachse jagt, die nennen wir »Terrars«, weil sie (etwa in der gleichen Art wie Frettchen Kaninchen jagen) in die Erde eindringen, dort Fuchs oder Dachs jagen, durch Kläffen und Beißen in Furcht versetzen, und zwar so, daß sie ihre Gegner entweder unter der Erde mit den Zähnen in Stücke reißen oder sie vor sich herjagen in ihren Kesseln, dunkeln Gängen und Gräben. Letztendlich befällt Fuchs oder Dachs soviel Furcht, daß sie aus ihren Gängen herausschlüpfen, zur schnellen Flucht getrieben werden, versuchen, in einen anderen Bau (selbst wenn dieser nicht der sicherste ist) zu fliehen. Dabei werden sie häufig durch Fallen und Netze, die hierfür über die Ausgänge gespannt wurden, gefangen.«

Briggs erinnert alle, die sich mit Hundegeschichte befassen, daß »der Begriff Rasse (Breed) Anfang des 19. Jahrhunderts und davor ausschließlich nach dem Verwendungszweck der Hunde, nicht als Bestätigung einer blutlichen Reinrassigkeit verwendet wurde. Ein Terrier zum Beispiel war ein Hund, der zur Jagd unter der Erde arbeitete, ein reinrassiger Typ war ein Hund, dessen Ahnen alle gute Arbeitsterrier waren. Diese brauchten sich aber in keiner Weise in ihrem äußeren Erscheinungsbild zu ähneln.«

Erst Anfang 1800 erkannten die Jäger die Vorteile, einen Terrier planmäßig zu züchten, in einzelnen Rassen, deren Arbeit andere Terrier ohne gleiches Äußere nicht verrichten konnten. So entstanden über einen Zeitraum von vielen Generationen erst separate Hunderassen.

BULL-AND-TERRIER

Ein paar heutige Liebhaber entwickelten aufgrund fehlender eigener Forschungsarbeit oder falscher Informationen die Theorie, daß der American Staffordshire Terrier in Wirklichkeit ebenso alt als Hunderasse sei wie der Bulldog, bereits 1700 ohne das Einkreuzen irgendwelchen Terrierblutes entstanden wäre. Aber Anfang des 19. Jahrhunderts, als diese Kreuzung überhaupt erst in Mode kam, gab es bereits viel mehr Bücher und Beiträge über Hunde als in den vorausgegangenen Jahrhunderten insgesamt erschienen waren. Wenn man weiß, daß alle diese Arbeiten das Kreuzen von Bulldog mit Terrier erwähnen, ist es einfach töricht, dies zu leugnen.

John Henry Walsh, der unter dem Namen »Stonehenge« schrieb, veröffentlichte 1859 sein erstes Hundebuch. Im gleichen Jahr fand die erste Hundeausstellung in England statt, Walsh war hierbei einer der fünf Richter. Für Staf-Liebhaber ist das Jahr 1859 von doppelter Bedeutung. Zum ersten war die erste Hundeausstellung ein außerordentlich wichtiger Schritt für die Reinzucht von Rassehunden. Zum zweiten besagt das Buch von Stonehenge »The Dog in Health and Disease«, ein Buch, das als das wichtigste Lehrbuch über Hunde seiner Zeit gilt, hinsichtlich Terrier: »Diese Hunde sind nach Kreuzungen mit dem Bulldog – die mit den meisten arbeitenden Terriern erfolgten – von überragendem Mut. Diese Terrier wurden in erster Linie zum Töten von Raubzeug eingesetzt, dessen Bisse Spaniel oder Beagle abschrecken, den Terrier jedoch nur zu noch viel härterer Jagd anregt.« Bereits viele frühere Hundebücher erwähnen diese Kreuzung von Bulldog mit Terriern, aber es ist erwähnenswert, daß der hochgeschätzte Stonehenge diese ausdrücklich bestätigte.

In seinem geschichtlichen Teil über Bull Terrier schrieb Robert Leighton: »Diese Rasse ist genügend modern, um hinsichtlich ihrer Herkunft keine Zweifel offen zu lassen. Im ersten Viertel des 19. Jahrhunderts bemühte man sich allgemein darum, die Terrier-Rassen zu verbessern, neue Typen wurden entwickelt. Dies waren schnelle, bewegliche, kleine Hunde, hervorragend für alle Arten von Aufgaben auf dem Land.

Zu dieser Zeit gab es aber auch extravagante junge Herren – Jünglinge, die ihre Freude am Kampfsport und beim Hahnenkampf hatten – diese wünschten sich einen Hund, der mehr konnte als Ratten töten oder unter der Erde Fuchs und Otter verfolgen. Sie wünschten sich für das Amüsement in der Stadt einen Hund, der all die Schnelligkeit und Tapferkeit des

Terriers mit Herz, Mut und Kampfinstinkt des Bulldogs vereinte. Hierfür wurde der Terrier mit dem Bulldog gekreuzt. Man wählte einen großen Terriertyp, wahrscheinlich den glatthaarigen Black-and-Tan oder den frühen English White Terrier, höchstwahrscheinlich wurden beide gleichzeitig und über einen längeren Zeitraum verwandt. Das Ergebnis brachte den jungen Männern (young bucks), wovon sie träumten. Einen Hund, der ursprünglich Raubzeug tötete, ein unerschrockener Kämpfer war, auf dessen Geschicklichkeit nun aber Wetten in der Pit, der Hundekampfarena vertrauensvoll abgeschlossen werden konnten . . . Dieses Tier war jedoch weder ein echter Terrier, noch ein echter Bulldog, vielmehr ein Mischling; trotzdem diente er optimal dem beabsichtigten Zweck, wurde seiner Hartnäckigkeit und Zielstrebigkeit, weniger seines »Äußeren wegen« hoch geschätzt.«

Wilfried T. Brandon (Clifford Ormsby, The Staffordshire Terrier, 1957) ist hinsichtlich der durchgeführten Kreuzungen anderer Meinung. »Es scheint glaubhafter, daß irgendein kampferprobter (game) Terrier, etwa ein Fox Terrier Anfang 1800, mit dem Bulldog gepaart wurde, denn die bekanntesten Autoritäten über Hunde aus jener Zeit stimmen darin überein, daß Black-and-Tan Terrier und White English Terrier beide nicht besonders tapfer (game) waren, aber die gleichen Autoritäten betonen gerade die ›Gameness‹ des Fox Terriers.«

Jesse (1866) wagte keine Vermutung, welcher Terrier genau verwendet wurde, aber er bestätigte die Kreuzungen. »Der Bull-Terrier überragte den reinrassigen Bulldog als Kämpfer in der Pit. Er besaß viel mehr Schnelligkeit, entsprechend gelang es ihm, sich als erster zu verbeißen, ein ganz wichtiger Punkt, weil alle erfahrenen Kampfhunde eine Lieblingsstelle für ihren Angriff hatten. Er hatte auch mehr Kraft im Kiefer als die degenerierten modernen sogenannten Bulldoggen, bei nahezu gleicher Ausdauer im Festhalten; er wechselte nie den Griff, es sei denn, er konnte noch besser fassen.«

Ohne genaue Aufzeichnungen werden wir nie wissen, welche Terrier tatsächlich verwendet wurden, aber es ist durchaus logisch anzunehmen, daß verschiedene Terrierarten erprobt wurden, für diese Zucht aufgrund ihrer eigenen Arbeitsleistung ausgewählt wurden. L. Cabot Briggs warnt: »Wenn wir vor 1860 von Bull Terrier sprechen (besser wahrscheinlich Bull-and-Terrier), sollten wir uns nicht selbst betrügen mit der Annahme, es handele sich um reinrassige Hunde entsprechend modernen Rassestandards. Die Züchter in dieser Zeit scheinen vielmehr mehr die Neigung gehabt zu haben, die ursprüngliche Kreuzung zu wiederholen als sich mit Linienzucht auf die Kreuzungsprodukte zu konzentrieren. ›The Sporting Magazine‹ illustrierte und beschrieb einen weißen Bull-and-Terrier namens Brutus wie folgt: ›BRUTUS, ein berühmter Terrier . . . er galt als das perfekte Modell seiner Art . . . er entstammt einem Englischen Bulldog und einem kleinen Irish Terrier‹ . . .«.

Der berühmte Bull-and-Terrier »Trusty«, auch bekannt als Lord Camelford's Hund, ist der erste Hund dieser Art, von dem es Bilder gibt.

»The Sporting Magazine« informiert uns im Oktober 1803 über Trusty: »Er ist ebenso bekannt für seine Schlachten wie Bonaparte, gehörte ursprünglich den Humphreys Hundekämpfern; danach wurde er an den Hundekämpfer Johnson verkauft, der ihn sehr liebte und bewunderte. Der nächste Besitzer war der Kämpfer Ward, der ihn vor einigen Monaten

Oben: Trusty, Lord Camelford's Hund, aus »The Sporting Magazine«, Vol: XXIX, 1806.

Unten: Dustman.

Unten: Blue Paul – Bull and Terrier schottischer Version.

für 20 Guineas an Mr. Mellish verkaufte. Seine Lordschaft war von der Kühnheit und dem eleganten Kampfstil dieses Tieres so fasziniert, daß er anbot, ihn zu kaufen, und Mr. Mellish stimmte zu, ihn ›nach Gewicht‹ (in the carcase way) zu verkaufen. Nach einem guten Mahl Pansen wurde dementsprechend der Hund auf die Waage gestellt, er wog 42 Englische Pounds (19 kg). Man einigte sich auf zwei Guineas je Pound, der Kaufpreis stieg damit auf 84 Guineas. Dieser Preis wurde natural folgendermaßen ausgeglichen: Eine Lieblingsflinte seiner Lordschaft im Wert von 40 Guineas und zwei Pistolen im Wert von 44 Guineas. Es wäre für das edle Tier eine Beleidigung gewesen, wenn man seinen Kauf in Geld abgewickelt hätte, deshalb wurde er seiner Stellung entsprechend gegen Waffen eingetauscht.

Der Hund war allgemein unter seinem Namen ›Trusty‹ bekannt, hatte zu diesem Zeitpunkt 104 Kämpfe ausgetragen und wurde nie besiegt. Kein Hund irgendwelcher Hunderasse in England konnte einen kriegerischeren Abstammungsnachweis oder edleres Blut nachweisen. Der Hund konnte stets tapfere Männer von Feiglingen unterscheiden, schmeichelte den Ersteren, beunruhigte die Letzteren.« Lord Camelford verschenkte den Championkampfhund, dessen Namen »Trusty« eigens aus diesem Anlaß in »Belcher» umgewandelt wurde, an den großen englischen Boxchampion Jim Belcher. Seine Lordschaft war der Auffassung, »daß der einzige, unbesiegte Mann allein der richtige Herr sei für den einzigen unbesiegten Hund.«

Im Jahre 1812 ehrte »The Sporting Magazine« einen anderen Bull-and-Terrier: »Dustman ist ein berühmter Hund . . . entstammt einer Kreuzung zwischen einem Bulldog und einem Terrier . . . Die Zucht von Hunden dieser Art wurde in jüngster Zeit außerordentlich ermutigt, wird sehr hoch geschätzt . . .« Man beachte genau den Unterschied der zwei Hunde: »Trusty« ähnelt den Bulldoggen seiner Zeit, während »Dustman« deutlich sein Terriererbe zeigt.

Briggs schrieb dazu: »Etwa um 1820 scheint der Bull-and-Terrier in seinem Äußeren immer mehr einheitliche Formen anzunehmen, hierin können wir endgültig den Prototyp des späteren richtigen Bull Terrier erkennen.« Briggs erläuterte die immer weiter gehende Vereinheitlichung des Bull-and-Terrier zwischen 1850 und 1860, Stonehenge dagegen lehrte in seinem Buch »The Dogs of the British Isles« 1872 noch immer: »Der Bull Terrier sollte – um seinem Gebrauchszweck zu dienen – stets ein Viertel Bulldog sein.«

Es kann als sicher angenommen werden, daß schließlich doch eine klare Linienzucht das Geschehen beherrschte. Wenn man viele Bücher und Zeitschriften des 19. Jahrhunderts studiert – auch wenn man den Rest dieses Kapitels folgerichtig liest – bleibt es immer schwierig zu unterscheiden, ob die Erwähnung eines Bulldogs ganz einfach wirklich von einem Bulldog handelt, oder ob dieses Tier eine Bulldog-Terrier-Mischung ist oder gar ein Produkt der Paarung von Bull-and-Terrier untereinander.

Diese Verwirrung ist im Hinblick auf die Tatsache erklärlich, daß im 19. Jahrhundert häufig die Rassen falsch bezeichnet wurden. Hundeillustrationen mit der einfachen Unterschrift »Bulldog« ähneln sehr häufig sehr dem heutigen American Staffordshire.

Natürlich waren viele dieser Hunde tatsächliche Bulldogs, die einfach zufälligerweise etwas kleiner, heller, schneller waren, beweglich genug, im Zeitalter der Hundekämpfe akzeptiert zu werden. Es ist wahrscheinlich eine richtige Annahme, daß diese kleineren Bulldoggen und die Bull-and-Terrier-Kreuzungen für dieselben Aufgaben verwendet, oft miteinander auch gekreuzt wurden und schließlich in einen Hundeschlag einmündeten, den man »Pit Bull Terrier« nennt.

Links: Mischief repräsentiert den typischen Terrier seiner Zeit. Aus: The Sporting Magazine, Band XXV, 1810.

BLUTIGE VOLKSBELUSTIGUNG (BLOOD SPORTS)

BULL BAITING

»A yet ignobler band is guarded round
With dogs of war – the spurning bull their prize;
And how he bellows, humbled to the ground;
And now they sprawl in howlings to the skies.«

Loribond, aus Rural Sports

Dieser »Sport« war einmal so populär, daß es auch heute noch in einigen englischen Städten alte Bullenringe gibt, in denen früher »Bullbaiting« stattfand. Straßennamen, insbesondere in Birmingham und Dorchester, reichen in diese Tage des alten »Bullbaiting« zurück.

Um einen Bullen zum Kampf vorzubereiten, wurde ein etwa 15 Fuß (4,60 m) langes Seil an den Hörnern verknüpft oder dem Bullen ein Lederhalsband um den Hals geschnallt, an dem entweder eine starke Kette oder das dicke Seil befestigt wurde. Das andere Ende wurde mit einem schweren, eisernen Ring verbunden, der an einem tief in den Boden getriebenen Pfahl verankert war. Ein oder mehrere Hunde wurden losgelassen, und man erwartete von ihnen, daß sie den Bullen von vorne angriffen. Ausschließlich der Griff an die weiche Nase und das sich darin Verbeißen war zulässig. Ein geübter Bulle konnte sich sehr wohl verteidigen, mit wachsender Erfahrung und Stärke wurde ein solches Tier klug und gefährlich. An Orten, wo dieses »Baiting« mit weniger Brutalität ausgetragen wurde, konnte man die gleichen Bullen über viele Jahre einsetzen. Einer der berühmtesten dieser alten Bullen »Bill Gibbin's Bull« war weit und breit berühmt. Es war nahezu eine Unmöglichkeit für die Hunde, sich in diesen zu verbeißen (to pin). Denn wann immer der Bulle am Ring befestigt wurde, scharrte er mit seinen Hufen ein Loch, in dem er seine Nase verbarg. Dann erwartete er die Hunde, die Hörner gesenkt und die Hufe bereit, schleuderte er sie oft hoch in die Luft; 30–40 Fuß (9–12 m) waren dabei völlig normal. Hierbei versuchten die Hundebesitzer, den Sturz ihrer Hunde durch ihre eigenen Schultern zu dämpfen. Manchmal wurden Menschen wie Hunde weggeschleudert. Die Hundebesitzer bezahlten für das Privileg, daß ihr Hund den Bullen angreifen durfte, Geldbeträge, und der Hund, dem es schließlich gelang, einen Bullen zu pinnen, gewann einen hohen Preis. Zu den schrecklichen Geschichten rund um diese Kämpfe gehört die über einen Metzger, der seine alte Hündin auf den Bull Anger mitbrachte, gemeinsam mit ihren Welpen, die er verkaufen wollte. Sobald die alte Hündin den Bullen fest an der Nase gepackt hatte, begann der Metzger, sie mit einer Heckenschere in Stücke zu schneiden. Da die Hündin ihren Griff bis zu ihrem Tode trotz der ihr durch ihren Besitzer zugefügten Verletzungen nicht lockerte, gab es eine sofortige große Nachfrage nach ihren Welpen, diese wurden zu 5 Guineas je Welpe verkauft. Ein anderer Bursche, dem es um das Gewinnen einer Wette ging, amputierte gleichzeitig die beiden Vorderpfoten seines Hundes, auf den blutigen Stümpfen griff der Hund weiter den Bullen an – ganz genau so, wie sein Besitzer gewettet hatte. Nach dem Gewinn der Wette schlug dieser Unmensch seinem Hund, damit er von seinen Leiden erlöst wurde, den Kopf ab. Es war gar nicht ungewöhnlich, daß beim Bullenkampf Hunde so schwer verletzt wurden, daß die Eingeweide aus den offenen Wunden austraten. Ihre Besitzer hetzten sie trotzdem weiter auf den Bullen, bis sie starben. Aufgeschlitzte Körper waren das Ende der einen, viele andere tapfere Hunde wurden unter den Hufen der Bullen zertrampelt.

Aber in den meisten Bullenringen hatten die Bullen kaum ein besseres Schicksal als die Hunde. War der Bulle ermüdet und versuchte sich hinzulegen, wurden unter ihm Feuer entzündet, um ihn wieder auf die Beine zu zwingen. Manchmal wurde sein Schwanz so verdreht, bis er brach, spitze Nägel wurden in seine Weichteile gestoßen, um ihn wieder hoch zu bekommen. Zumindest einem Bullen wurden die Hufe abgeschlagen, man zwang ihn, sich auf seinen blutenden Stümpfen weiter zu verteidigen – dies fand im Jahre 1801 in Bury St. Edmonds statt.

Jesse berichtet: »In der Regel wurde von den Züchtern ein Junghund am Bullen ausprobiert, um die Tapferkeit seiner Zucht zu beweisen. Hierüber berichtet eine Anekdote aus South Staffordshire. Ein ›Sportsman‹ besaß einen Bulldog-Junghund, ihm lag außerordentlich viel daran zu erkennen, ob dieser auch über die seiner Rasse eigenen Kampfinstinkte verfüge. Er bat einen Freund, sich auf Knien und Händen zu bewegen, einen kämpfenden Bullen zu imitieren. Als der Junghund hereingelassen und von seinem Besitzer angehetzt wurde, flog er geradezu auf dessen Freund und packte ihn bei der Nase. Der Freund, erschreckt und voller Schmerz über diesen Angriff, schrie um Hilfe, es gelang ihm, seinen Gegner am Hals zu packen, ihm die Luft abzustellen. Dies brachte wiederum den Hundebesitzer zu einem Anfall von Verzweiflung, er dachte an die Zukunft seines vielversprechenden Junghundes und schrie in einem Tonfall gemischt von Verzweiflung und Empörung: ››Was! Mann! Willst Du diesen Junghund verderben? Laß ihn das Blut kosten – Mann, laß ihn das Blut kosten!‹«

Etwa im Jahre 1800 erklangen eines Tages in Wednesbury im Staffordshire County die Kirchenglocken, sie kündeten vom erfolgreichen Wurf der »Old Sal«, einer im ganzen Land berühmten Bulldog-Hündin, die es nie zuvor geschafft hatte, Welpen zu gebären. In diesem Bergbaurevier pflegten, falls eine Hündin beim Wurf starb, die Frauen auszuhelfen. Sie boten den Bulldog-Welpen die eigene Brust, um sie zu säugen.

BULL-RUNNING

»In Staffordshire where virtuous Worth
Does raise the Minstrelsy, not Birth;
Where Bulls do chuse the boldest King,
And Ruler, o'er the Men of String;
He bravely vent'ring at a Crown,
By Chance of War was beaten down,
And wounded sore . . .«

Hudibras, Canto Two

Die erste detaillierte Beschreibung des unrühmlichen Bullrunnings in Tutbury verdanken wir Dr. Plot, sie erschien 1686 in »The Natural History of Staffordshire«. Jesse beginnt in seiner bilderhaften Sprache seinen Bericht über das üble Treiben in Tutbury: »In Tutbury in Staffordshire waren Bullrunning und Bull-baiting jährliches Brauchtum. Das alte Schloß der Stadt, das über dem fruchtbaren Tal des Dove lag, war ursprünglich die Residenz von John of Gaunt und diente als Gefängnis von Mary Queen of Scots (Maria Stuart). Der Duke of Devonshire war Landherr, er stiftete seinen Leibeigenen jährlich einen Bullen. Diese Praxis ist seit 1374 geschichtlich nachgewiesen, wurde über mehr als 400 Jahre alljährlich geübt.

Greenslade und Stuart (A History of Staffordshire, 1965) beschreibt diesen Brauch: »Ein erwähnenswertes Beispiel der frühen Sportarten (early sports) war das Bull-running, wie es als Teil der Festlichkeiten anläßlich der Himmelfahrt Mariä (15. August) in Tutbury durchgeführt wurde. Der Prior von Tutbury stiftete einen Bullen, diesem wurden Hörner, Ohren und Schwanz abgeschnitten, der ganze Körper mit Seife eingerieben, in die Nüstern wurde ihm Pfeffer geblasen. Die Ministranten von Tutbury versuchten dann, vor Sonnenuntergang und ehe das nahezu verrückt gewordene Tier den Fluß Dove nach Derbyshire überqueren konnte, ihn einzufangen. Waren die Ministranten erfolgreich, brachten sie den Bullen in die High Street, wo er von Hunden gehetzt wurde, danach durften sie il.n töten und das Fleisch verkaufen, den Erlös untereinander teilen.«

Ehe das Bull-running begann, wurde öffentlich verkündet, daß es nur Ministranten erlaubt sei, den Bullen zu berühren, alle anderen sich mindestens im Abstand von 15 m von ihm halten mußten. Gelang es einem der Ministranten, ein Stück Haut aus dem Bullenfell herauszuschneiden, ehe der Bulle nach Derbyshire entkam, wurde er zum »King of the Musick's Bull« proklamiert; gelang es aber dem Bullen, ohne ein Stück seiner Haut zu verlieren, nach Derbyshire zu entkommen, gehörte er wieder dem Lord Prior (Earl of Devonshire) und durfte nicht von Hunden gehetzt werden.

In späteren Jahren entartete die Veranstaltung des Bull-runnings immer mehr. Junge Männer aus Staffordshire und Derbyshire kämpften gegeneinander mit langen, schweren Stöcken, eine Gruppe versuchte, den Bullen nach Derbyshire zu treiben, die andere, ihn in Staffordshire zu halten. Als in diesem jährlichen Spiel grenzenloser Grausamkeit einige Leute umkamen, rief die Geistlichkeit die königliche Krone an, forderte, diesen Brauch zu verbieten. Das letzte Bull-running in Tutbury fand im Jahre 1787 statt.

Bullen, die von Hunden gehetzt oder wie in Tutbury durch die Straßen getrieben wurden, nannte man »Game« oder »Sporting« Bulls. Die gleiche Bezeichnung gebrauchte man für Bären, Hunde und Hähne, die für Kämpfe eingesetzt wurden. Jesse schlug vor, daß man den Begriff »Game« übersetzen sollte als »steter, immerwährender Mut«.

BEAR-BAITING

»What folly is this to keep with danger
A great mastiff dog and foul ugly bear
And to this anent, to see them two fight
With terrible tearings, a full ugly sight.«

Robert Crowley, 1518–1588

Der Kampf gegen den Bären wurde weitgehend in der gleichen Art wie das »Bull-baiting« durchgeführt, nur sind die Waffen des Bären seine Zähne und Tatzen. Aus Überlieferungen vor dem 16. Jahrhundert wissen wir, daß beim Kampf gegen den Bären dieser ein Halsband trug, weitgehend auf gleiche Art an einen Ring gefesselt wurde wie der Bulle. Spätere Dokumente sprechen von einem Ring, der durch die Nase des Bären gezogen wurde. Einige Bären wurden aufgrund ihrer Geschicklichkeit im Kampf gegen Hunde über das ganze Land berühmt. Ein besonders kampferprobtes Exemplar namens »Sackerson« wurde von Shakespeare in seinen »Lustigen Weiber von Windsor« erwähnt. Ausführliche Einzelheiten enthält das Buch »Kampfhunde I« von Dr. D. Fleig.

HUNDEKAMPF

The Twenty Pound Dog (Autor des Gedichtes unbekannt, entnommen aus der Dissertation SONGS OF THE PIT COMMUNITIES OF NORTHUMBERLAND AND DURHAM, Universität Leeds, Maxine Baker; aus »The Folklore of the Coal Miners of the Northwest of England«, Lydia M. Fish, 1975):

Oh me name it is Michael McCarthy
And I come from a place of renown,
I had a bet with old Timothy O'Flaherty
That me bull dog would wallop the town.

Now he told me of one Terance Murphy
Who lived away out in the bog
That kept an old black-and-ten terrier
That would murder me twenty pound dog.

Chorus:
Champion he was a dandy
Till Murphy, the dirty old hog
Came along with his black-and-tan terrier
And he murdered me twenty pound dog.

Now I led out me bold twenty pound hound
He looked just as good as a king
How he eyed that black-and-tan terrier
As they both dashed right round the ring.
Now they fought for an hour and a quarter
It was away out in the bog
The terrier he took all the laurels
And a corpse lay me twenty pound dog.

(Chorus)

Now I swore I'd have satisfaction
I off with me coat and me hat
I made a race for the whole Murphy faction
From big Terence down to little Pat.
Then I made a race for the terrier
And I kicked him right into the bog,
And all the way home I swore vengeance
Sweet vengeance for me twenty pound dog.

Obiges englische Gedicht enthält die traurige Geschichte, wie der leichtsinnige Michael McCarthy seinen 20 Pfund schweren Terrier zum Kampf stellte, der nach 1¼ Stunden seinem Gegner in der Pit unterlag. Ein Beispiel, in welchem Maße der Hundekampf immer wieder Phantasie und Poesie der Menschen in den englischen Kohlen- und Eisenbergwerken (Black Country) faszinierte.

Lieder wie »The Twenty Pound Dog« wurden noch 1975 in der Welt der englischen Bergwerke gesungen, obwohl der

Hundekampf schon über 150 Jahre durch Gesetz verboten ist. Wie populär diese »Freizeitbeschäftigung« im London des Jahres 1825 war, ersieht man aus einem im »The Sporting Magazine« veröffentlichten Bericht:

»Hundekampf! Am Dienstag, den 18. Januar 1825 abends war die ›Westminster-Pit‹ überfüllt von Hundefreunden aus der Hauptstadt. Sie wollten einen Kampf miterleben zwischen ›Bonny‹ und dem schwarzen Neuling ›Gas‹, der von seinem Eigentümer ›Charley‹ vorgestellt wurde. Der Einsatz belief sich auf 40 Sovereigns (nach heutiger Währung etwa DM 50,–).

Alle technischen Voraussetzungen waren zur vollsten Zufriedenheit der Zuschauer geregelt. Der Ring war durch einen eleganten Kerzenleuchter und verschwenderisch aufgestellte Wachslichter gut erleuchtet. Die Hunde wurden um 8.00 Uhr in hervorragender Verfassung zum Kampf vorgestellt, geleitet von ihren Besitzern. Bonny war mit 3:1 Favorit und hielt diese Wetten bis zehn Minuten vor Kampfbeginn. Dies war ein Vertrauensbeweis für ihn, der einzig und allein auf seinen allgemein bekannten bisherigen Erfolgen beruhte. Für den unparteiischen Zuschauer zeigte der Neuling Gas viel Feuer und Kampfeslust. Der Zweikampf dauerte insgesamt eine Stunde und fünfzig Minuten. Dann wurde Bonny besinnungslos hinausgetragen, in ein warmes Bad gesteckt und sofort verbunden. Nahezu dreihundert Personen waren zu diesem Kampf gekommen«.

KAMPF GEGEN LÖWEN

Kämpfe zwischen Hunden und Löwen hatten ihren Höhepunkt in einem Schaukampf 1825 in Warwick. Der Bericht von Jesse vermittelt den Eindruck, daß sich selbst die Zuschauer des Mißbrauches schämten, dem die Tiere ausgesetzt waren.

»Nero, der Löwe, war ein zahmes Exemplar, von Jugend an von liebevoller Pflege des Menschen umhegt. Obgleich Nero sich deshalb zunächst nur verteidigte, lieferte er seinen Gegnern einen fürchterlichen Kampf. Drei Kampfhunde traten gegen ihn an. Turk, ein reinrassiger Bull and Terrier von brauner Farbe, etwa 16 kg schwer. Kurze Zeit zuvor hatte er einen viel größeren Hund besiegt und auch getötet. Von diesem Kampfe her war sein Hinterkopf noch stark verschwollen und nahezu skalpiert. Der zweite Gegner war eine falbenfarbene Hündin und der dritte Tiger, ein großer schwarzer Bull and Terrier. Die Hunde wurden gleichzeitig gegen den Löwen angehetzt und flogen allesamt ohne das geringste Zögern auf den Kopf des Löwen zu. Nach ungefähr fünf Minuten mußte die falbenfarbene Hündin herausgenommen werden, lahm und offensichtlich völlig erschöpft. Nach weiteren zwei Minuten kroch der zweite Hund Tiger, fürchterlich vom Löwen zugerichtet, aus dem Käfig. Der braune Hund Turk, der leichteste von den Dreien, aber von unglaublicher Tapferkeit, setzte den Kampf alleine fort. Es bot sich den Zuschauern ein ganz außergewöhnliches Schauspiel. Der Hund, völlig auf sich selbst gestellt, gegen eine Bestie von etwa zwanzigfachem Gewicht, setzte den Kampf mit völlig ungemindertem Mut fort. Obwohl er aus zahllosen, von den Löwenpranken gerissenen Wunden blutete, packte er die Nase der Bestie und verbiß sich mindestens sechsmal darin. Als sich schließlich der Löwe mit einer verzweifelten Anstrengung befreite, schob er sein volles Gewicht auf den Hund und hielt ihn zwischen seinen Vorderpranken länger als eine Minute fest. In dieser Zeit hätte der Löwe einhundertmal den Kopf des Terriers zermalmen können, aber er unternahm nichts, um den Hund auch nur zu verletzen. Der arme Turk wurde dann durch den Hundewärter herausgeholt, schwer verletzt, aber doch noch am Leben. Und in dem Augenblick, als er unter dem Löwen hervorzogen wurde, verbiß er sich wohl nun zum zwanzigstenmal erneut in dessen Nase.

Turk hatte dem Löwen mehr als elf Minuten Stand gehalten, und die Zuschauer zitterten vor Furcht und Erregung, ihre Schreie nach den Tierwärtern, den Hund aus dem Käfig zu befreien, könnten zu spät Erfolg haben, um das Leben dieses mutigen Tieres zu retten.«

Unten: Bull-Baiting »If you go so near, Master George, he will pin you.« Kupferstich Henry Alken, ca. 1820, Sammlung Dr. D. Fleig.

CHRONOLOGISCHE ZEITBERICHTE

1100 bis 1835 – EUROPA

William Fitzstephen, der Biograph von Becket, schrieb in seiner Beschreibung Londons in »VITA S. THOMAE« über die Regentschaft Henry II, der England von 1154–1189 regierte. Junge Londoner amüsierten sich, besuchten an jedem Feiertag während des Winters bereits am frühen Nachmittag Veranstaltungen, bei denen Eber gegeneinander kämpften, Bullen und Bären von Hunden angegriffen wurden.

Jesse berichtete, daß während der Regentschaft von König Henry VIII an Sonn- und Feiertagen Bull-Baiting und Bear-Baiting zur allgemeinen Gaudi veranstaltet wurden; und Joseph Strutt (Sports and Pastimes of the People of England, London, 1801) schrieb über das Bullen- und Bärenbeißen: »Dieses barbarische Freizeitvergnügen wurde in früheren Jahren vom Adel außerordentlich hoch geschätzt, daran beteiligten sich Personen höchsten Ranges, auch das schöne Geschlecht fehlte nicht dabei.« Sowohl Jesse wie Strutt beschreiben, wie Queen Elizabeth im Jahre 1559 den französischen Gesandten mit einem wunderschönen Dinner unterhielt, da nach folgten Kämpfe englischer Hunde gegen Bären und Bullen. Offensichtlich erfreuten sich die Königin und ihre Gäste dieser Unterhaltung so sehr, daß sie am nächsten Tag alle gemeinsam einen Ausflug in den Paris-Garden in Southwark, nahe der Themse unternahmen, um einen weiteren Schaukampf zu genießen. 27 Jahre später wurde der dänische Gesandte auf die gleiche Art unterhalten.

Edward Alleyn, 1566–1626, galt als einer der besten Schauspieler seiner Zeit, war besonders berühmt durch seine Rollen in den Stücken von Christopher Marlowe. Seine zweite Beschäftigung war »Master of the King's Games of Bears, Bulls and Dogs« im Dienste von James I. Alleyn begründete das Dulwich College besonders mit dem Geld, das er durch die »Baitings« verdient hatte.

Während der Regierungszeit von Elizabeth I, verbot der Geheime Kabinettsrat alle anderen Veranstaltungen am Donnerstag, gerade der Donnerstag wurde traditionell freigehalten für Baitings. Im Jahre 1618 verbot James I das Ausüben der »Blood Sports« an Sonntagen zum Schutze der Religion. James I erfreute sich aber selbst dieses Sports sehr, unterhielt seine Gäste in der gleichen Art wie zuvor Elizabeth. Chamberlain schrieb über den Besuch des spanischen Gesandten am Hof von James I: »Der spanische Gesandte zeigte sich vom Bear-Baiting außerordentlich entzückt. Letzte Woche besuchte er Paris-Garden, wo ihm all das Vergnügen vorgeführt wurde, das man mit Bulle, Bär und Pferd erleben kann, außerdem männliche Affen. Danach folgte ein Kampf gegen einen Eisbären in der Themse, der von schwimmenden Hunden angegriffen wurde; das war das Beste von allem!«

Englische Hunde müssen ihren Weg nach Spanien schon vor dem 17. Jahrhundert gefunden haben, denn das Buch »The Ladies' Travel into Spain«, das etwa 1680 geschrieben wurde, enthält nachstehende Beschreibung: »Wenn sich die Bullen zu lange verteidigten, veranlaßte der König, daß weitere Hunde herausgelassen wurden, dann setzte man englische Hunde ein. Diese englischen Hunde sind nicht so groß wie die anderen Hunde hier, aber dies ist eine Hunderasse, die der sehr ähnlich ist, welche die Spanier bei der Eroberung von Indien mit sich führten. Sie sind klein und niedrig gestellt, dabei aber so kräftig, daß wenn sie einmal die Kehle gepackt haben, man sie eher in Stücke hauen könnte als daß sie nochmals losließen. Häufig werden sie getötet, der Bulle nimmt sie auf die Hörner, wirbelt sie ähnlich Fußbällen durch die Luft.«

Jesse schrieb, daß »Charles I ähnlich seinem Vater Bear-Baiting persönlich besuchte. Im Jahre 1632 erhielt Gabriel Marsh, Marschall seiner Admiralität und Master of the Bears zehn Pfund für Tierkämpfe, die in Whitsuntide vor dem König und der Königin vorgeführt wurden«.

P. H. Dichtfield (Old English Customs, 1896) berichtet von einer ungewöhnlichen Schenkung: »Das Einführen des ›Bull-Baiting‹ erscheint eine merkwürdige Form von Gnadenerweis; aber George Staverton setzte im Jahre 1661 eine jährliche Stiftung von 6 Englischen Pfund aus. Hiermit wurde jährlich in Wokingham ein Bulle gekauft, der von Hunden gehetzt wurde. Diese Spende hatte zur Bedingung, daß Fleisch, Fell und Innereien verkauft werden mußten, der Erlös in Form von Strümpfen und Schuhen an arme Kinder verteilt wurde. Bis zum Jahre 1823 mußte der Bulle von Hunden gehetzt werden, später wurde er auf eine gnädigere Art getötet, das Fleisch an die Armen verteilt.«

In der Regierungszeit von Queen Anne (1665–1714) blühten Baitings als öffentliche Veranstaltungen zusammen mit Hundekämpfen, was man aus nachstehender, öffentlicher Ankündigung ersehen kann: »Im Bärengarten in Hockley in the Hole, nahe Clerkenwell Green, wird am heutigen Montag ein großer Kampf ausgetragen. Es kämpfen zwei Hunde aus Smithfield Bars gegen zwei Hunde aus Hampstead. Gemeinsamer Gegner ist der Reading Bull, der Einsatz beträgt eine Guinea; fünf Angriffe je Hund sind vorgesehen; wer den fairsten Angriff ausführt, am erfolgreichsten ist, dem kommt der gesamte Einsatz zu. Es folgt ein großartiges Feuerwerk, das alle Besucher entzücken wird. Außerdem gibt es zwei Bären; Hunden werden je drei Angriffe gegen den Bären gestattet, der Hund, der den höchsten Sprung wagt, gewinnt zehn Schillinge. Im Rahmenprogramm weiteres Bull-baiting und Bear-baiting; es lockt ein Tag großartigen Sports für alle »old gamesters«, ein Bulldog springt durch Feuerwerk. Die Veranstaltung beginnt um drei Uhr.« (Strutt)

Ein altes englisches Gesetz, das bis 1835 in einigen Städten galt, verbot es den Metzgern, Bullenfleisch zu verkaufen, es sei denn, der Bulle wäre zuvor von Hunden attackiert worden. Man glaubte, das Fleisch eines »baited bull« sei nahrhafter und zarter.

Alle Tierfreunde, denen die in dieser Zeit durchgeführten »blood sports« ein Greuel waren, bemühten sich um ein Verbot. Im Jahre 1626 gelang es dem Gericht von Staffordshire, solche Veranstaltungen an allen Kirchweihfesten zu verbieten (und gerade an Feiertagen in Verbindung mit den heiligen Schutzpatronen wurden normalerweise solche »sporting events« abgehalten). In diesem Jahr war die Pest ausgebrochen und man glaubte, daß solche Schaustellungen den Sonntag entheiligt hatten. Im Jahre 1665 wandte sich der puritanische Vikar aus Lapley an die Gerichte wegen den Veranstaltungen anläßlich der Festtage. 1776 beklagt sich Josiah Wedgwood von den berühmten Porzellanwerken bei seinem Partner in einem Brief: »In dieser Woche waren unsere Arbeiter vier Tage lang zu Spielen unterwegs, sie fanden in Burslem Wakes statt . . .« (Greenslade and Stuart).

Der Rat von Stafford verbot im Jahre 1791 endgültig Bull-baiting in der Stadt und die South Staffordshire Association zur Abschaffung des Bull-baiting intensivierte ihre Bemühungen, den Sport illegal zu machen. Gesetzentwürfe im Parlament in dieser Richtung wurden mehrfach abgelehnt. Erst im großen Reformgesetz, den Humane Acts des Jahres 1835, wurde Bull-baiting vom Parlament für gesetzwidrig erklärt. In einigen Landgemeinden wurde es aber immerhin bis zum Jahre 1853 weiter fortgesetzt.

NACH 1835

Die Humane Acts des Jahres 1835 stoppten alle öffentlich angekündigten, spektakulären Veranstaltungen, sie führten aber gleichzeitig ungewollt dazu, illegale »blood sports« wie Hundekampf und Hahnenkampf populärer zu machen, denn diese konnten in Hinterzimmern und Kellern der Pubs heimlich ausgetragen werden. Obgleich Hundekämpfe auch vor 1835 häufig abgehalten wurden, waren sie im Vergleich zum Bull-baiting oder Bear-baiting kleinere Ereignisse, erst nach 1835 erreichte das Interesse an Hundekämpfen seinen Höhepunkt. Es wurden eigene Kampfregeln aufgestellt und streng befolgt. Es begannen Konditionspraktiken, mit denen man

Hunde auf ein ideales »Kampfgewicht« brachte. Hunde traten mit einem so geringen Gewicht als möglich in den Kampfring, mußten dabei aber größte Kraft und Ausdauer mitbringen. Die Wetten auf den Ausgang der Kämpfe wurden immer höher.

In den einzelnen Ländern entstanden eigene Zuchten von Bull-and-Terrier-Hunden. Insbesondere Irland war bekannt für seine vorzüglichen Kampfhunde, viele davon wurden in die Vereinigten Staaten exportiert. Es gab aber keinen Ort in der ganzen Welt, wo sie sorgfältiger und früher gezüchtet wurden als in dem Bereich, der ihnen den Namen gab – der Grafschaft Staffordshire in England.

Die meisten Vorfahren der heute beim AKC eingetragenen Hunde stammen aus diesem Gebiet. Während Arbeitsbedingungen, Lebensverhältnissee und Freizeitvergnügungen in den großen englischen Städten langsam angenehmer wurden, dauerten miserable soziale Verhältniss in den industriellen Gebieten mit Bergwerken und Industrie im Norden Englands an; gerade fehlender Respekt vor den Lebensbedürfnissen der Menschen brachte die »blood sports« zur Blüte.

Robert Plot zitiert aus dem Jahre 1680 einen Ausspruch von James II, hiernach war Staffordshire »allein dazu tauglich, in Stücke zerlegt zu werden, um die Straßen im übrigen Königreich zu pflastern.« Aber die Grafschaft Staffordshire kam durch den Reichtum an Bodenschätzen und das geschickte Ausbeuten dieses Reichtums zu eigener Bedeutung. Mitte des 19. Jahrhunderts war Staffordshire zum Industriezentrum geworden.

Gerade dieses schnelle Wachstum schuf neue Probleme. Völlig überfüllte Wohnungen, fehlende sanitäre Einrichtungen, ausgebeutete Arbeitskraft waren die Norm, fast alle Kinder wurden ab einem Alter von zehn Jahren aus der Schule genommen und in eine 72stündige Arbeitswoche gesteckt. Nicht nur die Wohnverhältnisse waren Brutstätten für Krankheiten, auch Arbeit in den Bergwerken und Tonfabriken stand nicht immer zur Verfügung. Zwischen 1800 und 1850 löste das unkontrollierbare Wachstum drei schwere Depressionen aus, bei knapper Arbeit war ein Arbeitsplatz die klare Alternative zum Hungertod.

Die Arbeit in den Bergwerken war gefährlich. George Orwell (»The Road to Wigan Pier«) berichtet: »Die Unfallrate bei den Bergleuten ist im Vergleich zu anderen Berufen so hoch, daß Unfälle für ebenso selbstverständlich angesehen werden wie in einem kleinen Krieg.« Das tagtägliche Überleben war für die Bergleute ein Lotteriespiel, sie standen stets der Wahrscheinlichkeit von Verletzungen oder Tod durch Grubenwetter, Gasfeuer, Stollenbrüche und fehlerhaften Maschinen gegenüber. ›Cavelling‹, Auslosen bei Schichtbeginn, bestimmte die Arbeit in den gefährlichsten Teilen, war allgemein üblich. Männer, die ihr eigenes Leben wagten, deren Armut so groß war, daß sie ohne eine Glückssträhne nie hoffen konnten, ihr zu entkommen. Sie wählten oft diesen ›Sport‹ als besonderen Zeitvertreib. Der Gedanke, daß Hunde- oder Hahnenkampf – die einzige Sache, auf die man stolz sein konnte – grausam wäre, kam den Menschen selten, deren Kinder in den Bergwerken mit ihnen arbeiteten, nie genügend zu essen hatten.

Nach 1860 gab es in Sicherheit und Lebensstandard erste Fortschritte, die sich glücklicherweise fortsetzten. Wenn auch die nun unter besseren Verhältnissen lebenden Bergleute sich noch an dem »alten Sport« erfreuten, boten sich ihnen aber jetzt andere Formen der Freizeit, nach und nach verloren Hundekampf und Hahnenkampf an Anhängerschaft. In einigen Kreisen wurden sie durch Windhunderennen ersetzt, auch heute noch in der Grafschaft Staffordshire ein Lieblingssport. Die Bergleute, Kettenmacher und Arbeiter in den Porzellanmanufakturen, die ursprünglich sorgfältig ihre Bull-and-Terrier-Hunde gezüchtet hatten, die gemeinsam mit ihren irischen Partnern diese Hunde zur größten Hundekampfmaschine der Welt gemacht hatten, die gleichen Leute kamen auf den Gedanken, den Whippet als neues Freizeitvergnügen zu züchten.

Links: »Bull Broke Loose«, Kupferstich eines unbekannten Künstlers, London 1821. Sammlung Dr. D. Fleig.

Links: Stubby – der höchst dekorierte Hund des Ersten Weltkriegs. Er erhielt seine Orden 1918 im Weißen Haus durch Präsident Wilson, 1921 von Harding, 1924 von Coolidge. General Pershing zeichnete diesen Hund persönlich aus, machte ihn zum lebenslänglichen Ehrenmitglied des Roten Kreuzes, Y.M.C.A. und der American Legion. – Foto: Smithsonian Institute.

Unten: Poster aus dem Ersten Weltkrieg von Wallace Robinson, 1914.

Links: »Pete« aus der Komödie »Our Gang«, 1935 in Atlantic City. Das kleine Mädchen, Betty Ann Kephart, wuchs zum großen Liebhaber der Stafs heran. Foto: Century Studio.

DIE STELLUNG DER HUNDE IN DEN VEREINIGTEN STAATEN – 1600 BIS 1935

Die ersten Bulldoggen und Bull-and-Terrier, die nach Amerika importiert wurden, standen im Besitz jener, die sie für die »blood sports« einsetzten. Henry Chafetz (»Play the Devil, A. History of Gambling in The United Staates from 1492–1955«) erwähnt, daß in New England bereits im 17. Jahrhundert das Bear-baiting verboten war. Der Geschichtsschreiber Macaulay vermutet, daß dieses Verbot erlassen wurde, »nicht weil es dem Bären Schmerzen veursachte, sondern weil es den Zuschauern Vergnügen bereitete«. Dennoch wurden von all den »Sportarten«, welche die Einwanderer aus England mitbrachten, immer die barbarischsten und wildesten am populärsten. In New York wohnten zunächst die Holländer mit ihrem bekannt sauberen Lebenswandel. Dies änderte sich, als die englischen Einwanderer ankamen, die Macht an sich rissen. Dadurch wurde Ende des 17., Anfang des 18. Jahrhunderts New York eine Stadt der lauten Lustbarkeiten. Öffentliche Vergnügungen wie Pferderennen, Bull-baiting und Cockfighting waren weit verbreitet. Stephen Longstreet widmete in seinem Buch »Win or Lose – A Social History of Gambling in America« (1977) dem »Kampfhund« ein volles Kapitel (»The Fighting Dog«). Er behauptet, daß die nach Amerika eingewanderten Tiere nur als Kreaturen angesehen wurden, die man verzehren oder für den »Sport« einsetzen könne, er erwähnt Bull- und Bear-baiting, Hunde, die in der Pit um die Wette Ratten töteten, Hundekämpfe in Amerikas frühen Jahren. Longstreet erklärt, daß die meisten Kampfhunde englische Importe waren, die bereits über viele Generationen für den Kampf gezüchtet wurden. Alle jene, die diesem »Sport« auch in Amerika huldigten, züchteten natürlich in gleicher Weise für dieselben Aufgaben weiter. Ausführlich berichtet Longstreet Einzelheiten über den 1881 ausgetragenen Kampf zwischen »Pilot«, dem Hund von »Cockney Charlie Lloyd«, und »Crib«, dem im Besitz von Louis Kreiger stehenden Hund. Richard K. Fox, der Verleger und Besitzer der »The Police Gazette« war der Veranstalter. Die Ohio und Mississippi Eisenbahn bot Sondertarife zur Fahrt zu diesem Kampf. Die »Sportsmen«, die in Louisville für dieses Schauspiel ankamen, wurden vom Präsidenten der Stadtältesten von Louisville in einem vornehmen Hotel begrüßt, der Präsident war ein freundlicher Polizeichef, in seiner Begleitung waren weitere Vertreter der Stadt. William Harding, Sportredakteur der »The Police Gazette« war Schiedsrichter des Kampfes. Die beiden Hunde – beide Importe aus England – wogen jeweils unter 28 Pounds (12,7 kg). Der Kampf dauerte eine Stunde und 25 Minuten, »Pilot« war der Sieger.

»Cockney Charley« führte häufige Reisen zwischen England und Amerika durch, importierte viele Hunde, die in ihrer neuen Heimat Ruhm ernteten. Hierzu gehörten »Paddy«, »Pat« und »Rafferty«. Natürlich wurde mit all diesen Hunden gezüchtet. Noch im Jahre 1955 schrieb Wilfried Brandon, daß wenn man Ahnentafeln über sechs Hundegenerationen studierte, man immer noch direkte Nachkömmlinge dieser berühmten englischen Hunde antreffe. Brandon behauptete, daß »der Staffordshire Terrier oder American Bull Terrier, wie man ihn heute kenne, die amerikanische Abwandlung des Staffordshire Bull Terrier aus England ist; obgleich seine äußere Erscheinung vom englischen Hund heute etwas abweicht, so hat er doch alle die Elemente erhalten, die ihn ursprünglich zum ›Pit Dog‹ machten – unauslöschlichen Mut, Hartnäckigkeit und Geschicklichkeit, dazu Intelligenz . . . Die Rasse hat sich in diesem Land gerade nur so viel anders entwickelt, daß sie es – wie ich sagen möchte – verdient, einen amerikanischen Namen zu tragen.«

Möglicherweise spielten die Einwanderer, die ihre Hunde für praktischere Zwecke einsetzten, keine Hundekämpfe mit sorgfältig spezifierten Gewichtsklassen anstrebten, die Hauptrolle dafür, daß der amerikanische Stafford in seiner Größe sich mehr und mehr von den originalen englischen und irischen Importen unterschied. Schon ab den ersten Tagen der Kolonisation spielten Stafs auf amerikanischen Farmen eine eigene Rolle, sie beschützten die Kinder und Ansiedlungen der ersten Pioniere. Eine ihrer Hauptaufgaben war der Schutz »ihrer« auf der Farm lebenden Tiere, so lieferten Stafs in der Verteidigung gegen Eindringlinge wahre Schlachten, angefangen mit Schlangen, über Ratten bis zu Bären. Zusätzlich halfen sie ihrem Herrn, die Herden zu hüten. Die allgemeine Annahme geht dahin, daß dieser frühe Einsatz der Hunde auf Farmen der Hauptfaktor ist, weshalb man mehr auf Größe züchtete. Zweifellos entdeckten die Siedler, daß ein etwas größerer Hund unter Wahrung aller geistigen und körperlichen Eigenschaften bessere Chancen gegen angreifende Wölfe und Kojoten hatte. Dementsprechend wählten sie für die Zucht immer größere Partner.

Die Besitzer der Kampfhunde (fighting dogs) dagegen achteten weiterhin sorgfältig auf die Abstammung all ihrer Zuchthunde. Obgleich sie diese über viele Generationen sorgfältig aufgezeichnet hatten – entweder in ihren Köpfen oder in privaten Unterlagen – begannen viele von ihnen ihre Hunde vom United Kennel Club in Michigan eintragen zu lassen, wo sie ab 1898 als »American (Pit) Bull Terrier« geführt wurden.

Der Pit Bull erfreute sich kurz vor und während dem Ersten Weltkrieg in den Vereinigten Staaten größten Respekts und Liebe, wurde als eine Art Nationalhund angesehen. Praktisch brachte jede Ausgabe des Magazins »Life« Cartoons, häufig mit wirtschaftlichem oder politischem Hintergrund, auf denen Bull-and-Terrier-Hunde die Hauptakteure waren. So gab es einen verletzten und verbundenen Pit Bull mit der Unterschrift »Der Morgen danach«. Ein anderer war mit spitzem Hutmodell und eleganter Krawatte bekleidet, die Unterschrift lautete »Nach sechs«. Beide Titelbilder von Life waren von Will Rannells gezeichnet, erschienen am 4. Februar 1915 beziehungsweise am 24. März 1917. Während des Krieges wurde ein Pit Bull namens »Stubby« zum »Sergeant« ernannt, er wurde in vielen offiziellen Verlautbarungen erwähnt, man sah in ihm während des Krieges den herausragenden Hund! Er erhielt Auszeichnungen für seine Warnung vor einem Gasangriff und dafür, daß er einen deutschen Spion in Chemin des Dames in Schach hielt, bis die US-Truppen kamen. Ein Poster aus dem Ersten Weltkrieg, auf dem die Vereinigten Streitkräfte jeweils durch den Nationalhund ihres Landes repräsentiert wurden, enthielt als den Soldat der United States einen »American Bull Terrier«.

Ende des Ersten Weltkriegs war der Pit Bull in den United States ein außerordentlich populärer Hund. Man kannte ihn unter vielen verschiedenen Namen, je nachdem, wofür man ihn gebrauchte, in welchem Teil des Landes er lebte. Amerikaner, die diese Hunde als Familienhunde, Wachhunde und Farmarbeiter hielten, wußten sehr wenig über Kampfhunde.

Die Hundekämpfer wiederum züchteten weiter für ihre Zwecke, taten alles, die Tiere stark und »game« zu halten, machten präzise Aufzeichnungen über ihr Zuchtgeschehen. Schließlich wurde 1921 ein eigener Zuchtclub gegründet. Der »American Bull Terrier Club of Clay Center, Kansas« legte unter dem Vorsitz von F. L. Dunable einen eigenen Rassestandard nieder, Teile davon findet man noch im heutigen Rassestandard.

1936 BIS HEUTE

Für diesen Zeitabschnitt sind wir nicht mehr auf Geschichtsforschungen, kombiniert mit Vermutungen angewiesen, dies aus zwei Gründen: Als der American Kennel Club 1936 die Rasse anerkannte, wurden von da an alle wichtigen Ereignisse veröffentlicht, seither gibt es eigene Zucht- und Ausstellungsstatistiken. Zum anderen sind glücklicherweise noch einige Gründungsmitglieder des Staffordshire Terrier Club of America immer noch aktiv, teilen großzügig ihr detailliertes Wissen mit den heutigen Fans.

Alle diese Details, Einzelberichte über Menschen und Hunde, welche die Rassegeschichte ausmachen, sind im nächsten Kapitel aufgezeichnet. Der Rest dieses Kapitels setzt die chronologischen Aufzeichnungen fort.

Der Staffordshire Terrier Club of America wurde auf der Morris und Essex Kennel Club Show in Madison, New Jersey am 23. Mai 1936 gegründet. Wie in der American Kennel Gazette vom 1. Juni 1936 veröffentlicht, wurde die Rasse am 9. Juni 1936 anerkannt, der Rassestandard angenommen. Wilfried T. Brandon wurde zum ersten Präsidenten des STCA gewählt.

Erstmalig erscheint die Rasse in Band 53 des American Kennel Club Stud-Book, in der Ausgabe vom 1. August 1936. Im ersten Monat wurden ein Dutzend Stafs eingetragen. Der erste Name auf der Liste war die Hündin »Farmer's Snuggles Up«, eine rotweiße Hündin im Besitz von Wilfred T. Brandon, gezüchtet von W. P. Farmer. Die niedrigste Eintragsnummer, damit der tatsächlich als erstes eingetragene Staf, war »Wheeler's Black Dinah«, AKC A-86-066, gezüchtet von Mrs. Edna Flickinger im Besitz von J. Maurice Wheeler. Sie wurde als rein schwarz eingetragen, war am 30. Mai 1931 geworfen (V: Garm D – M: Topsy W). Der dritte eingetragene Staf, gleichzeitig der erste eingetragene Rüde, war »Tabasco Dan«, ein braun gestromter Hund mit weißer Brust und Zehen, geworfen 8. Juni 1928. Er stand im Besitz von G. B. Claycomb, wurde von D. Landram gezüchtet. Unter dem ersten Dutzend war noch ein erwähntenswerter Hund, nämlich »X-Pert Black Shine«, ein schwarzer Hund mit weißen Abzeichen, aus der Zucht und im Besitz von Clifford Ormsby.

Die neue Ausgabe des AKC Stud-Books vom 1. September 1936 enthielt 17 weitere Stafs. Zu dieser Gruppe gehörte Mickey Do, ein früher Champion mit uncoupierten Ohren im Besitz von Mr. und Mrs. John McCabe. Die Oktober-Ausgabe bringt ein weiteres Dutzend, die November-Ausgabe zusätzlich elf, einschließlich der Eintragung von Pete (D), geworfen am 6. September 1929 (A-102-929), Besitzer Harry Lucenay, Züchter A. A. Keller aus Kalifornien. Pete war ein gestromter Hund mit weißen Abzeichen (V: Black Jack – M: Keller's Peggy O'Neil). Black Jack wiederum stammte aus Bruce's Battle Jr. – seine Mutter war Kinkades Breezie. Peggy stammte aus Buddy Boy II, ihre Mutter war Keller's Mitzi. Dies war der berühmte Hund »Pete«, vierbeiniger Schauspieler auf der Bühne und im Film in den lustigen Serien »Little Rascals« und »Our Gang«. Sein beim U.K.C. eingetragener Name lautete »Lucenay's Peter«.

Nach November 1936 steigerten sich die Eintragungen langsam. Im Dezember waren es nur drei, das Jahr 1937 sah weitere 44 Stafs, die den Rang eines beim AKC eingetragenen Rassehundes erwarben.

Die Ausstellungslaufbahn des Staffordshire Terrier hatte einen langsamen Start. Der erste Staf, der auf einer AKC-Veranstaltung gezeigt wurde, war Doyle's Shiner im Besitz von C. J. Doyle. Er wurde erstmalig auf der Northbrook Kennel Club Show in Illionois am 30. August 1936 vorgestellt, der Richter war G. V. Glebe. Da er der einzige gemeldete Staf war, gewann er in der Novice Class einen ersten Platz, dabei wurden aber die »Winners« und »Best of Breed-Ribbons« einbehalten.

In der folgenden Woche wurde in Birmingham, Michigan Maher's Captain D im Besitz von F. T. Maher ausgestellt. Wiederum war nur ein Staf gemeldet, er wurde damit der erste »Best of Breed Winner« von den Stafs. Genau eine weitere Woche später wurde in Alameda, Kalifornien, Neal's PR Frisco Peggy ausgestellt, im Besitz von S. P. Neal, diese Hündin war die erste Staf-Hündin, die Best of Breed erreichte, auch sie war allein gemeldet.

Der erste Staf, der einen Championatspunkt gewann, war die Hündin McCabe's Guilda, im Besitz von J. B. McCabe. Ihr Gewinn von Best of Breed am 2. Oktober 1936 in Devon, Pennsylvania, brachte ihr einen Punkt.

Auf der Ausstellung in Clarksdale, Mississippi, am 9. Oktober 1936 gewannen Stafs ihre ersten Punkte auf einer größeren Ausstellung (Majors). Sieger bei den Rüden mit drei Punkten war A. D. DeVault's Bingo. Die Hündin Lady Dodson, im Besitz von I. D. Dodson, gewann das Band für die Rassebeste aus der Novice Bitch Klasse, ihr wurden drei Championatspunkte zugesprochen.

Schon vor Ende 1937 hatte die Rasse einige Champions. Der erste war Maher's Captain D, im Besitz von Frank Maher aus Owosso, Michigan. Der zweite Champion, gleichzeitig erste Hündin mit Championstitel, war McCabe's Guilda, im Besitz von Mr. und Mrs. John McCabe aus Wallkill, New York.

Die erste eigene Clubschau (National Specialty of the Staffordshire Terrier Club of America) wurde auf der Morris und Essex Show in New Jersey am 29. Mai 1937 veranstaltet. Gemeldet wurden drei Rüden und drei Hündinnen. Siegender Rüde und Best of Breed war Bassett's Black Beans im Besitz von Captain Charles K. Bassett. Beste Hündin und Best of Opposite Sex war McCabe's Guilda.

Die im März 1938 erschienene »American Kennel Gazette« war die erste Ausgabe, die ein Foto eines Stafs zeigte. Ein Artikel mit der Überschrift »Westminster« von Arthur Frederick Jones enthielt auch ein Foto des Staffordshire Micky Do, im Besitz der Sherwall Kennels of Wallkill, New York, dieser Rüde war Best of Breed geworden. Das Titelbild der Gazette vom November 1943 zeigte einen amerikanischen Soldaten, der knieend einen Staffordshire Terrier im Arm hielt. Zu diesem Foto von Wilson Millar gab es keine Titelgeschichte.

Der junge Zuchtclub erweckte 1940 und 1941 durch die Veröffentlichung von Jahrbüchern neues Interesse.

Unglücklicherweise führte der Zweite Weltkrieg dazu, Ausstellungen und Veröffentlichungen zu reduzieren. Obwohl Ende des Krieges viele Stafs auf Ausstellungen gezeigt wurden, gab es bis zum Jahre 1977 keine eigenen Jahrbücher mehr.

Der Februar 1941 brachte ein weiteres erstes Ereignis für den Staffordshire Terrier. In der »American Kennel Gazette« wurde Mrs. Robert S. Emerson aus New York City als erster ständiger Redakteur für die Rasse mit ihrem ersten Artikel vorgestellt. Bis zum April 1942 folgten monatliche Beiträge, danach wurde Wilfred T. Brandon neuer Rassekorrespondent.

1941 gab es noch weitere Erstereignisse: Bestes Paar (Brace) der Ausstellung – erzielt auf der Nebraska Kennel Club Show durch Mugger Mischief und Mugger Again im Besitz von Mrs. Wishart; Duke of Hellrau, C.D.X., im Besitz und ausgebildet von Helmuth Rauhaus, errang den ersten Leistungstitel; Harry Vickers, zehn Jahre alt, gewann bei einem Wettbewerb von 20 Kindern im Junior Showmanship mit seinem Staf Lady Patsy in Atlantik City, New Jersey, den ersten Platz. Wurfbruder und Wurfschwester von Lady Patsy gewannen 1941 die National Specialty. Rassebester war Ch. Mr. Murphy, Best of Opposite Sex Bo's Flashing Fawn aus der Zucht von H. F. Wiswall in Kalifornien.

Nicht alle, die beim AKC in diesen frühen Jahren der Anerkennung der Rasse ihre Welpen eintragen ließen, waren gegen den Hundekampf eingestellt. Tatsächlich konkurrierten in dieser Anfangsperiode der Ausstellungsgeschichte der Rasse einige Hunde, ihre Züchter und Besitzer gleichzeitig auf Hundeausstellungen und Hundekämpfen (pit fights). Corvino's Braddock, 14facher Pit-Gewinner, war der Vater von AKC Ch. Young Joe Braddock. Dieser Rüde stammte aus der Zucht von Joe Corvino, er wurde auf der National Specialty Show 1946 Best of Winners.

Auf der anderen Seite des Atlantiks war es im 19. Jahrhundert immer zweifelhaft, wo der Original-Bulldog endete, der Bull and Terrier begann. In den United Staates Ende des 19., Anfang des 20. Jahrhunderts war es zweifelhaft, wo die englische Version des Bull and Terrier endete, die amerikanische Version begann. Es war auch schwierig, in den 30er und 40er Jahren dieses Jahrhunderts exakt zu entscheiden, wann die Pit Dog-Mentalität in Mißkredit zugunsten besserer, menschlicher und zivilisierter Ziele geriet, die von modernen Züchtern verfolgt wurden.

Nach dem Zweiten Weltkrieg diente Robert Vickers dem STCA als neuer Präsident. Im Jahre 1948 trat er zurück, stellte sich nicht mehr zur Wahl, dritter Präsident wurde William M. Whitaker, der von 1948 bis 1964 dem Club vorstand. Über mehrere Jahre veröffentlichte Mr. Whitacker eigene Clubmitteilungen. In dieser Periode wurden bekannte Hundekämpfer aus dem Club ausgeschlossen, und der Delegierte beim AKC, I. N. Stinson, arbeitete daran, den American Kennel Club zu überzeugen, das Zuchtregister für eingetragene Hunde zu eröffnen.

Mitte der 60er Jahre bis 1970 war Howard Hadley neuer Präsident. Er unterstrich die Bedeutung, den Staf als gesunden, funktionalen Arbeitshund mit mutigem, aber verläßlichen Wesen zu erhalten.

Als 1971 Mr. E. C. Ringold zum Präsidenten gewählt wurde, gab es viel regionale oder lokale Stafford Clubs, die in den jeweiligen Gebieten die Rasse betreuten. Aufgabe dieser Lokalclubs ist Teilnahme an örtlichen Veranstaltungen, Hilfe für neue Liebhaber der Rasse, Abhaltung von eigenen Wettbewerben für Welpen und Junghunde, die noch keine Championatspunkte gewonnen haben, Unterstützung örtlicher allgemeiner Hundeausstellungen durch Bereitstellung von Spezialtrophäen.

Im Jahre 1974 verlangte der American Kennel Club, daß »American« als Vorwort dem Namen des Staffordshire Terrier zugefügt werden sollte. Damit wollte man Verwechslungen mit der neu anerkannten Rasse, dem Staffordshire Bull Terrier vermeiden.

Dr. H. Richard Pascoe aus Forney, Texas, Besitzer der White Rock Kennels – bekannt für seine in Anatomie wie Leistung gute Hunde – wurde 1977 der sechste Präsident des STCA. Pascoe's Buch »The American Staffordshire Terrier«, 1977 veröffentlicht, enthielt alle Titelhalter zwischen 1975 und 1976 in Schönheit wie Unterordnung (obedience). Dieses Buch wurde zum Modell der Jahrbücher, die der STCA nach einer Pause von 36 Jahren seit der letzten Ausgabe, erstmals wieder veröffentlichte. Der STCA nahm auch die Veröffentlichung von Mitgliederinformationen durch seine Clubsekretärin Jacqueline Fraser wieder auf, die als Herausgeber arbeitete.

Für seine Artikel in den Newsletters gewann Dr. Pascoe von der »Dog Writer's Association of America« zwei Preise, auch Mrs. Fraser wurden zwei zuerkannt. Beides gab den neuen Veröffentlichungen einen würdigen Prestigestart. Die heutigen Newsletter werden von Carolyn Brown aus Chicago, Illinois, herausgegeben, als Assistent hilft ihr Karen Steffens.

Im Jahre 1983 wurde Charles Lloyd aus Atlanta, Georgia, ein allgemein bekannter und außerordentlich erfolgreicher Züchter, dessen Linie aus den Dogwood Kennels unter dem Zwingernamen »Gallant« bekannt wurde, zum siebten Präsident des STCA gewählt. Er wie Dr. Pascone haben dem Clubgeschehen häufig aktiv geholfen, sie reisten als Richter zu Ausstellungen und Unterordnungsprüfungen, die von den Regionalclubs abgehalten wurden, ebenso zu den National Specialities.

Anfang der 1980er Jahre hatte der STCA im gesamten Land nahezu 300 Mitglieder. Hinzu kamen die regionalen und lokalen Clubs, die in Kentucky, Kalifornien, Illionois, Pennsylvania, Texas und Georgia wirken. Die bisher größte National Speciality Ausstellung fand im Jahre 1987 in Chicago, Illinois, statt, sie hatte eine Meldezahl von 184 Stafs, 63 davon traten in Wettbewerb um den Titel Best of Breed. Meist werden Unterordnungswettbewerbe gemeinsam mit Spezialausstellungen abgehalten; dem am höchsten auf Obedience Wettbewerben bewerteten Staf winkt die Sertoma Challenge Trophy, die von Dr. I. Lehr Brisbin Jr. zu Ehren von Theo Raborn's Sertoma Kennels gestiftet wurde. Auf einigen Spezialausstellungen werden seit 1980 Wettbewerbe im Gewichtsziehen abgehalten. Seit Anfang der 80er Jahre vergeht kaum ein Wochenende, ohne daß sich einige Stafs irgendwo auf AKC-Ausstellungen für alle Hunderassen in der Terrier Group einen ehrenhaften Platz sichern.

Im Jahre 1988 wurde der Name des früheren Staffordshire Terrier Club of America (STCA) in »American Staffordshire Terrier Club« (ASTC) umgewandelt. Ein Vergleich heutiger Gewinner mit Siegern früherer Ausstellungen zeigt keine wesentlichen Unterschiede. Seit seiner Festlegung 1936 blieb der Rassestandard unverändert. Es ist wahr, über die Jahre gab es eine Reihe vorübergehender Modeerscheinungen – am bemerkenswertesten waren die übermäßig großen, manchmal völlig übergewichtigen Tiere, die auf Ausstellungen vorgestellt wurden. Die Hunde scheinen heute im allgemeinen etwas größer als zum Zeitpunkt, als der Standard geschrieben wurde, aber nicht so viel, daß ein Hund in den Standardmaßen zu klein wirkte. Die Züchter scheinen rechtzeitig die Zeichen zu erkennen, die ein Tier aufweist, das seine Behendigkeit, seinen federnden Gang verloren hat. Sie versuchen dann, diesen Fehler in der nächsten Generation wieder auszumerzen.

Der American Staffordshire Terrier, dessen Vorfahren einmal gezüchtet wurden, um sich an den meisten Formen der »Blood Sports« zu beteiligen, ging aus diesem Fegefeuer körperlich und wesensmäßig gestärkt hervor. Heute übernimmt er seinen Platz als natürlicher Wächter der Wohnung, Beschützer und Spielgefährte der Kinder. Sicherlich verdankt der Staf Anatomie und Wesen seiner Entstehungsgeschichte. Lange nach der Zeit der durch Fitnes und Anpassungsfähigkeit bestimmten Haustierwerdung der Wildhunde, überlebten die Vorfahren des Stafs nur dank Kraft, Intelligenz und Mut. Dies ist mit Ursache dafür, daß der Stafford ein funktioneller Hund blieb, mehr als nur ein Ausstellungshund. Seine einzigartige Tapferkeit zeigte sich früher an Amerikas Grenzen, heute beweist sie der Hund täglich bei seiner Arbeit auf Farmen, bei Schutzhundwettbewerben und als Familienhund auch zu Hause.

Neue Besitzer des American Staffordshire Terrier schätzen die angeborenen Fähigkeiten dieses loyalen, verspielten Lebensgefährten, mit dem sie Leben und Wohnung teilen.

Oben: X-Pert Black Ace II, Vater der Wurfgeschwister Ch. X-Pert Brindle Biff und Ch. X-Pert Buddy of Louisville.

Unten: Ch. William Paddy Boy gewann 1948 die National Specialty. Stammrüde der Sharevalpad Kennels. Züchter: Howard Hadley, Besitzer: Al Williams.

Oben: Ch. Gallant Kimbo, er gewann nur Stunden nach dem Sieg auf der National Specialty 1962 seine erste Terrier Group.

Unten: Ch. Tacoma Cherokee Rose. Züchter und Besitzer: I.N.: Stinson.

Oben: Ch. X-Pert Brindle Biff mit seinem Welpen.

Oben: Ormsby's Madge, 1930. Stammhündin der X-Pert Familie.

Oben: Ch. Ruffian Headlight Hal. Stammrüde des Har-Wyn Zwingers. Besitzer: Peggy Harper, Züchter: Clayton Harriman.

Unten: Links: X-Pert Pedro Escopeto, vorgeführt von Dr. Carroll Roll. Rechts: X-Pert Mike.

Oben: Peggy Harper und Charles Doyle, 1960.

Oben: Gladys Smith, Sekretärin und Schatzmeister des STCA in den 60er und 70er Jahren.

Oben: Mr. Wilfred Truman Brandon.

Oben: Clifford und Alberta Ormsby, 1979.

Oben: Portrait von Jean Stinson und Ch. Gallant Ruff's Susie Q.

Unten: Mr. William M. Whitaker.

Unten: Mr. Wilfred Truman Brandon.

Oben: Ch. Wiltrubran's Tough Guy.
Besitzer: Brandon.

Oben: Ch. X-Pert Black Susie, 1970.
Besitzer: Richard und Sara Nugent.

Unten: Ch. Ruffian Harper of Har-Wyn.

Unten: Ch. Sky King of Har-Wyn. Gewinner der 1963er National Specialty.

Unten: Ch. X-Pert Pedro Escopeta. Gewinner 1957 National Specialty und Gewinner Westminster Best of Breed.

Gründer und Förderer der Rasse in der Vergangenheit

Die moderne Geschichte des American Staffordshire Terrier ist die Geschichte von Visionären, von Menschen mit Fantasie, Wissen und Fähigkeiten, die im festen Glauben handelten, daß ihr Beitrag etwas verändern werde.

Großartige Hunde werden nicht geboren, nur die Anlage zu Großem kann in einem Einzeltier stecken. Das menschliche Erfassen ist notwendig, um züchterisches Potential zu erkennen und zu fördern. Die nachfolgenden Kapitel werden »strainis«, »lines« oder »families« von Hunden behandeln. Obwohl solche Linien schon im American (Pit) Bull Terrier vor 1936 bestanden, waren es die »Architekten« auf den folgenden Seiten, welche die Rasse standardisierten, modernisierten und verbesserten. Durch sie entstand die Verschmelzung herausragender Zucht- und Ausstellungstiere. Dieses Erbe bewahren die heutigen Züchter stolz und versuchen, es laufend weiter zu verbessern.

Schon in den vorangegangenen Kapiteln wurde auf die nachfolgenden Seiten verwiesen, sie enthalten Einzelheiten über wichtige Ereignisse, die voll den »Bewegern« (movers) zugeschrieben werden können, welche die Rasse zu ihrer heutigen Blüte führten. Aufopfernde – oft sehr zeitraubende Arbeit für Club und Schriften war notwendig, so daß die von den »Aufbauenden« (builders) erreichten Vorzüge zum Nutzen künftiger Generationen erhalten werden konnten. Die »Beweger« waren die Arbeiter im Club, welche die Rasse aus ihrer düsteren Vergangenheit zu Ausstellungs- und Familienhunden machten, die allgemein geschätzt, vom AKC anerkannt wurden. Die »Beweger« nutzten ihre Gaben als Schriftsteller, Organisatoren und Sprecher, um Neulinge zu erziehen, Interesse an diesen Hunden zu wecken, so daß es immer neue Züchter mit Wissen, Können und Interesse gab, die Arbeit fortzusetzen.

Einige Persönlichkeiten arbeiteten sowohl als »Aufbauende« wie als »Beweger«, und einige davon, welche die Vergangenheit geformt haben, arbeiten noch heute im Ursprungsclub, züchten aktiv und stellen ihre Hunde aus.

WILFRED TRUMAN BRANDON

W. T. »Bill« Brandon kann sich überhaupt nicht erinnern, wann sich seine Aufmerksamkeit erstmals auf den Pit Bull Terrier konzentrierte. Er wuchs auf einer Farm in Texas auf, für ihn gehörte es einfach zu seinem Leben, daß auf dem Familienbesitz ringsum die Farm seines Vaters Pit Bulls, Hounds und andere Hunde liefen. Soweit er sich überhaupt zurückerinnern kann, besaß er immer einen eigenen Pit Bull. »Old Alexander«, der erste Hund, an den er sich deutlich erinnert, half ihm beim Laufenlernen. Bill Brandon's Vater war am Hundekampf nicht interessiert, aber er war stolz auf seinen Colby, auf Shipley und die anderen Farmhunde. Er war davon überzeugt, daß ein Pit Bull der beste Gefährte eines Kindes sei, manchmal züchtete er einen Wurf, weil es einfach Spaß machte, die Welpen aufzuziehen. Bill Brandon erinnert sich nur an wenige Raufereien zwischen den Pit Bulls und anderen Hunden auf der Farm. Es gab eine Rangordnung, die Pit Bulls standen an der Spitze der Hierarchie.

1920 wurde Bill mit Hundeausstellungen vertraut, besuchte diese, wann immer er konnte. Hieraus erwuchs der natürliche Wunsch, selbst in Wettbewerb zu treten. Da damals seine Lieblingsrasse beim American Kennel Club nicht anerkannt war, kaufte er weiße Bull Terrier, brachte sie auf Ausstellungen und züchtete mit ihnen. Er hatte viel Freude an dieser Rasse und bewunderte sie, sie konnten aber den Platz seiner Kindheitsfavoriten – der Pit Bulls – nicht einnehmen.

Inzwischen wurde beim American Kennel Club der Antrag gestellt, den »American (Pit) Bull Terrier« anzuerkennen. Der AKC wollte jedoch keine Rasse eintragen mit »Pit« im Namen, war auch der Auffassung, »American Bull Terrier« läge begrifflich zu nahe am Namen des bereits anerkannten »Bull Terrier«. Anfang der 30er Jahre schenkte Captain Will Judy, Begründer und Herausgeber der »Dog World«, dieser Rasse seine Aufmerksamkeit, räumte ihr Platz in seinem Magazin ein. Demzufolge zeichneten sich Chancen einer offiziellen Anerkennung ab.

Als die Dinge so hoffnungsvoll aussahen, traf Bill Brandon alle Vorkehrungen, um die Möglichkeiten einer Eintragung zu nutzen. Als erstes stand der Aufbau eines eigenen Rassestandards auf der Tagesordnung. Brandon studierte die Standards anderer Hunderassen, tauschte seine Ideen mit Jack Barnard und Joseph Dunn in England aus, die sich um Anerkennung des Staffordshire Bull Terriers in ihrem Lande bemühten. Bill Brandon nutzte alle Informationen, insbesondere aber sein geistiges Bild der besten Pit Bulls, die er je gesehen hatte, und er entwarf den Rassestandard, der bis zum heutigen Tag Gültigkeit hat.

Brandon sah die Entscheidung des englischen Kennel Clubs als große Hilfe für sein Anliegen an, der 1935 den Staffordshire Bull Terrier anerkannte. Sein nächster Schritt war jetzt die Gründung eines eigenen Rasseclubs. Mr. Brandon verbrachte viele Stunden mit Schreiben von Briefen an andere interessierte Züchter, schließlich wurde für den 23. Mai 1936 am Rande der Morris and Essex Dog Show ein Treffen einberufen. An diesem Tag fand das erste offizielle Treffen des »Staffordshire Terrier Club of America (STCA)« statt. Auf dieser Veranstaltung wurde der Standard angenommen, eine Resolution verfaßt, mit welcher der American Kennel Club um Anerkennung der Rasse unter dem Namen »Staffordshire Terrier« gebeten wurde. Am 9. Juni 1936 erhielt der Gründungsclub die Nachricht, daß der AKC seiner Bitte nachkam, die Rasse anerkannte. Mr. W. T. Brandon wurde zum ersten Präsident des Staffordshire Terrier Club of America gewählt. Nationaler Clubsekretär und Schatzmeister war J. Maurice Wheeler, es gab eine Anzahl Vizepräsidenten in den verschiedenen Regionen, die all die Arbeit mit der Bestätigung von AKC-Eintragungsanträgen in ihren Gebieten leisteten. Besonders erwähnenswert unter diesen Vizepräsidenten waren Clifford Ormsby aus den Oststaaten und John F. Colby aus dem Nordosten.

Um einen Pit Bull als Staffordshire Terrier einzutragen, mußte der Hundebesitzer ein Formular ausfüllen und einsenden, Abstammungsnachweis und Eintragungsgebühr beifügen, dies alles ging an Mr. Brandon, Mr. Wheeler oder einen

Oben: Ch. Ruffian Walkaway.

Oben: Ch. Sligo McCarthy und Ch. X-Pert Lady Charo mit Cliff Ormsby und Enkelkindern.

Unten: Ch. X-Pert Buddy of Louisville, 1948.

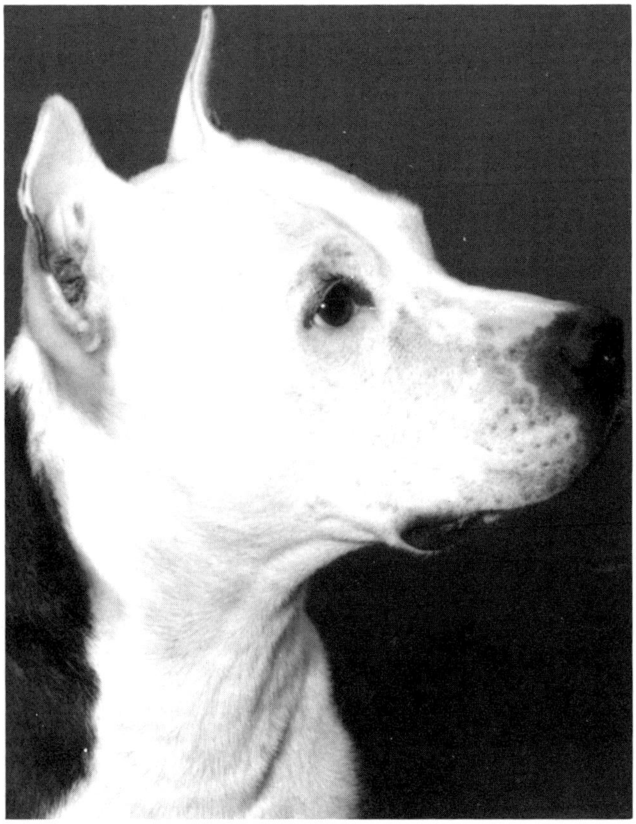

Unten: Ch. Ruffian Hercules of Har-Wyn.

der Vizepräsidenten. Wurde der Hund oder der Wurf vom Club anerkannt, wurden diese Unterlagen an den American Kennel Club weitergeleitet.

Wilfred T. Brandon, Gründer des Staffordshire Terrier Club of America, diente über zehn Jahre als Präsident, war der erste Delegierte der Rasse beim American Kennel Club und war der zweite Korrespondent für die AKC Gazette. Er war ein guter Korrespondent, seine Artikel halfen, daß die neu anerkannte Rasse in der Öffentlichkeit verstanden und akzeptiert wurde. Er schrieb auch für das Jahrbuch 1979 des Staffordshire Terrier Club of America Artikel, führte in diesem Jahr auf der nationalen Clubsiegerausstellung eine Präsentation durch. Cliff Ormsby faßte den Beitrag von Bill Brandon zur Rasse in seinem Artikel im Jahrbuch 1979 so zusammen: »Having fun at the AKC dog shows? Thank Mr. Brandon!« (Haben Sie Freude an den AKC Hundeausstellungen? Bedanken Sie sich bei Mr. Brandon!)

CLIFFORD UND ALBERTA ORMSBY

Cliff und Alberta Ormsby, die Besitzer der X-Pert Kennels in Hornell, New York, züchteten bereits seit 1930 Stafs und sind die einzigen Gründungsmitglieder des Staffordshire Terrier Club of America, die auch heute noch aktiv züchten und ausstellen. Als junger Mann hatte Cliff reinrassige Hühner gezüchtet und ausgestellt, dadurch entstand sein Interesse an einer Verbesserung von Tieren durch geplante Zucht. Er und Alberta erwarben 1929 Molly, ihren ersten Pit Bull und verliebten sich sofort in sie wegen ihres Wesens. Äußerlich war sie ein armseliges Tier, gerade das weckte ihr Interesse, die Rasse zu verbessern. Molly wurde kastriert und als Familienhund gehalten.

1930 kauften die Ormsbys Ormsby's Madge, für diese Zeit ein sehr schönes Exemplar. Madge stammte aus einer Paarung von Bennett's Mack (auch als Corrington's Mack-C bekannt) mit Bennett's Queen. Eine Paarung von Madge mit Windes Pat Colby (Moore's Major Colby – Moore's Peggy) brachte X-Pert Black Lady, die Stammutter der X-Pert Familie. Black Lady war die Mutter von X-Pert Black Ace, X-Pert Duchess und X-Pert Black Daisy – die zwei Großmütter und einer der Großväter des außerordentlichen hoch eingeschätzten Ch. X-Pert Brindle Biff, der 1946 geboren wurde. Dessen zweiter Großvater war der in Kalifornien gezüchtete Buddy of Elliot (Harris' Prince of Felton – Harris' Princess of Felton).

Biff war von Colonel Henry Schuhmann aus Louisville, Kentucky, gezüchtet. Schuhmann züchtete bereits Ausgang des 19. Jahrhunderts Pit Bulls, hatte aber bei einer Flutkatastrophe 1935 alle seine Tiere verloren. Er wechselte durch den Kauf von X-Pert Black Daisy zu den Ormsbys über und benutzte von da an gemeinsam mit ihnen den X-Pert Zwingernamen. Biff gehörte den Ormsbys, er war Vater von 13 Champions – ein Rasserekord, der erst in den 70er Jahren gebrochen wurde.

Der X-Pert Kennel errang auf der National Specialty in Columbus, Ohio, 1949 einen Rekord, der bisher unübertroffen ist. Captain Will Judy schrieb: »C. A. Ormsby . . . sollte mit den Ergebnissen seiner X-Pert Hunde zufrieden sein. Er errang alle fünf Spitzenplätze, ein Rekord, den kein anderer Züchter irgendeiner Spezialzuchtschau in Amerika bisher erreicht hat.« Ch. X-Pert Brindle Biff, Best of Breed Winner, plazierte sich dann auch noch in der Terrier Gruppe.

Andere X-Pert Hunde unter den Vorfahren unserer modernen Hunde sind: Int. Ch. Topsy's Ghost, ein Gruppensieger mit einer Vielzahl von Gruppenplazierungen, im Besitz von Dr. Carroll Roll aus Louisville, Kentucky; Ch. X-Pert Topsy II aus der Paarung Topsy's Ghost – Ch. X-Pert Buddy of Louisville (Wurfbrunder von Ch. X-Pert Brindle Biff); Int. Ch. X-Pert Blossom Queen, im Besitz von Roll und gezüchtet von Schuhmann; die Großmutter von Ch. X-Pert Pedro Escopeta, die im Besitz von Dr. Roll 1957 National Specialty und Westminister gewann. Die X-Pert Hunde beherrschen die Ahnenreihen vieler guter Zwinger, früher wie heute, darunter Roll's, Mari-Don, X-Caliber, Bar-Way, Our Gang, King's, Fraja und Fraja Eeast Coast. Sie spielen eine Hauptrolle in den Zwingern Rip Rock, Sooner's Rhody, Paragon, Chikako, Sindelar's, Lucas' und Metcalf's. Die X-Pert Hunde beeinflußten vorherrschend die Ruffian Har-Wyn Hunde von Peggy Harper durch X-Pert Rowdy Rascal, den Vater des mehrfachen Gewinners der National Specialty Ch. Sky King of Har-Wyn.

Viele moderne X-Pert Hunde sind über X-Pert Black Susie durch den Tacoma Zwinger beeinflußt. Während die Hunde des Roll-Zwingers ohne Tacoma-Blut sind, haben einige von ihnen durch Chamaca De X-Pert (halb von Ruffian abstammend) einen leichten Ruffian-Einschlag. Corvino-Einfluß kommt von Delilah, die zur Hälfte auf Corvino zuruckgeht. Beide Zwinger, Chamaca wie Delilah, erscheinen in der Ahnenreihe des in den 70er Jahren außerordentlich populären Zuchtrüden Ch. Mari-Don Polly's Black Beau im Besitz von Don Humes.

Durch planmäßige Zucht auf den Rassestandard und Ignorieren vorübergehender Moden züchten die Ormsbys über mehr als 50 Jahre Siegerhunde. Auf der prestigereichen Westminster Kennel Club Show haben X-Pert Hunde vielfach Best of Breed gewonnen. Noch vor kurzem – 1983 – gewann der von ihnen gemeldete Ch. X-Pert Sligo's Tony gegen schwere Konkurrenz. Tony's Vater Ch. Sligo McCarthy – ein X-Pert Hund im Besitz von Al Amisano – war einer der Zuchtrüden, die eine Vielzahl von Champions wie auch Sieger in Leistungsprüfungen brachte. Die Sligo Tochter Ch. Revol-Te Remercie Fraja, U. D. ist die erfolgreichste Hündin der Rasse im Gewichtsziehen.

Cliff hat dem Staffordshire Terrier Club of America als Mitglied des Vorstands wie als Vize-Präsident gedient, während Alberta, eine vorzügliche Vorführerin von Hunden, durch den AKC lizenziert ist, Stafs wie Boxer zu richten und bisher unsere einzige Züchterin ist, die gleichzeitig richtet. Alberta's Sinn für Humor hat viele unsere Spezialbankette belebt, sie ist aufgrund ihrer Bereitschaft, Neulingen zu helfen und aufgrund ihres ausgezeichneten Auges für einen »guten Hund« hoch geachtet. Cliff schreibt häufig Artikel in den STCA Newsletter, schrieb oft für Dog World und verfaßte auch ein Buch über die Rasse »The Staffordshire Terrier«, das 1956 herauskam.

Als Nachdruck ist es noch immer verfügbar, enthält die Ahnenreihen vieler die Zucht begründender Hunde, der verschiedenen Linien.

Aufgrund jahrelanger erfolgreicher Zucht und ihrer Verdienste für den STCA werden Cliff und Alberta Ormsby zu lebenslänglichen Ehrenmitgliedern ernannt.

CLAYTON S. HARRIMAN

Broadway Jones, ein schwarz gestromter Rüde mit weißer Brust, wurde am 28. August 1938 geboren. Er wurde von von F. C. Klump aus Plymouth, Michigan, gezüchtet, stammte aus »PR« Klump's Deuce und »PR« Klump's Black Dina; Broadway Jones wog ausgewachsen etwas unter 60 Pfund (27 kg). Dieser Rüde wurde von Clayton S. Harriman gekauft, er nahm ihn mit sich nach Hause in das Palmetto Hotel in Detroit und ließ ihn beim AKC als »The Ruffian« eintragen. Mr. Harriman besaß auch eine Hündin aus der Paarung Schroeder's Jiggs – Schroeder's Kay, diese war beim UKC als Schroeder's Muggins eingetragen. Mr. Harriman änderte ihren Namen gleichfalls, ließ sie beim AKC als Calamity Anne eintragen. The Ruffian errang sehr schnell sein Championat und baute einen beneidenswerten Ausstellungsrekord auf, er wurde 27 mal ausgestellt und errang 26 mal Best of Breed, 8 Plazierungen in der Terrier Group und wurde 1940 auf den National Specialty Best of Breed. Gepaart mit Calamity Anne Anfang der 40er Jahre brachte er Ch. Ruffian Our Teenie, Ch. Ruffian Scalawag und Ch. Ruffian Headlight Hal. Teenie und Scalawag behielt Mr. Harriman für sich, Scalawag war am ganzen Körper einschließlich Gesicht gestromt, hatte nur auf der Brust weiße Abzeichen; er gewann sein Championat mit Leichtigkeit, zusätzlich viele Plazierungen in der Group. Ch. Ruffian Headlight Hal, ein weißer Rüde mit großen gestromten Flecken ging zunächst an William M. Whitaker in Columbus, Ohio. 1947 wurde er an Mrs. W. D. (Peggy) Harper nach San Antonio, Texas, verkauft und war der erste Staf-Champion in diesem Staat.

Mr. Harriman paarte Ch. Ruffian Our Teenie mit Ch. Martin's Tony (Martin's Tramp – Ch. Tuffie of Detroit), hieraus entstanden Ch. Ruffian Walkaway und die Hündin Ch. Ruffian Dreadnaught. Dreadnaught wurde an Peggy Harper verkauft, eine Paarung von Dreadnaught mit Headlight Hal brachte zwei Hündinnen, die in ihrer Jungend an Staupe erkrankten, aufgrund der Gelbverfärbung ihrer Zähne auf Ausstellungen nicht präsentiert werden konnten. Nichts desto weniger waren gerade diese zwei Hündinnen für die weitere Entwicklung der Ruffian Linie von größter Wichtigkeit. Mr. Whitaker paarte Puddinpie Blue Smoke und Puddinpie Pepperduster mit Int. Ch. Jolly Scamperpuss im Besitz von Clayton Harriman, sie wog 52 Pound (23,5 kg), war gestromt mit weißer Blesse und Brust und war die erste Hündin, welche eine National Specialty gewann. Pepperduster zeugte Ch. Gallant Ruff, der zum Stammvater der Gallant Kennels von Mr. E. C. Ringold werden sollte. Als Mr. Whitaker Scamperpuss mit Gallant Ruff paarte, entstand hieraus 1950 Ch. Jollyscamp Blueguard, ein gestromter Rüde mit weißen Abzeichen. Er war der Vater von vier Champions und brachte seiner Besitzerin Peggy Harper einige vorzügliche Zuchthündinnen.

Clayton S. Harriman und William Whitaker planten und diskutierten eine ganze Reihe von Verbindungen, hatten gemeinsam das Ziel, die Rasse zu verbessern. Die Würfe, die aus ihren Entscheidungen entstanden, bauten die Linie auf, die auch heute noch »Ruffian« genannt wird. Über viele Jahre brachte Peggy Harper Spitzenhunde heraus, indem sie sorgfältige Linienzucht auf das Zuchtmaterial betrieb, das von diesen zwei Männern aufgebaut wurde.

Clayton S. Harriman diente dem Staffordshire Terrier Club of America als einer der Directors und als Sekretär-Schatzmeister. Er war genauso zäh und entschlossen wie seine Hunde, kämpfte gegen seine eigene Erkrankung mit viel Tapferkeit an. Zweimal verließ er das Krankenlager, wollte sich vom Ausstellen und Präsentieren der Hunde, die er liebte, nicht abhalten lassen, besuchte die National Specialties, bei beiden Gelegenheiten brach er auf den Ausstellungen zusammen und landete im Krankenhaus. Bis ihn der Tod 1951 abrief, half er immer wieder Neulingen, arbeitete für das Clubgeschehen und verrichtete viel Schreibarbeit für die Specialty premium lists. Sein Palmetto Hotel war immer ein Ort, wo man sich wohlfühlte, viel Gastfreundschaft fand, wenn sich das Stafford-Volk zu einer Hundeausstellung versammelte.

Die Ruffian Linie, die Clayton Harriman und William Whitaker aufbauten, beherrscht viele hochangesehene moderne Zwinger. Hierzu gehören Gallant, White Rock, Rounder, Tonkawa, Patton, Harber, Diamond, Evergreen, Tara, Chicago, Touch O'Class, Cascade, Rowdy Town und Runan. Auch das Zuchtprogramm der Zwinger Northrock, Fraja, Sierra, Saben, Copeland, Fraja East Coast, Gator und Contender ist durch sie beeinflußt.

WILLIAM M. WHITAKER

Für William M. Whitaker war immer der Aufbau der Ruffian Linie (siehe Bericht über Harriman) ebenso so wichtig wie sein eigener Jollyscamp Zwinger. Mr. Whitaker's informative Artikel und seine hingebende Arbeit für den Staffordshire Terrier Club of America sichern ihm gemeinsam mit seinen züchterischen Leistungen seinen Platz als bemerkenswerter Förderer der Rasse.

Der Zweite Weltkrieg ließ die Anzahl ausgestellter Hunde wie das Interesse am Clubgeschehen steil abfallen. Als 1948 Mr. Whitaker zum STCA-Präsident gewählt wurde, merkte er schnell, daß es seine wichtigste Aufgabe war, das Interesse der Mitglieder neu zu beleben, neue Züchter für die Rasse zu gewinnen, um die Zucht zu erhalten, ihr eine Zukunft aufzubauen. Er war ein profilierter, begabter Schrifsteller, begann damit, das Mitteilungsblatt »Pickups and Scratches« zu veröffentlichen, in dem Stafford-Besitzern quer durch das ganze Land informative Artikel, Ausstellungsergebnisse und die neuesten Nachrichten und Ansichten über die Rasse nahe gebracht wurden. In der »American Kennel Gazette« arbeitete er als Fachmann für die STCA mit, seine guten Artikel in diesem Magazin weckten bei vielen Besitzern anderer Rassehunde das Interesse an Stafs. Veröffentlichte irgendein Magazin einen abwertenden Artikel über Stafs, trat diesem Mr. Whitaker mit einem sofortigen Gegenartikel entgegen, klug geschrieben, mit viel Wissen, an dem es dem Autor des Originalartikels offensichtlich fehlte (um es freundlich auszudrücken).

Während der Amtszeit von Mr. Whitaker als Präsident erging eine wichtige Entscheidung durch den AKC. Hiernach wurden auf Antrag des STCA ausgewählte (Listed) Hunde, die beim United Kennel Club als American Pit Bull Terrier eingetragen waren, durch den AKC registriert.

Mr. Whitaker belebte das Interesse am Clubgeschehen so stark, daß zumindest zwei regionale Vereine (die auch heute noch unter anderem Namen bestehen) während seiner Präsidentschaft gegründet wurden. Der STCA hieß die Stafford-

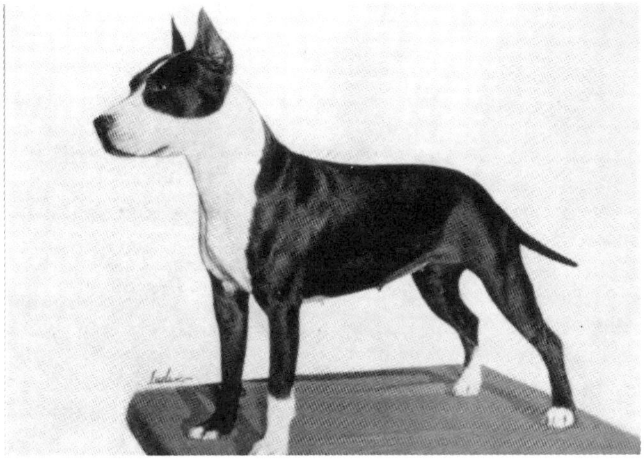

Oben: Ch. Missus Murphy of H. Q. Besitzer: Mr. and Mrs. Dick Doe.

Oben: Ch. Bo's Flashing Fawn. Besitzer: Mr. and Mrs. F. J. Blauvelt.

Oben: Ch. Betts' Clint Frank. Besitzer: A. W. Betts.

Oben: Ch. Brunton's Ace. Besitzer: Mr. and Mrs. T. C. Brunton.

Unten: Happy Go Lucky. Besitzer: Mr. and Mrs. Nap Pelletier.

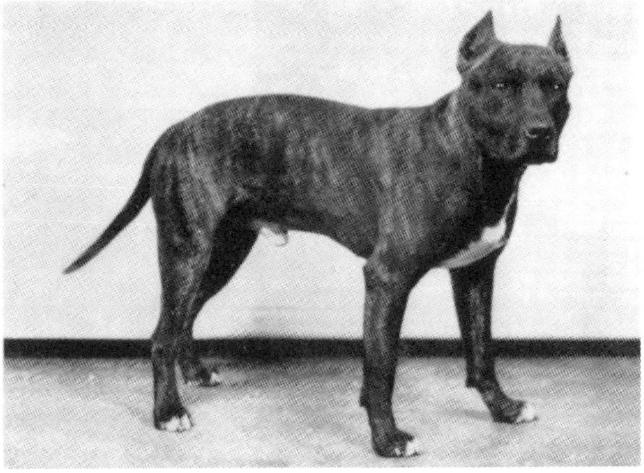

Unten: Ch. Mister Murphy. Besitzer: Mr. and Mrs. Dick Doe.

shire Terrier Breeders Association aus San Diego County und den Rebel Staffordshire Terrier Club, Sitz Atlanta, Georgia willkommen – beide Vereine erhielten im April 1958 ihre Anerkennung als regionale Clubs. Über die 16 Jahre seiner Tätigkeit als STCA-Präsident sicherte Mr. Whitaker durch aktive Führerschaft, Charisma und überzeugenden Schreibstil der Rasse fortschreitende Popularität.

CHARLES DOYLE

In den 20er Jahren gab es in jedem Holzfällerlager einen oder zwei Pit Bull, denn unter den Holzfällern waren Hundekämpfe sehr populär. Zwei Burschen namens Morgan und Smith züchteten Hunde, um die Holzfällerlager rund um Tacoma, Washington mit Hunden zu versorgen. Der Ruf eines jungen Kampfhundes aus dieser Zucht, 1927 geboren, erreichte Al Brown. Er kaufte diesen Zweijährigen und nannte ihn Brown's Tacoma Jack, nach seinem Geburtsort. Brown ließ den Hund viele Male kämpfen, Tacoma Jack verlor nie. Bis zu einem Alter von 13 Jahren wurde er immer wieder gepaart, dann wurden er und einige andere Hunde Browns vergiftet.

Charles Doyle aus Winamac, Indiana, kaufte von Al Brown einen Rüden und eine Hündin, beide von Tacoma Jack, ließ diese Tiere beim AKC als Tacoma Jack's Replica und Ch. Tacoma Jack's Susie eintragen. Doyle besaß andere Hunde, die er von Con Feeley aus Chicago gekauft hatte. Als 1936 der AKC die Eintragungen ermöglichte, ließ er auch diese Hunde registrieren. Charles Doyle benutzte zunächst »Doyle« als Zwingernamen, nach der Anerkennung durch den AKC begann er, den Namen »Tacoma« als seinen Zwingernamen zu nutzen, zuerst für das Paar nach Tacoma Jack, später für alle seine Hunde. Aus der Paarung Replica mit Susie kamen Tacoma Jack II, der mit seiner Feeley Hündin, Doyle's Dixie, gepaart Ch. Kanes Tacoma Blaze brachte, den National Specialty Winner 1946. Ch. Tacoma All-A Blaze – wichtig für alle Sertoma Hunde aus der Zucht von Theo Raborn – wurde mit Ch. Kanes Tacoma Blaze gepaart, ebenso mit Ch. Tacoma Flambeau, der ersten Staff-Hündin, die in einem Gruppenwettbewerb eine Spitzenplazierung, außerdem zahlreiche Gruppenplazierungen Ende der 40er und Anfang der 50er Jahre erreichte. Die Linie von Charlie Doyle hatte bereits etwas Corvino-Blut, ein stärkerer Einschlag kam hinzu, als Ch. Tacoma Jack's Susie mit Ch. Young Joe Braddock aus der Zucht von Joe Corvino gepaart wurde, dem Best of Winners der 1946 National Specialty. Hieraus entstand Ch. Doyles Tacoma Dispatcher I, ein schwarz gestromter Hund mit weißen Abzeichen, der in der Geschichte der Tacoma Ausstellungshunde eine wichtige Rolle spielen sollte.

Charlie Doyle überließ Ch. Tacoma All-A-Blaze seinem Freund Clifton Boyd in Graniteville, South Carolina. Boyd besaß bereits Tacoma Hunde und eine Hündin aus der Zucht von Ed Ringold. Diese Hündin hieß Jenkins Kate, entstammte der Paarung Ch. Gallant Ruff – Ch. Gallant Scarlett. Boyd paarte diese Kate mit All-A-Blaze, hieraus entstand Ch. Shurguards Chief of Staff, einer der Ausgangshunde der Sertoma Kennels von Theo Raborn in Aiken, South Carolina. Zu den Tacoma Hunden in Kalifornien gehört Ch. Tacoma Frivolous Sal, 1954 National Specialty Best of Breed-Hündin im Besitz von Howard und Janice Hadley. Auch Ch. Bayshire's Medaillon, C.D.X. National Specialty Winner 1979 im Besitz von James und Nancy Bullock war stark durch die Tacoma Linie geprägt.

Obwohl dies heute zu einem sofortigen Clubausschluß führen würde, nahmen einige der Original STCA-Mitglieder an Kampfhundetests (game-testing) mit ihren Hunden teil. Man sollte diesen Leuten zugestehen, daß sie trotzdem den Weitblick hatten, um zu erkennen, daß wenn die von ihnen bewunderten Hunde nicht auch dafür angesehen wurden, außerhalb illegaler Hundekämpfe nützlich zu sein, die Rasse nicht überleben konnte. Als Charlie Doyle sich entschloß, seine Hunde beim American Kennel Club registrieren zu lassen, dem STCA beizutreten, hatte er hierfür gute Gründe. Er wurde zu einem sehr aktiven Förderer für den Club, diente im Board of Directors viele Jahre, übernahm die schwierige Aufgabe des Sekretärs und Schatzmeisters, schrieb während der Zeit, da er Korrespondent der »American Kennel Gazette« war, vorzügliche Beiträge. Er warnte davor, aus einer Laune heraus zu züchten und predigte fortwährend den Züchtern, den Staf in Körperbau wie Wesen gesund und funktionstüchtig zu erhalten.

Theo Raborn, Ehrenmitglied des ASTC auf Lebenszeit, hat die Tacoma Linie fortgesetzt. Diese Linie spielt auch bei den X-Pert Stafs eine Rolle, die auf die von Tacoma gezüchtete X-Pert Black Susie zurückgehen; ebenso bei den Ruffian Dogs, hinter denen Miss Minkie of Har-Wyn steht, eine Tochter von Ch. Kane's Tacoma Blaze; außerdem die Ruffian Hunde, die auf die in jüngerer Zeit gezüchtete Topstaff's Helen zurückgehen, hinter deren Mutter eine Tacoma gezüchtete Hündin steht.

Der Staf, welcher während der 70er Jahre die meisten Titel in Unterordnungswettbewerben errang, konnte unglücklicherweise beim AKC aufgrund der erlassenen Vorschriften nicht eingetragen werden, an Leistungsprüfungen nahm er unter einer ILP = (Indefinite Listing Privelege) Nummer teil. Diese Hündin Kids Panda Bear, U.D.T., SchH III, F.H., A.D., im Besitz von Marilyn Brubaker hat von ihrer Mutterseite viele Tacoma-Ahnen unter ihren Vorfahren.

Der Delegierte des ASTC beim American Kennel Club, Dr. I. Lehr Brisbin Jr., kaufte seinen Ch. Sertoma's Genesis, C.D.X. (Ch. Sertoma's Little Chief – Sertoma's Mary Francis) 1975 von Theo und Eulie Raborn. Dieser Hund errang sein Championat, arbeitete auf Schauen als Packer im Savannah River Ecology Laboratory, gewann das C.D.X. in Unterordnung und gehört heute zu den besten Gewichtsziehern der Rasse.

Theo Raborn, ein vierzigjähriger Liebhaberzüchter ist zu recht stolz darauf, diesen überwiegend auf Tacoma-Blut aufgebauten Staf gezüchtet zu haben. Charlie Doyle hätte diesen Hund wegen seiner vielseitigen Leistung bewundert.

E. C. RINGOLD

Bis ins hohe Alter von 87 Jahren züchtete Ed Ringold aus Decatur, Georgia, Stafs und präsentierte sie auf Ausstellungen. Seine 75jährige enge Verbindung mit Staffordshire Terriern begann, als er zu seinem 12. Geburtstag einen Welpen geschenkt bekam. Es war ein weißer Rüde mit gestromten Flecken. Bob's Ohren waren coupiert, auch seine Rute, man nannte ihn einen American Bull Terrier. Mr. Ringold wuchs

Oben: Ch. Knight Crusader. Besitzer: Jean und Ike Stinson.

Oben: Ch. Ruffian Our Teenie.

Oben: Ch. Gallant Ruff. Stammrüde des Gallent Zwingers von E. C. Ringold.

Oben: Ch. Rossmore's Naughty Knight, C.D.X. (r.), Austin's Kangaroo (l.).

Oben: Int. Ch. Topsy's Ghost, 1949.

Oben: Ch. Humes Texas Jack. Stammrüde des Mari-Don Zwingers.

Unten: E.C. Ringold mit Ch. Gallant J.W.

Unten: Ch. Ruffian Dreadnaught. Stammhündin des Har-Wyn Zwingers.

Unten: Int. Ch. Topsy's Ghost (l.), Ch. X-Pert Bold Skipper (r.).

im Mississippi Flußdelta auf, hatte nie etwas über Hundekämpfe gehört. »Bull Terrier« wurden zu dieser Zeit als Arbeitshunde angesehen, dienten als Wächter, Gefährten des Menschen und auf der Jagd auf Sauen. Als junger Mann gehörte zu den täglichen Aufgaben von Ed Ringold die Fütterung der Tiere, darunter 10–12 Eber, die frei auf einem großen Grundstück umherliefen. Bob's Aufgabe wiederum war das Hüten dieser Schweine, er geleitete sie jeweils zur richtigen Fütterung. Er wurde nach ihnen ausgeschickt, begann sie in die richtige Richtung zu treiben und schien die Fähigkeit zu haben, sie zu zählen, denn wenn einer fehlte, holte er ihn herbei, ohne daß man es ihm zu sagen brauchte. Waren sie dickköpfig und bewegten sich nicht auf sein Kläffen, brachte sie ein kurzes Kneifen ins Hinterteil auf den richtigen Weg.

Nachdem Mr. Ringold geheiratet hatte, eigene Kinder da waren, kaufte er sich einen beim UKC eingetragenen American Pit Bull Terrier. Die Familie nannte ihn Tiger Crusader, er war ein guter Familienhund. Etwas später kam eine (wiederum beim UKC eingetragene) Hündin in den Familienkreis, zog jährlich einen Wurf auf.

Als 1936 der AKC die Rasse anerkannte, half Mr. W. T. Brandon, daß Ringolds Hunde eingetragen wurden. Von da an erklärte Mr. Ringold allen Käufern seiner Welpen, wie sie beim AKC Eintragungspapiere erhielten, drängte darauf, daß sie alle Hunde dort auch eintrugen.

1948 trat Mr. Ringold an William M. Whitaker heran, sagte ihm, daß er sich einen Hund mit Ausstellungschancen kaufen wolle. Ein Jahr mußte er warten, ehe Whitaker sicher war, für Mr. Ringold einen Hund zu haben, auf den er stolz sein konnte. Der Hund, für den man sich entschied, war Ch. Gallant Ruff, er wurde 1949 gekauft. Dies war ein gestromter Rüde mit weißer Brust aus der Paarung Ch. Ruffian Walkaway mit Puddinpie Pepperduster. Damit war Ch. Gallant Ruff den ursprünglichen Ruffian Dogs von Clayton S. Harriman in seiner Blutführung so nah wie möglich. Anfang der 50er Jahre wurde er auf der National Specialty in Louisville, Kentucky Best of Breed.

Nach diesem Erfolg mit Ruff kaufte Mr. Ringold von Mrs. W. D. (Peggy) Harper eine dunkelgestromte Hündin mit weißen Abzeichen. Diese Hündin stammte aus Ruffian Diamond Jim of Har-Wyn und Ruffian Dreadnaught, ihr Name war Ruffian Corvette of Har-Wyn. Aus der Paarung von Ruff mit Corvette züchtete Mr. Ringold Dappy Girl, die Stammhündin des heutigen ASTC Präsidenten Charlie Lloyd für sein Dogwood Zuchtprogramm. Später kaufte Cliff Ormsby Dappy Girl, paarte sie mit Ch. X-Pert Brindle Biff, hieraus kam X-Pert Champer Boy II. Aus Ch. Gallant Ruff und Ruffian Corvette of Har-Wyn stammen auch Ruffian Bonnie of Har-Wyn, die Großmutter von Ch. Ruffian Hercules of Har-Wyn und Gallant Stormy im Besitz von Mr. Ringold.

Ruff brachte vorzügliche Nachkommen, eine ganze Reihe von Züchtern setzten ihn als Zuchtrüden ein. Zu den Championnachkommen gehört Peggy Harper's Ch. Jollyscamp Blueguard aus der Hündin Ch. Jolly Scamperpuss von Mr. Whitaker. Martha Smith aus Decatur, Georgia, paarte ihre Flash's Flashonette mit Ruff, verkaufte eine kleine Hündin daraus an Ike und Jean Stinson. Mr. Ringold war mit den Stinsons befreundet und ermutigte sie, das Jungtier auszustellen. Sie ging in die Rassegeschichte als Ch. Gallant Ruff's Susie Q ein, war die Mutter von acht Champions und Stammhündin der Crusader Linie. Der berühmte Ch. Gallant Kimbo von Mr. Ringold entstammt der Paarung Gallant Stormy mit Susie Q's viele Ausstellungen gewinnenden Sohn Ch. Knight Crusader. Kimbo war 1962 auf der National Specialty in San Antonio, Texas, Best of Breed und wurde in der Terrier Group als Erster plaziert. Sein Sohn war Ch. Gallant Pistol Pete, der gepaart mit Ralph Davis' Ch. Gallant Tally, U.D. den ersten Stafford hervorbrachte, der die Schutzhundprüfung erfolgreich ablegte, nämlich Ch. Gallant Titan, U.D., SchH I. Pete war auch Vater von Ch. Gallant Buck-A-Roo von Charlie Lloyd und von Ch. Curry's Dynamite Dan im Besitz von Drake Curry. Sein jüngerer Sohn Ch. Benchmark Chaka of LXL gewann 1981 die National Specialty.

Mr. Ringold fand viel Bewunderung, weil es ihm möglich war, ganz vorzügliche Tiere zu züchten, obwohl er immer nur ein paar gute Hunde hielt. Seine Gallant Hunde wurden stets auf die Original Ruffian Tiere, von denen sie stammten, stark liniengezüchtet – unter Ergänzung durch Crusader über Kimbo's Vater Ch. Knight Crusader.

Die Gallant Familie der Ruffian Hunde war von besonderer Bedeutung für die guten Zuchtprogramme von Dogwood, LXL, Ogeechee und Curry, beeinflußte weiter die Zuchten von Benchmark, Atta Boy, Willynwood und Bayshire.

Im Jahre 1979 wurde E. C. Ringold in Anerkennung seiner Leistung als Züchter wie auch seiner Verdienste um den Club zum Ehrenmitglied auf Lebenszeit des ASTC ernannt. Er war ein vielgeliebter und respektierter Gentleman aus dem Süden, Mitglied des Board of Directors des ASTC für ein Viertel Jahrhundert und diente dem Club auch als Präsident von 1971 bis 1977.

GLADYS SMITH

Auch Gladys Smith aus San Diego, Kalifornien, wurde 1979 vom ASTC zum lebenslänglichen Ehrenmitglied ernannt. Ihren ersten Staf kaufte sie 1947. Obgleich sie heute nicht mehr aktiv züchtet, dauert ihr Interesse und ihr Dienst am Club über mehr als 35 Jahre.

Gladys war Mitglied des Board of Directors des Silver Bay Kennel Club für alle Hunderassen; sie ist Gründungsmitglied, war Präsident und Sekretärin und ist heute noch Mitglied des Boards des American Staffordshire Terrier Club of San Diego County, Inc.; dem STCA diente sie über 15 Jahre als Sekretärin und Schatzmeister, war mehr als 20 Jahre Mitglied des Boards; noch heute ist sie aktives Mitglied des Obedience Club of San Diego. Der San Diego Staf Club überreichte ihr 1978 die Gaines Medal For Good Sportsmanship.

Auch die Hunde von Gladys haben ehrenvolle Anerkennung gefunden. Ihre Carmelita de Chatsworth, gezüchtet von Ray und Ina Haaris, gewann das »Award of Canine Distinction« der Zeitschrift Dog World; diese Hündin war Mutter von sechs Champions aus einem einzigen Wurf (nach Ch. Chita's Michael O'Day). Ein Welpe aus diesem Wurf war der bocklederfarbene Ch. Rossmore's Naughty Knight, C.D.X., Vater von Ch. Knight Crusader (von Ike und Jean Stinson), Ch. Knight Bomber und Ch. Knight Patroller. Ein weiterer Nachkomme aus Carmelita und Michael war Ch. Michael's Carbon Copy, eine rein schwarzer Rüde mit weißen Abzeichen. Auch er gewann das »Dog World Award«, weil aus seiner Paarung mit Ch. Lylane Princess Amber, C.D., im Besitz von Elizabeth

Tregoning sieben Champions stammen. Besonders erwähnenswert unter den sieben waren Ch. Lylane Bucky-T und Ch. Archer's Diablo Bandido im Besitz von Dorothy Archer. »Betty« Tregoning paarte ihre Ch. Lylane Blue Tango, eine Enkelin von Gallant Ruff, mit Bucky-T, hieraus kam Ch. Lylane Cheyenne Lancer, der Gil und Dorothy Barnes gehörte. So wurde die Zucht von Gladys Smith für die Crusader Hunde von Bedeutung, spielte auch für die Gallant Linie eine Rolle (Ch. Gallant Kimbo's Großvater war Ch. Rossmore's Naughty Knight, C.D.X.), beeinflußte weiterhin das Zuchtmaterial von Archer, Lylane und Lancer.

Gladys Shmith zögerte nie, auch die schwierigsten Aufgaben zu übernehmen, wenn sie für den Erfolg der Stafford Clubs wichtig waren. Alle diese Aufgaben verfolgte sie nachhaltig, stets mit einem gewinnenden Lächeln.

DR. CARROLL A. ROLL

Die erste Begegnung mit Stafs entstand für Dr. Carroll A. Roll aus seinem Entschluß, einen nicht teuren, aber doch reinrassig gezüchteten Wachhund zu kaufen. Der gleichfalls in Kentucky ansässige Colonel Henry S. Schuhmann züchtete in Louisville X-Pert Hunde, verkaufte ihm eine Hündin namens Topsy Rose. Schuhmann bat den Doktor, die Hündin einmal auszustellen, denn er brauchte Topsy's Ausstellungsergebnisse, um für X-Pert Gallant Betty Punkte zu gewinnen. Der Doktor erfüllte diese Bitte und gewann schnell Freude am Ausstellungssport, da sich Topsy Rose auf der Chicago International-Ausstellung bis zum Reserve Championat durchsetzte. Aufgrund eines Unglücksfalles konnte Topsy ihr Championat nicht vollenden (zum Zeitpunkt ihres Todes hatte sie 13 Punkte gesammelt), aber der Doktor wollte sein neues Hobby fortsetzen, trat an Cliff Ormsby heran und kaufte eine Welpenhündin, die spätere Int. Ch. Topsy's Ghost, die eine Reihe von Gruppenplazierungen errang, die erste Staf-Hündin war, die in einer Terrier Group siegte.

Hochgradig motiviert und Sportsmann im besten Sinn des Wortes betrat der Doktor stets den Ausstellungsring mit dem klaren Ziel zu siegen – Hunde stellte er nur aus, nachdem sie eingehend trainiert waren. Dieses Training seiner Hunde erfolgte vor seiner Tierklinik auf dem Broadway, der Hauptstraße von Louisville. Er lehrte die Hunde eine kerzengerade Linie zu gehen, nutzte dabei die auf dem Gehweg aufgezeichneten Linien. Der Doktor plante seine Ausbildungsstunden immer so, daß sie gerade zu dem Zeitpunkt stattfanden, wenn die Schule aus war, dadurch lernten die Hunde, Ablenkungen völlig zu negieren. Das Wesen war für ihn immer von größter Bedeutung. Er hatte keinerlei Verwendung für scheue oder unkontrollierbar bösartige Hunde, ebenso wenig für Hunde, die so empfindlich waren, daß sie für Unterordnungsübungen ausschieden.

Ahnentafelforscher werden feststellen, daß der Doktor für seine Hunde nicht immer den »Roll«-Zwingernamen verwandte, viele seiner Hunde trugen spanische Namen. Der Doktor sprach durch seine häufigen Reisen nach Mexiko, bei denen er viele Hundeausstellungen besuchte, fließend spanisch. Ch. Roll's one Eyed Jack, C.D., Vater von Ch. Anson's Sir Boss, Best of Breed auf der 1966 National Specialty, und Ch. Humes Texas Jack, Stammrüde des Zwingers Mari-Don, gewannen jeweils auch ein mexikanisches Championat und C.D. Die Zusammenarbeit von Doktor Roll, Colonel Schuhmann und den Ormsbys trug wesentlich dazu bei, daß in der X-Pert Linie viele erfolgreiche Sieger und Zuchttiere zu finden sind.

Die persönliche Popularität von Dr. Carroll A. Roll war ein Faktor, der auch seiner Lieblingshunderasse zugute kam. Der Louisville Kennel Club bat den Doktor oft als Ausstellungsarzt, Aussteller aller Hunderassen versammelten sich häufig um seinen Arbeitsplatz und suchten Gelegenheit für ein Gespräch. Der Doktor war ein Künstler im Coupieren aller Hunderassen, die mit coupierten Ohren ausgestellt wurden. Er coupierte die Ohren von Hunden, deren Besitzer über hunderte von Meilen eigens hierfür zu ihm gefahren waren, außerdem coupierte er die meisten Hunde in seiner eigenen Umgebung. Fand die National Specialty in Louisville statt, lud der Doktor oft die Staf-Aussteller ein, ihre Hunde in seinen gepflegten Zwingeranlagen unterzubringen. Hier kümmerte man sich um sie, während ihre Besitzer einen freien Abend ohne Verantwortung für ihre Hunde genossen.

Doktor Roll's Hunde wurden zum Ausgangszuchtmaterial der Zuchtprogramme der Zwinger von Mari-Don, Metcalf, Lucas und Tommy Johnson. Sie spielten auch eine Hauptrolle für Fraja, Fraja East Coast, J-Dawn, Chikako, Dryrun, Paragon, Sindelar und Kirkee. Das Hundebild, das in dem Buch des AKC »Complete Dog Book« den Rassestandard ziert, ist das von Ch. Rip Rock Irish Mike, Best of Winners auf der National Specialty in Detroit 1959. Dieser Rüde stammt aus dem Rip Rock Kennel von Kathleen Marusich O'Connor, wurde von Kathleen aus dem Rüden Xa Shamrock of Rip Rock gezüchtet. Kathleen hatte den Rüden vom Doktor gekauft und auf den hochgeschätzten Ch. X-Pert Pedro Escopeta zurückgezüchtet, der 1957 die National Specialty gewann, auf der Westminster Best of Breed war.

Das Zuchtprogramm von Doc hat bis in jüngster Zeit gute Ausstellungs- und Zuchttiere gebracht. Auf der National Specialty 1980 lassen sich beide, Winners Dog und Winners Bitch, direkt auf seine Zucht zurückführen. Der Doktor starb im Januar 1982, nur ein Jahr nachdem er mit der lebenslänglichen Ehrenmitgliedschaft zum STCA ausgezeichnet wurde, nur wenige Monate, ehe Ch. Kirkee's Polar Bear O'Fraja E.C., C.D die erste Hündin war, die nach einem Vierteljahrhundert die National Specialty gewann. Doc hätte gerade diesen Sieg besonders gerne gesehen. Über Ch. Lucas' Cool Hand Luke von Tom Lucas und Ch. Fraja Maria's Tia Maria läßt sich »Angel« auf die Linien Mari-Don/Roll/X-Pert zurückführen, sie ist in der Rassegeschichte die Hündin mit den meisten Ausstellungserfolgen. Die Hündin stammt aus der Zucht von Dr. John King und der Autorin, steht im Besitz von Jim Wheat und Scott Ivey.

MRS. W. D. (PEGGY) HARPER

Gehörte man zu den Fans, interessiert am Ausstellungwesen der 60er Jahre, ein Telefonanruf morgens um 3.00 Uhr stammte wahrscheinlich nicht von Halbstarken, die Schabernack betrieben. Der Anruf kam wahrscheinlich von Peggy Harper. Aufgeregt über den Erfolg einer ihrer Junghunde wäre sie völlig sicher, man wollte darüber sofort alle Einzelheiten erfahren.

Das, was zu einem ganzen Leben fanatischer Hingabe an

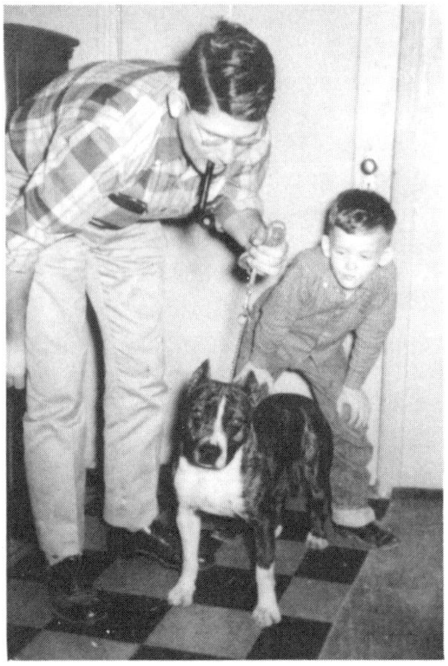

Oben: Ch. Ruffian High Ace of Har-Wyn mit Hendrix Harper und dessen Sohn Johnny.

Oben: Ch. Jollyscamp Blueguard, Sohn von Ch. Gallant Ruff. Züchter: W. M. Whitaker, Besitzer: Peggy Harper.

Oben: Ch. Sky King of Har-Wyn, ein wichtiger Vererber mit viel Siegernachwuchs.

Unten: Ch. Lylane Princess Amber, C.D., Siegerin National Specialty 1956, Mutterhündin von acht Champions, auf Unterordnungsprüfungen mit Durchschnittszahl 191. Sie war eine »gelistete Hündin«, Besitzer: Betty Tregoning. Züchter: Bill Gill.

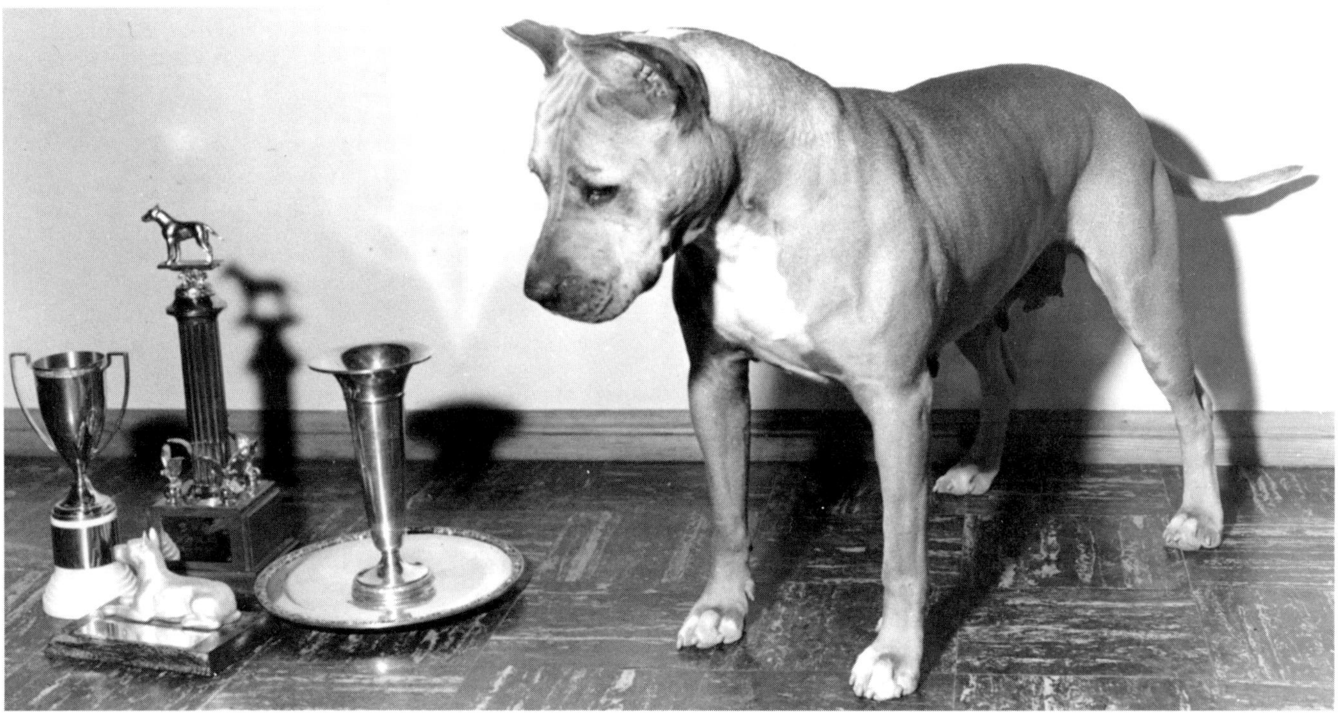

Stafs werden sollte, begann 1947, als Peggy Harper von William Whitaker Ch. Ruffian Headlight Hall kaufte. Bald danach erwarb sie von Clayton Harriman Ch. Ruffian Dreadnaught und 1957 von Mr. Whitaker Ch. Jollyscamp Blueguard, baute damit ihre Zuchtlinien auf. Hal's Töchter – mit Blueguard gepaart – brachten ihr für ihr Zuchtprogramm herausragende Zuchttiere.

Als eine arbeitende Frau, die alleine lebte, umgab Peggy ihre Hunde mit viel mehr Bequemlichkeit als sie sich selbst leistete. Ihr Har-Wyn Kennel in San Antonio, Texas, war großartig, oft lebten dort bis zu 60 Stafs. Außerdem züchtete sie Scotties und Zwergpinscher, stellte sie auch aus, meist hielt sie etwa 20 Tiere von jeder dieser Rassen, daneben gelegentlich einen West Highland White Terrier. Gemeinsam mit ihrem Zwingerhelfer Melvin Cowdry betrieb sie eine Hunde- und Katzenpension. Es bedurfte vieler Arbeitsstunden, um eine solch große Anzahl von Tieren sauber und gesund zu halten, aber Peggy liebte ihre Hunde wirklich, sorgte für sie immer gut. Sie behielt alle ihre älter werdenden Hunde, selbst wenn sie für die Zucht nicht mehr brauchbar waren. All das Geld, das sie für Pflege und Unterkunft und für ihre Welpenverkäufe einnahm, all das Geld floß in die Haltung und Ausstellung ihrer eigenen Zuchttiere. Über einen Zeitraum von nahezu 20 Jahren – in den 50er und 60er Jahren – besaß sie den größten American Staffordshire Zwinger im Lande. Es war auch der Zwinger mit den meisten Ausstellungssiegen.

Einige Liebhaber erinnern sich Peggys im Ausstellungsring als anspruchsvoll, unnachsichtig und gelegentlich voller Zorn. Sie sah in der Zucht und in der Ausstellung nicht wie viele andere Züchter nur ein aufregendes Hobby – nein – die Hunde waren ihr ganzes Leben. Ausstellen war für sie ein ernsthaftes Geschäft. Finanziell wie emotional steckte sie alles in das Ausstellungsgeschehen. Trotz ihrer Heftigkeit war sie all denen gegenüber, die sie als ihre Freunde ansah, herzlich und belebte häufig Veranstaltungen des STCA durch ihre farbige Persönlichkeit und ihren strahlenden Humor.

Ihr Zielbewußtsein und ihre Ausdauer wurden belohnt. Über einen Teil der zwei Dekaden, da sie aktiv ausstellte, wurden nur wenige Stafs regelmäßig ausgestellt. So war es schwierig, einen entsprechenden Wettbewerb zu finden, man hatte selten genügend Wettbewerber, um die für das Championat entscheidenden »Major Points« zu erzielen. Peggy ließ sich hierdurch nicht abhalten, die Championate ihrer Hunde zum Abschluß zu bringen. Sie schrieb selbst ganz einfach fünf oder sechs Hunde auf jeder Ausstellung ein, erzielte dadurch die Voraussetzungen für »Majors« durch ihre eigene Meldezahl. Erwartungsgemäß führte dies einige Züchter dazu, ihre Siege abzuwerten. Aber schnell genug stellte sich heraus, daß auf Spezialausstellungen, die große Meldezahlen brachten, Peggy in aller Regel auch gewann.

Ein Zwinger mit vielen Ausstellungssiegen, wie der von Har-Wyn, verkaufte seine Hunde leicht. Eines Tages hatte aber auch Peggy einen Junghund, der so häßlich und mager war, daß niemand ihn kaufen wollte. Sie ermäßigte den »pet price« immer mehr, aber noch immer fand sie keinen Käufer, der diesen kleinen, elenden Burschen haben wollte. Als er sechs Monate alt war, kam Peggy auf die Idee, sie sollte irgendetwas mit ihm tun, deshalb meldete sie ihn auf einer Ausstellung, um für einen anderen Hund einen Punkt zu ermöglichen, den dieser zur Vollendung seines Championats brauchte. Der Richter gab gerade diesen Punkt an den Junghund und sagte Peggy, daß dieser viel versprechender sei, als ihr Favorit, den sie vorgestellt hatte. Peggy ging wieder nach Hause, warf einen guten, langen Blick auf den knochigen Junghund und erkannte, wie korrekt und gesund er tatsächlich war. Von jetzt an war er nicht mehr verkäuflich.

Dieser »häßliche« Junghund reifte langsam, aber außerordentlich gut heran. Er wurde zu einem Sieger, der wieder Sieger zeugte. – Ch. Sky King of Har-Wyn (Rowdy Rascal – Ruffian Gerty of Har-Wyn), gewann Mitte der 60er Jahre drei National Specialties. Zu seinen Nachkommen gehörten die vorzüglichen Zuchtrüden Ch. Ruffian Sky Bolt of Har-Wyn und Ch. Ruffian Harper of Har-Wyn. Viele Spitzenzwinger arbeiteten mit Zuchtmaterial aus dem Har-Wyn Zwinger. Howard Hadley's spätere Hunde Ch. Ruffian Rudy of Har-Wyn und Ch. Mounthaven Tex of Har-Wyn, U.D., waren von Peggy gezüchtet, der Einfluß von Har-Wyn auf das Zuchtmaterial von Dorothy Archer war stark. Auch Ch. Ruffian Don's Rebel of Har-Wyn, National Specialty Sieger 1969 im Besitz von Mr. E. C. Ringold war von Peggy gezüchtet. Susan Rodgers vom Tryarr Zwinger nutzte den erstklassigen Zuchtrüden Ch. Ruffian Sky Bolt of Har-Wyn und züchtete viele hochgeachtete Hunde Anfang der 70er Jahre. Tryarr-Zuchtmaterial wurde zum Grundstock moderner Zwinger wie Tara, Diamond, Chicago, Evergreen und Touch O'Class. Der Spitzenrüde mit den bisher meisten Ausstellungserfolgen Ch. Ruffian Red Rock of Har-Wyn war gleichfalls von Peggy aus Sky Bolt gezüchtet.

Der heutige die meisten Champions bringende Zuchtrüde, Ch. Tryarr Diamondback Redbolt, ist gleichfalls ein Sohn von Sky Bolt und wurde von Susan Rodgers gezüchtet. Zu den Nachkommen von Redbolt gehört Ch. Sindelar's Sonny Boy of Tara, der Rüde, der 1987 auf der National Specialty Best in Show wurde. Der Concho Kennel von O. L. Hill besitzt den wunderschönen Ch. Ruffian Harper of Har-Wyn und gab gutes Zuchtmaterial an die Zwinger Patton, Harber und Valhalla. Richard Bell (Topstaff) und später Paul Sofiakis (Herk) nutzten Ch. Ruffian Hercules of Har-Wyn, den Spitzenvererber von Champions bis in die 80er Jahre. Hercules wiederum beeinflußte Willynwood, White Rock, Mountshire, Knight Watch und Fraja.

Zwei schon vor langem begründete und erfolgreiche Zwinger starteten ihr Zuchtprogramm mit Hunden aus der Zucht von Peggy Harper, haben ihre Linie bis zum heutigen Tage fortgesetzt. Die Rounder Kennels von Richard Gray brachten die National Specialty Winner Ch. Ruffian Gentleman's Gem und Ch. Rounder's Top Sergeant. Der Tonkawa Kennel von Hendrix und Anita Harper züchtete nicht nur viele Champions, sondern auch Sieger in Unterordnungsprüfungen und Gewichtsziehen.

Auch im Clubgeschehen spielte Peggy Harper eine Rolle. Gemeinsam mit Wilson Ellison war sie Mitbegründer des Staffordshire Terrier Club of Texas, diente dem STCA im Board of Directors und als Vizepräsident.

Die unverändert hohe Qualität einer Hundefamilie, die von Harriman und Whitaker begründet, von Mrs. W. D. (Peggy) Harper fortgesetzt wurde, wird durch die Tatsache illustriert, daß noch in jüngster Zeit, nämlich 1984, Ch. Patton's Red Rock Skillet im Besitz von Jerry Rooney die National Specialty zum zweiten Mal gewann. Skilett wurde von Walter Patton gezüchtet (Ch. Ruffian Red Rock of Har-Wyn – Ch. Atchley's Fanny), er ist ein weiteres Zuchtprodukt der Ruffian-Familie.

Oben: Ch. Sindelar's Heide Ho (The South).

Oben: Ch. Gallant J.W. (The South).

Oben: Ch. Spanky's Shining Image (The South).

Unten: Ch. Contender's Dark Star of Fraja (The Mid-West).

HOWARD M. HADLEY UND JANICE HADLEY

Das Interesse von Howard Hadley am Pit Bull Terrier geht auf seinen Onkel, D. A. McClintock, zurück, einen Züchter von Kampfhunden aus der Old Family-Linie. Hadley's erste Hunde stammten gleichfalls aus der Old Family, aber er ließ seine Hunde und seinen Zwingernamen beim American Kennel Club unter »Mounthaven« eintragen.

Hadley's Young Tim, auch als Hadley's Tim II bekannt, stammte aus Jim (Jack) William's Zucht. 1944 paarte Hadley Tim mit Hadley's Dot, hieraus entstand der 1948 Sieger der National Specialty, Ch. Williams Paddy Boy. Paddy – im Besitz von Albert C. Williams – wurde zum Stammrüden des Sharevalpad Kennels. Im Jahre 1955 wurde Paddy Boy's Enkelin Ch. Sharevalpad Pandora der erste Staf, der den Titel Best in Show errang. Diese Hündin brachte mehrere Champions, die wichtigsten davon sind: Ch. Sharevalpad Hellzapoppin und Ch. Sharevalpad Pal Joey, die beiden wurden zusammen als Koppel »Best-in-Show Brace«. Hellzapoppin errang auch in den 50er Jahren in Mexico City eine Best-in-Show Auszeichnung.

Howard und Janice interessierten sich mehr und mehr für Stafs aus den Tacoma und Ruffian Familien. Sie besaßen den 1954 National Specialty Gewinner Ch. Tacoma Frivolous Sal. Ihr Ch. Ruffian Rudy of Har-Wyn, den sie von Peggy Harper erwarben, spielte im Zuchtprogramm verschiedener kalifornischer Züchter eine Hauptrolle. Dorothy Archer paarte Rudy mit Ch. Archer's Dixie, hieraus stammt Ch. Indian Doc.

In den 50er Jahren schrieb Hadley in »The Standard-Bearer«, im Mitteilungsblatt des San Diego Staf Clubs Beiträge. Er warnte vor den Gefahren, nur für Ausstellungssiege zu züchten und bemühte sich mit I. N. Stinson darum, vom AKC die Genehmigung zu erhalten, einzelne (listed) Hunde dort eintragen zu lassen. Howard und Janice arbeiteten über mehrere Jahre im STCA Board of Directors. Unter ihrer Anleitung lernten die Züchter schnell, daß man alles tun sollte, um gesunde Anatomie, Wesen und Intelligenz als wichtigste Qualitäten der Rasse zu erhalten. Auf Specialty Shows versammelten sich regelmäßig viele Clubmitglieder in Hadley's Zimmer, denn Howard verfügte über einen endlosen Vorrat guter Hundegeschichten, die er in faszinierender Weise zu erzählten wußte. Hadley war ein vorzüglicher Historiker. Über Hadley sagte Clifford Ormsby: »Er war der Mann, der am allermeisten von den alten Blutlinien wußte.«

Mr. Hadley wurde 1964 zum Präsident des Staffordshire Terrier Clubs of America gewählt und diente dem Club in dieser Position bis 1971. Obwohl er aus seiner Jugend über erstklassige Kenntnisse über den kämpferischen Hintergrund des Pit Bulls verfügte, hatte er doch die Weitsicht zu erkennen, daß die Zukunft der Rasse weitgehend davon abhängig war, die Öffentlichkeit davon zu überzeugen, daß diese Hunde wunderbare Lebensgefährten sind, die vor allem als Ausstellungstiere und für mannigfaltige Arbeitsaufgaben eingesetzt werden können. Zu diesem Zweck demonstrierten die Hadleys auch die Lernfähigkeit des Stafs durch Teilnahme an Unterordnungswettbewerben. Der Anfang der 60er Jahre durch Janice Hadley aufgestellte Rekord besteht noch heute. Sie ist der einzige Aussteller von Stafs, der auch für drei eigene Stafs Titel in »Utility« errang. Dies waren: Hadley's Silent Sally, U.D., Ch. Mounthaven Tex of Har-Wyn, U.D. und Ch. Jollyscamp Showoff of Har-Wyn, U.D.

I. N. STINSON UND JEAN STINSON

»Ike« und Jean Stinson aus Fayetteville, Georgia, sind Tierliebhaber, deren Erfolge mit ihrer Menagerie von Hunden, Katzen und Vögeln oft zu Titelgeschichten der Atlanta-Zeitungen wurden. Die Stinsons erwarben 1954 ihren ersten Staf, eine gestromte Hündin mit weißen Abzeichen aus der Zucht von Martha Smith aus Decatur, Georgia, geboren am 19. April 1954 (Ch. Gallent Ruff – Flash's Flashonette). Ein alter Freund, Mr. Ringold, Besitzer des Vaters der Hündin, überredete die Stinsons auszustellen. Obwohl die Hündin Ausstellungen nicht mochte, erreichte sie über sechs Ausstellungen ihr Championat, wurde bei der einzigen Spezialausstellung, auf der sie gezeigt wurde, Best of Breed. Ihr Name, Ch. Gallant Ruff's Susie Q, sollte damit zwar im Ausstellungsring nicht berühmt werden, aber als »Gans mit den goldenen Eiern« in der »whelping box«. Sie wurde zur Stammhündin des Crusader Zwingers. Susie hatte drei Würfe, in denen acht Champions geboren wurden, errang die Auszeichnungen »Dog World Award of Canince Distinction« und »Popular Dogs Award.«

Durch ihren zweiten Wurf nach dem kalifornischen Rüden Ch. Rossmore's Naughty Knight, C.D.X., im Besitz von Dorothy Shaffer und gezüchtet von Gladys Smith, wurde sie am meisten bekannt. In diesem Wurf lagen Ch. Knight Bomber, Ch. Knight Crusader und Ch. Knight Patroller.

Ch. Knight Crusader errang den fantastischen Ausstellungsrekord von 51 Plazierungen in der Group (14 erste Plätze), zwei Best-in-Show-Auszeichnungen und dreimal Sieg in Folge auf der National Specialty – hierdurch wurde er zum erfolgreichsten Ausstellungshund in der Rassegeschichte. Ch. Knight Bomber hält hier die zweite Position mit 36 Plazierungen in der Group (neun erste Plätze). Er gewann 1958 die National Specialty und errang die Auszeichnung »Best-Local-Dog-in-Show«. Seine Karriere wurde durch seinen mysteriösen Tod auf einer Hundeausstellung in Texas abgeschnitten, zum Zeitpunkt seines Todes war er erst drei Jahre alt. Der ursprüngliche Ausstellungsrekord aller Hunderassen dieser herausragenden Hunde wurde erst 1975 gebrochen – der Rekord von Crusader mit drei aufeinanderfolgenden Siegen auf der National Specialty besteht noch heute.

Ch. Knight Crusader schrieb sich auch als wichtiger Zuchtrüde in die Annalen ein. Ed Ringold paarte Gallant Stormy mit ihm, hieraus entstanden die schönen Geschwister Ch. Luke's Georgia Rebel und Ch. Gallant Kimbo. Betty Tregoning aus Kalifornien paarte Crusader mit Ch. Lylane Blue Tango, hieraus entstanden Crusader's Bold Ruler und die Hündin Ch. Archer's Debonaire of Lylane. Im Besitz von Dorothy Archer wurde Debonaire Mutter von neun Champions einschließlich Ch. Indian Doc's Delilah, U.D. im Besitz von Dr. H. Richard Pascoe und den Gruppensieger American und Canadian Ch. Archer's Diablo Bandido II von Margaret Copeland.

Susie Q wurde auch mit Ch. Richardson's Spark Plug gepaart. Einer ihrer Championnachkommen aus diesem Wurf war Ch. Blue Duchess. Die Stinson's paarten Duchess mit Ch. Tacoma All-A-Blaze von Charlie Doyle, hieraus entstand Ch. Tacoma Cherokee Rose, Best of Winners auf der 1958 National Specialty und »Best-Local-Dog-in-Show Award (all breeds)«. Auf der Westminster Show 1960 war Rose's Tochter Crusader's Starfire Best of Breed.

Die Stinson's züchteten weiter Spitzenhunde, bis sich der

Links: Ch. Tuffie of Detroit. Besitzer: Ed. C. Martin. Züchter: F. C. Klump.

Rechts: Ch. Lamb's Sir Smudgie. Züchter und Besitzer: Mr. und Mrs. W. M. Lamb.

Rechts: Ch. Chita. Besitzer: Mrs. L. Wakefield. Züchter: Mrs. John Freese.

Links: Ch. Ruffian Scalawag. Züchter und Besitzer: Clayton S. Harriman.

Rechts: Mugger Mischief und Mugger Again. Besitzer: Mrs. J. S. Wishart, Züchter: Mrs. Leona G. Ress.

Gesundheitszustand von Ike verschlechterte. Ch. Crusader's Gay Blade stammt aus ihrem letzten Wurf, 1970 geboren, aus der Paarung Ch. Tiger Crusader II – Crusader's Cinderella. Gay Blade gewann zahlreiche Gruppenplazierungen und einen Gruppensieg, hierdurch wurde er Spitzenstaf des Jahres 1971. Er stand im Besitz von Mr. und Mrs. Levon C. Register, die Jahre zuvor Ch. Knight Bomber besaßen.

Ike Stinson war Boardmitglied des STCA, vertrat den Club beim AKC in einer entscheidenden Zeit moderner Rassegeschichte. Als der AKC 1936 sein Register für Staffordshire eröffnete, ließen viele Züchter gute Hunde nicht eintragen. Einige Züchter befürchteten, daß Ausstellen im Ring die Rasse ruiniere, weil es dazu führen könnte, mehr auf das Äußere als auf das Wesen zu züchten. Andere Züchter wiederum lehnten den Namen »Staffordshire« ab, bevorzugten demgegenüber den Namen des UKC »American (Pit) Bull Terrier« für ihre Hunde. Bis zum Jahre 1963 war es gestattet, auf AKC-Rassehundeausstellungen auch reinrassige Hunde auszustellen, die nicht zuvor beim AKC registriert waren. Man verlangte von dem Besitzer einfach nur, daß er das Ausstellungsformular ausfüllte und anstelle der AKC-Eintragsnummer das Wort »listed« einsetzte. Hatte ein Aussteller seinen Hund dreimal auf diese Art vorgestellt und wollte auch weiterhin ausstellen, beantragte er die Erlaubnis vom AKC. Aber obwohl ein solcher gelisteter Hund ein Championat gewinnen konnte, wurde seine Nachkommenschaft trotzdem nicht beim AKC eingetragen. Mitte der 50er Jahre waren ein Drittel bis die Hälfte der auf den Hauptausstellungen und National Specialties vorgestellten Stafs »Listed Dogs«. Einige der Spitzengewinner mit erwünschter Blutführung hatten keine AKC-Eintragsnummer, man konnte sie infolgedessen für die Zucht von AKC-Welpen nicht einsetzen.

Die gute Qualität dieser »Listed Stafs« aus jener Zeit kann man am besten verstehen, wenn man sich die Ausstellungsergebnisse der »Speciality« anschaut. Auf der National Specialty in Atlanta 1958 war Ch. Knight Crusader Best of Breed, Tacoma Cherokee Rose war Best of Opposite Sex und Knight Patroller war Winners Dog. Alle drei Hunde waren »Listed«. Auf der National Specialty in Detroit im Jahre 1959 war wiederum Best of Breed Ch. Knight Crusader, Winners Bitch/ Best of Opposite Sex war Jones Gay One Goldie, beide Hunde waren »Listed«. Best of Winner in diesem Jahr war Ch. Rip Rock Irish Mike, der einzige beim AKC eingetragene Hund, der in diesen zwei Jahren einen Hauptgewinn auf der National Specialty errang.

Eine ganzseitige Anzeige im Specialty Katalog 1959 hatte der Lylane Kennel von Betty Tregoning aufgegeben, diese Anzeige zeigte ein Bild von Ch. Lylane Princess Amber, C.D., diese Hündin war Specialty Winner 1956 und eine Zuchthündin mit Spitzennachzuchten. Auch sie war »Listed«, ebenso ihre acht Championnachkommen einschließlich Ch. Lylane Bucky-T und Ch. Archer's Diablo Bandido. Damit war die Notwendigkeit, diese hervorragenden Zuchttiere in die eingetragenen Hunde einkreuzen zu können, völlig eindeutig, und demzufolge beantragte der STCA beim AKC eine Korrektur der Lage. Und gerade 1956 wurde Ike Stinson zum Chairman des Registration Committee bestimmt.

Über die nächsten Jahre unternahm Mr. Stinson auf eigene Kosten mehrere Reisen in das AKC-Büro in New York, schrieb zahllose Briefe und stellte die notwendigen Statistiken zusammen, präsentierte diese dem AKC in der Hoffnung, daß dieser sein Zuchtbuch für die »Listed Dogs« öffnete. 1958 lehnte der AKC diese Bitte ab, das vermochte aber weder Mr. Stinson noch Howard Hadley davon abzubringen, weiter an diesem Ziel zu arbeiten. Schließlich schrieb am 18. Februar 1960 John Neff, Vizepräsident des American Kennel Clubs, den historischen Brief an Mr. Stinson und informierte diesen, daß ab dem 18. Februar 1960 bis zum 18. Februar 1963 der AKC sein Register für qualifzierte Würfe, aber nicht für Einzelhunde eröffne.

Diese Entscheidung war für den STCA akzeptabel, denn hierdurch wurden die Züchter in die Lage versetzt, erstklassige »Listed Dogs« zu verwenden und dabei Würfe zu züchten, die beim AKC eingetragen werden konnten. Um sicherzustellen, daß die »Listed Stafs« zuchtwertvoll waren, verlangte der AKC, daß in den eingereichten drei Generationen Ahnentafeln zumindest ein beim AKC eingetragener Hund aufgeführt sein mußte, daß der »Listed Staf« in dem Zeitraum zumindest einen Hauptgewinn erzielt haben mußte, da der Antrag auf Zuchterlaubnis beim AKC einging.

Bis zu seinem Tod im Jahre 1976 diente Ike Stinson im STCA Board. Jean Stinson blieb weiterhin dem STCA eng verbunden und wurde durch lebenslängliche Ehrenmitgliedschaft geehrt. Den Einfluß der schönen Crusader-Hunde findet man bei vielen der bereits erwähnten Zwinger. Im Zwinger Willynwood von William F. Peterson aus Houston, Texas, ist die alte Crusader-Linie am stärksten vertreten – das Zuchtmaterial ist eine Verbindung von Crusader mit Ruffian. Der Zwinger Rocky Mt. hat seine Zuchtgrundlage auf Willynwood Hunden aufgebaut.

Andere Zwinger mit einigem Crusader-Einfluß sind Copeland, Kingston, Ledge Rock, Atta Boy und Eunda (Hawaii). Der Stammhund des Zwingers Mountshire Ch. Topstaff Tony the Tiger stammt halb von Willynwood ab. Einige der dominanten Ruffianhunde im Tryarr Zwinger von Susan Rodger gingen teils auf Crusader zurück – einschließlich ihrer Spitzenausstellungshündin Ch. Tryarr Strawberry Fields, die zu ein Viertel aus Willynwood war.

Oben: Ch. Luke's Georgia Rebel, Besitzer und Vorführer: Ike Stinson.

US-Kennels von heute

Aus Platzgründen ist es nicht möglich, alle heutigen aktiven Züchter in den United States aufzuführen oder die Namen all der schönen Hunde im Besitz dieser Zwinger wiederzugeben. Ich hoffe dennoch, daß nachstehende kurze Hinweise gerade für Neulinge nützlich sind, um die Züchter in ihrer Heimat zu entdecken, in denen ein aktives Zuchtprogramm des American Staffordshire Terrier betrieben wird.

DER OSTEN

NEW YORK

X-Pert – im Besitz von Clifford A. und Alberta Ormsby in Hornell ist der am längsten bestehende Zwinger für American Staffordshire Terrier in der ganzen Welt. Es gab ihn schon lange vor der Anerkennung der Rasse durch den AKC, aus ihm stammen über eine Periode von mehr als 50 Jahren in regelmäßigen Abständen Gewinner von Spezialausstellungen wie der großen Westminster Show. Der augenblickliche Zuchtrüde, Ch. X-Pert Sligo's Tony war auf Westminster 1983 Best of Breed. Tony's Vater Ch. Sligo McCarthy diente als Stammrüde im Zwinger X-Calibre in Elmira im Besitz von A. D. Amisano. Sligo war der Vater von vielen erfolgreichen Stafs, darunter über 20 Champions, mehrfachen Gewinnern von Obedience Wettbewerben, Gewichtsziehern, außerdem ein Star für Anzeigen in Fernsehen und Zeitschriften. Sein Sohn, Ch. Fraja E.C. Don Quixote, steht als Zuchtrüde im Zwinger X-Calibre.

Rufhaus, im Besitz von Patricia Smith, hat seinen Sitz in Greenville. Stammrüde in Rufhaus ist Ch. X-Pert Ragtime Rufus, Vater des AKC-Jubiläumssiegers (BOB) Ch. Ridgeland's Magnum.

Jimmy und Roseann Ryan in Port Jervis zeigen ihre Hunde in Leistung wie Anatomie. In ihrem K-9-Connection Kennel deckt Ch. X-Pert Mugs McCarthy, C.D.

Der Cherry Valley Kennel in Pompey gehört Edward und Nancy Beers. Ihre Stammhündin Ch. X-Pert Beer's Sadie A Lady ist Mutter von Ch. X-Pert Tiger Leo, C.D. im Zwinger von Terence Zappia in Rochester.

Nachkommen von Ch. Mari-Don Kirkee Battery, dem bekannten Westminster und Montgomery Kennel Club Ausstellungsgewinner, bilden den Grundstock des Kirkee Kennel in Binghamtom im Besitz von Wayne Chariff.

Der Indian Raid Kennel von Richard Castellane brachte schon eine Reihe von Champions heraus, darunter Ch. Indian Raid's Animal, C.D., SchH I im Besitz von Jeanette R. Durand in Albany.

OHIO

Der Zwinger Tara in Akron steht im Besitz von Leroy und Lucille Walters. Zu ihrem Zuchtmaterial gehören Ch. Sindelar's Doctor Mudd, Spitzengewinner des Jahres 1982. Sein Sohn aus der 1980er Spitzengewinnerin Ch. Tryarr Strawberry Tart ist der im Haus gezogene Ch. Tara's Doc Holliday. Doc Holliday gewann zwei Best in Show Plazierungen unter allen Hunderassen, mehrfache Plazierungen in der Group und war in den Jahren 1983 und 1984 der Spitzenstaf der Rasse.

Ruth und Ernest Prehn sind Inhaber des Zwingers Ledge Rock in Thompson, Ohio. Ihr Interesse gilt Ausstellung, Obedience und Gewichtsziehen. Ihr Zuchtrüde ist der mehrfach in Groups plazierte American/Canadian Ch. Willynwood Velvet Shadow, C.D. Als Shadow mit Ch. Rowdytown Jazz of Ledge Rock gepaart wurde, kamen aus dieser Paarung mehrere Champions. Sie stehen bei Charles und Barbara Horn in deren Char-Bar Kennel in Streetsboro, Ohio; im Lucarelli Zwinger (Joye Lucarelli) in New Brighton, Pennsylvania; im Zwinger von Marilyn L. Johnson in Austinburg, Ohio. Marilyn's Ch. Ledge Rock Blue Velvet, C.D. gewann die Sertoma Challenge Trophy auf der National Specialty 1986. Gepaart mit Ch. Titan's Rojo Grande brachte Jazz den Best of Winners auf der 1984 National Specialty Ch. Ledge Rock Kopper Korn.

Peggy Felton in Cleveland und Richard und Rosalind Foreman in Cincinnati sind durch ihre Arbeit in Obedience-Prüfungen mit Stafs allgemein bekannt.

MARYLAND

Ausgangsrüde des Zwingers Barway Farms von Barbara und Wayne Hambleton in Elkton war der uncoupierte Ch. X-Pert Captain Jingles. Captain ist der Vater des im Zwinger gezüchteten Ch. X-Pert Cap's Boss of Barway, einem Rüden, der Anfang der 80er Jahre eine Reihe von Group-Plazierungen erreichte. Der Bull Brier Zwinger von Arthur Sanford Limouze in Salisbury brachte den Ch. Bull Brier Ben, C.D., wiederum ein uncoupierter Hund, der von seinem Besitzer selbst vorgestellt wird.

NEW JERSEY

Englishtown ist die Heimat des Kubear Kennels, in dem als Zuchtrüde Ch. Sindelar's Sonny Boy of Tara steht. Im Besitz von Elaine B. Kuberski wird Sonny Boy von Walter Kuberski vorgeführt und war Sieger der 1987 National Specialty, einer der Spitzenrüden des Jahres 1987 mit zahlreichen Gruppensiegen und auch Ausstellungsgewinnen auf Ausstellungen aller Rassen. Auf der Westminster Show 1988 wurde er Best of Breed.

John C. McCarthy und Kimberly Roberts besitzen in ihrem Fraja E.C. Zuchtprogramm Ch. Fraja's Thunder Battery, zweifache Westminster Best of Breed Siegerin, Gewinnerin zahlreicher Gruppenplazierungen, Spitzenhündin der Jahre 1981 und 1982. John hat viele Group-Winners vorgeführt, ebenso Sieger auf der Westminster Kennel Club und der Montgomery Kennel Club Ausstellung.

Der Zwinger King Stafs, im Besitz von Rudy Charles in Union, präsentiert Ch. Riko's Silent Shadow als Stammrüde.

Der Zwinger Pecan Stafs in Hopatcong hat als Stammutter des Zwingers Bermudian/American Ch. Cerberus Pecan Poko. Columbus ist die Heimat des Motif Kennel von Sharon und Mick Gregory. Die Stammhündin Ch. Motif's No Doubt a Rufhaus brachte aus der Paarung mit Ch. Sindelar's Sonny Boy of Tara mehrere Champions. Mary Kasprowicz in Englishtown besitzt Ch. Fraja E.C. Ran mit mehreren Gruppenplazierungen, ebenso Ch. Ridgelands Magnum, auf der AKC Centannial Show Best of Breed.

PENNSYLVANIA

Der Fraja East Coast Kennel von Dr. Jonathan King begann in Blue Bell, Pennsylvania. Die Stammhündin Ch. Fraja Maria's Tia Maria brachte zehn Champions, darunter Ch. Kirkee's Polar Bear of Fraja, E.C., C.D., die erfolgreichste Ausstellungshündin aller Zeiten, außerdem verschiedene Hunde mit Obedience-Titeln und einen Fernsehstar. Tia Maria's Sohn Ch. Fraja E.C. Dodge City, im Mitbesitz von Bill Olin, vielfacher Group Gewinner, steht zum Decken. David und Bunny Foster in Jenkintown sind Inhaber des Prizer Kennel. Hier steht die vielfach in Gruppen plazierte Ch. Fraja Maria's Ace in The Hole. Es gibt noch zwei weitere aktive Zwinger in Pennsylvania, zum einen Finar im Besitz von Eva und Eileen Lydick in Harleyville, das Heim von Ch. Byron's Finn McCool und Ch. Kar-Ron Finwar's Finesse; zum anderen Kar-Ron in Northwales im Besitz von Karen und Ron Tucker. Finesse wurde in Kar-Ron gezüchtet, die Stammhündin in Kar-Ron ist Ch. Diamonds Crystal of Kar-Ron.

Metamoras in Pennsylvania ist die Heimat von Daniel und Pamela Scariato. Ihr Staf Ch. Ryan's D.J. arbeitet in Krankenhäusern mit Patienten als Therapiehund. Scariato's Valor Kennel ist stolz auf den Besitz von Ch. Arnold's Boy Bandit, National Specialty Gewinner 1986.

Carol A. Nock in Guynedd Valley, Pennsylvania, besitzt den hochangesehenen Zuchtrüden Ch. X-Pert Ragtime Rufus. Die Haus Trevilians Kennels in Paradise im Besitz von Douglas K. Loving sind die Heimat von Ch. Rufhaus Crystall Tiara. Der Stammrüde dieses Zwingers ist Ch. S'N's Ogre Easy mit zahlreichen Gruppenplazierungen, im Mitbesitz von Lenna Hanna.

RHODE ISLAND

Chet und Lauraine Rodgers der Wildwind Farm in Gloucester züchteten Hunde auf Schönheit und Leistung aus ihrer Ch. Sooner's True Grit of Rhody. Sie sind Besitzer von American/Canadian/International Ch. Herrings Beau Jangles, Gewinner 1983 National Specialty und vielfacher Groupwinner. Lou und Mary Fusco in Foster besitzen Ch. Fraga's Digger Dan. Lou's grafische Arbeiten haben über mehr als zehn Jahre die Titelseite der STCA Newsletter geziert.

DER SÜDEN

GEORGIA

Charlie und Martha Lloyd in Atlanta besitzen Dogwood, einen Zwinger, der sich seit vielen Jahren durchgesetzt hat. Sie sind Züchter vieler Champions und Eltern von Champions, dazu gehört der populäre Sohn von Pistol Pete Ch. Gallant Buck-A-Roo. Einer ihrer jüngsten Gruppengewinner ist Ch. Dogwoods Ogeechee Gambler. Gambler wurde von Dr. William Rhodes, Besitzer des Ogeechee Kennel in Union Point gezüchtet. Ogeechee besitzt Gambler's Vater, den angesehenen mehrfachen Gruppensieger Ch. Kojak II, der aus Buck-A-Roo von Charlie Lloyd gezüchtet wurde.

Ein anderer Sohn von Buck-A-Roo steht im Zwinger Rebel's Staf Patch von Richard und Elizabeth Deaver in Lithonia, nämlich Ch. Deaver's Gallant Rebel. Rebel's Sohn, der mehrfach in Gruppen plazierte Ch. Gallant Johnny Reb, steht als Zuchtrüde in den Camelot Kennels von John und Evelyn Barrett in Stone Mountain.

Der Zwinger Southern Staffs steht im Besitz von Joe Stromberger und Johnny White, liegt in Riverdale. Zum Zuchtmaterial gehören Ch. Bare Metal Bonz und der selbstgezüchtete Ch. Georgia Grizzly Bear.

KENTUCKY

Die Stammhündin der Sindelar's Kennels in Louisville von Fred und Evelyn Sindelar war Ch. Mistina. Unter den Champion-Nachkommen von Mistina waren Ch. Sindelar's Doctor Mudd, der Spitzenstaf 1982 und Ch. Sindelar's Heide Ho, eine häufig in Gruppen plazierte Hündin, die den Rasserekord für die meisten Champion-Nachkommen hält. Doctor Mudd, im Besitz von Leroy Walters, ist Vater der Best in Show Siegerin Ch. Tara's Doc Holliday. Zu den Champion-Nachkommen von Heide aus der Paarung mit Ch. Tryarr Diamondback Redbolt gehören Ch. Sindlear's Hawk mit vielfachen Gruppenplazierungen und Ch. Sindelar's Sonny Boy of Tara mit vielen Best in Show und National Specialty Siegen.

In Louisville liegt auch der Cool Hand Kennel im Besitz von Tom und Ann Lucas; im Zwinger steht Ch. Lucas' Cool Hand Luke, Vater zahlreicher Champions, einschließlich der Spitzensiegerhündin und National Specialty Gewinnerin Ch. Kirkee's Polar Bear O'Fraja E.C., C.D. Luke und seine Wurfschwester Ch. Countess Mahogany Cocoa wurden auf der 1980 National Speciality als Spitzenzuchtrüde und Spitzenzuchthündin hervorgehoben. Auch der Derbytown Kennel von Joseph Metcalf liegt in Louisville. Stammhündin ist Ch. Spank's Shining Image, Best of Winners auf der 1976 National Specialty. Unter ihren Champion-Nachzuchten ist hervorzuheben Ch. Metcalf's Patch B Game, Winners Bitch auf der National Specialty 1980.

Ein weiterer Zwinger in Louisville ist Sakapa im Besitz von Ora Murphy, er hat als Stammhündin Ch. Dusty of Brandy-Punch, Mutter mehrerer Champions. Zuchtrüde in Sakapa ist Ch. Sakapa's Gist of the Gemini.

Der Kwikway Kennel von Brady und Sandy Unterwood in Fairdale ist die Heimat von Ch. Bruno's Missy, 1981 National Specialty Best of Opposite Sex, Anfang der 80er Jahre mit vielen Gruppenplazierungen.

FLORIDA

Der Kingston Kennel im Lake Worth von William E. King züchtete Ch. Kingston Sand Pebble, die Stammhündin des Eunda Kennel von David und Eunice Gomes in Hawaii. Sand Pebble ist die Mutter von Ch. Smitty's Sundance, vielfacher Gruppensieger in Hawaii und Stammrüde des Smitty Kennels von Emerson und Carol Smith.

St. Cloud ist die Heimat der Pegasus Staffs von Bonnie Malzone. Die Rüden Ch. Barbarian's Blue Boo und Ch.

Sindelar's Mountain Music II sind die Zuchtrüden. Zu den Hündinnen gehören Ch. Sindelar's Candy Girl und Ch. Barbarian's Blue Lace, beide mit Gruppenplazierungen. Auch der Barbarian Kennel von Patricia McKinney liegt in St. Cloud. Hier steht Ch. Briarcliff's Boy Named Sue, Best of Winners auf der National Specialty 1981.

Joyce Pankhurst Dungan in Zephyrhills besitzt die Dungan Farm Kennels. Hier steht Ch. Ruffian Bo Tie And Tux, Vater mehrerer Champions, darunter Ch. Skystaff Starman, Zuchtrüde des Skystaff Kennels in St. Petersburg von Rick und Debbie Smith. Auf Dungan Farm steht der von Smith gezüchtete Ch. Doc's Little Toy Tiger.

Die Sunshine Kennels von Scott Ivey liegen in Tallahassee. Hier lebt die Spitzensiegerin der Rasse, Ch. Kirkee's Polar Bear O'Fraja E.C., C.D., Siegerin der National Specialty und vieler Gruppen. Ihr Mitbesitzer ist Jim Wheat aus Illinois. Zu den weiteren Sunshine Siegern gehören Ch. Bayshires Rian und Ch. Iron Bucks Foxy Lady.

Ursprünglich in Iowa gegründet liegt heute der Fraja Kennel von Jacqueline Fraser in Miami. Stammrüde und -hündin waren American/Canadian Ch. Mari-Don Mister Beau Jangles, C.D.X. und Ch. Fraja's Black Maria C.D. Diese beiden brachten zahlreiche Nachkommen, die sich in Anatomie wie Leistung auszeichneten.

Unter diesen Nachkommen sei Ch. Pepper Ridge Fraja's Thunder, U.D., Mutter der Spitzenhündin 1981 und 1982, Ch. Fraja's Thunder Battery erwähnt. Eine andere ist Ch. Fraja Maria's Tia Maria, Stammhündin von Fraja East Coast. Tia Maria ist die Mutter von Ch. Kirkee's Polar Bear O'Fraja E.C., C.D., Siegerin der National Specialty. Fraja ist auch die Heimat der Spitzenhündin der Rasse in Gewichtziehen, Ch. Revol-te Remercie Fraja, U.D.

NORTH CAROLINA

Der Beech Lee Kennel in Mocksville steht im Besitz von Tom und Connie Jergensen. Dieser Zwinger ist auf die Arbeit spezialisiert. In ihrem Besitz steht der erste nationale Specialty Weight Pull Champion Beech Lee Rover. Noch ein zweiter ihrer Stafs erwarb einen solchen Gewichtsziehtitel.

T. E. (Gene) und Evelyn Stroupe besitzen den Warhead Kennel in Charlotte. Aus ihrem Zuchtprogramm stammen Ch. Warhead's Bullwinkle und Ch. Warhead's Lovie-O-Dovie. Robert und Marie Kaufmann – gleichfalls aus Charlotte – haben ihren Zwinger auf Warhead-Zuchtmaterial aufgebaut.

Die Call Me Staffs in Black Mountain – Züchter Kay N. Roberts – haben als Stammhündin Ch. Tara's Muddi Fields Forever, eine Hündin mit Gruppensiegen und Gruppenplazierungen. Zu den hier gezüchteten Stafs gehören Ch. Call Me Katie Scarlett und Ch. Call Me Rhett Butler.

Barehollow Stafs im Besitz von Paul Solomon in High Point zeichnen sich auf Ausstellungen wie Leistungsprüfungen aus. Stammrüde ist Ch. Barehollows's Big Foot, C.D.

SOUTH CAROLINA

Es gibt eine lange Geschichte selbstgezüchteter Champions in dem Sertoma Kennel in Aiken von Theo und Eulie Raborn. Die Linie wurde begründet mit Ch. Shurguards Chief of Staff, fortgesetzt mit Ch. Sertoma's Blaze und Ch. Sertoma's Little Chief. Ch. Sertoma's Genesis C.D.X. führt Raborn-Zuchtlinien und besticht durch Anatomie, Gehorsam und Gewichtziehen – er ist der bekannteste »catch dog« (Saufänger) der Rasse.

LOUISIANA

Louisiana ist die Heimat des J-Dawn Kennel von Judy Freeman in West Monroe, des Ashrae Kennels in Morgan City von Steve und Cindy Smith. In J-Dawn stehen Ch. Ruffian Delta Dawn und Ch. J-Dawn's My Tennie Tiger als Stammhündinnen. Zuchtrüde ist Ch. J-Dawn's Spiky McCarthy. Ashrae ist die Heimat von Ch. Tryarr Ali-Gator mit vielfachen Gruppenplazierungen. Gator's Stammhündin ist Tryarr Honey Bear, sie brachte Ch. Ashrae Sweet Magnolia, erfolgreich in Gruppenplazierungen.

MISSISSIPPI

Der Magniola Zwinger in Oxford steht im Besitz von Jim und Marilyn Hinman; Zuchtrüde ist Ch. Wade's Stormy Harbor; die Stammhündin heißt Ch. Magnolia's Lady Sophia.

TENNESSEE

Der Al Hyde's Kennel in Memphis züchtete Ch. Hyde's R & D Miss Bold Buffy, auf der 1986 National Specialty Winners Bitch. Der Zwinger B.C. Stafs – gleichfalls in Memphis – steht im Besitz von Vern und Darla Cheffer. Stammrüde ist Ch. B.C.'s Roustabout of Evergreen.

ARKANSAS

Die Northrock Kennels von Dr. Frank und Martha Stroope liegen in North Little Rock. Zu den Siegerhunden des Zwingers gehört Ch. Sooner-s Ranger El CaJohn, 1975 Best in Show und National Specialty Winner.

O'Dell's American Staffordshires haben ihre Heimat bei David und Connie J. O'Dell in Sherwood. Zu ihrem Zuchtmaterial gehören Ch. Jake Nighthawk Magnum und J-Dell's Rambo of Northrock.

THE MID-WEST

ILLINOIS

Der Zwinger Chicago Stafs im Besitz von Karen und Dale Steffens in Lake Zurich züchtete Best of Winners Rüde und Winners Bitch (owner-handled) der National Specialty 1981. Die Hündin Ch. Rocky Mountain Tosca ist Mutter zahlreicher Champions einschließlich Ch. Evergreen's Chicago Honey Bear, C.D. und Ch. Evergreen's Chicago Bear. Evergreen ist der Name des Zwingers von Jim und Carolyn Brown in Chicago. Ihre Stammhündin Wheezer's Shady Lady ist gleichfalls Mutter vieler Champions. Zu den durch Familie Brown gezüchteten Gruppensiegern gehören American/Canadian

Ch. Evergreen's Demon Seed, C. D. und Ch. Evergreen's Apache Belle.

Ein anderer selbstgezüchteter Staf Ch. Evergreen's Midnight Lace war 1985 auf der National Specialty Best of Opposite Sex.

Die Diamond Stafs von Tom und Rin Shimak haben ihre Heimat in Tinley Park. Zuchtrüde ist Ch. Tryarr Diamondback Redbolt, weltbester Gewichtzieher, herausgestellt in der Fernsehschau »That's Incredible« (Das ist unglaublich). Dieser Rüde zeugte mehr Champions als irgendein anderer in der Rassegeschichte.

Der Sho-Me Kennel liegt in Melrose Park, steht im Besitz von Jim und Barbara Wheat. Sie sind Züchter und Besitzer von Ch. Iron Bucks Painted Horse, vielfach erfolgreich in Gruppenplazierungen, 1982 National Specialty Best of Opposite Sex, 1985 National Specialty Best in Show. Familie Wheat ist Mitbesitzer gemeinsam mit Scott Ivey von Ch. Kirkee's Polar Bear O'Fraja, E.C., C.D, National Specialty Winner 1982.

Besitzer des Cascade Kennel in Wheaton sind Charles und Dorothy Parson, Stammhündin des Zwingers ist Ch. Gridiron' Queen Samantha. Zu ihren Champion-Nachkommen gehört Ch. Cascade's Handsom Sampson.

Der Bar-Gray Kennel ist in Rockford zu Hause, Besitzer Edward und Barbara Gray. In ihrem Besitz stand Ch. Bar-Gray's Lucifer Sun, vielfacher Gruppensieger, Best in Show und National Specialty Sieger. Die Shondell Staffs von Sharon Jakubec kommen aus Streamwood. Hier steht Ch. Shondell's T. J. Rambo, erfolgreich in Gruppenplazierungen. Der Bearfoot Kennel in Wheaten gehört Tom und Sandy Stephenson, ihre Stammhündin ist Ch. Bearfoot's Simply Sophie.

Phil und Wendy DeCarlo in Buffalo Grove und Mark und Paulette Brenton in Carol Stream haben ihr Zuchtprogramm auf Evergreen Stafs aufgebaut. In dem Zwinger der Familie Brenton steht als Zuchtrüde Ch. Evergreen's Scirocco.

Der Stonecutter Kennel im Besitz von Betty Hand in Champaign besitzt Ch. Covenant Stonecutter Elena, C.D. und deren selbstgezüchteten Sohn Ch. Stonecutter Sindelar Damian.

In Marengo besitzen Nick und Holly Star den selbstgezüchteten Ch. Starr's Fourever In A Fluery. Margaret Lonergan besitzt die Savior Faire Stafs in Chicago mit der Stammhündin Ch. Savior Faire's Princess Lea, auf der National Specialty und AKC Jubiläumsshow 1985 Best of Opposite Sex.

WISCONSIN

Racine ist die Heimat des Tamcroft Kennels von June Hopkin. Ausstellungen und Leistungsprüfungen werden besucht, hier lebt Ch. Tamcroft Ironclad Defence, C.D. Dieser Rüde gewann die AKC Jubiläumsmedaille für den in einer Unterordnungsprüfung best plazierten Staf. Gleichfalls im Zwinger steht die gruppenplazierte Hündin Ch. Tara-Croft's Holiday Fantasy.

Der Zwinger Amiable Stafs im Besitz von Amy Ammentorp liegt in Menomonee Falls. Hier ist Ch. O.T. Fraja Earth Shaker U.D. zuhause, eine mehrfache Leistungssiegerin in Wettbewerben aller Rassen, Gewinnerin der Sertoma Challenge Trophy 1987. Shaker ist bisher der einzige Staf, der sowohl auf Ausstellungen wie Leistungsprüfungen ein Championat erreichte.

MINNESOTA

Zu den Zwingern in Minnesota gehören Valhalla, Quale, Sirius und Bar-Wen.

Nancy Booth in St. Paul ist Besitzerin von Valhalla mit dem Stammrüden Ch. Patton's Harper Blue Odin. Dieser zeugte viele Champions, insbesondere mit der Valhalla-Hündin Ch. Alavesa of Rip Rock. Einer davon, Ch. Valhalla's Ridem Cowboy, ist der Stammrüde des Sirius Kennels von Tom und Jacki Kirkland in Harris, hier steht auch die uncoupierte Ch. Fraja's Sunshine Maria.

Allan Quale's Zwinger in Rochester brachte mit der Paarung Ch. Quale's Black Bart of Fraja – Herk's Ruffian Orma eine ganze Reihe von hervorragenden Champions. Bart wie Orma brachten auch aus anderen Verbindungen weitere Champions.

Der Zwinger Bar-Wen von Barry und Wendy Moszer liegt in Albert Lea. Stammhündin ist die uncoupierte Ch. Fraja's Delilah, eine Orma-Tochter aus American-Canadian Ch. Mari-Don Mister Beau Jangles, C.D.X. Aus dieser Hündin stammen Nachzuchten, die uncoupiert Gruppenplazierungen erreichten.

KANSAS

Der Zwinger Carmel im Besitz von Carol Melton liegt in Lenexa. Stammhündin ist Ch. Carmel's Chicky of Fraja, C.D.X. Sie stand Modell für die Hallmark Cards.

MISSOURI

Die Missouri Zwinger Bayshire und Runan können sich beide rühmen, National Specialty Winners zu besitzen. Der Bayshire Zwinger von James und Nancy Bullock in Springfield besitzt den selbstgezüchteten Ch. Bayshire's Medaillon, C.D.X., 1979 Winner National Specialty.

Der Runan Kennel von Rudy und Nancy Estevez in Kansas City besaß den Spitzenstaf aller Zeiten, viermal Best in Show, zweimal Sieger der National Specialty, Ch. Ruffian Red Rock of Har-Wyn.

MICHIGAN

Der Rowdytown Kennel in Hart, Michigan, steht im Besitz von Jerry und Gigi Rooney.

Der Red Rock Sohn Ch. Patton's Red Rock Skillet, zweifacher Sieger der National Specialty mit vielen Gruppensiegen, steht in diesem Zwinger.

Zu den weiteren im Zwinger stehenden Champions gehört Ch. Tryarr Diamonds Are Forever, 1980 National Specialty Best of Opposite Sex.

INDIANA

Im Dryrun Kennel in Lebanon von Phil und Delores Elza stehen die Nachzuchten von Ch. Dryrun's Simas Kudirka und Ch. Dryrun's Spooky Ol Alice.

THE WEST AND SOUTHWEST

TEXAS

Der Tonkawa Kennel von Hendrix und Anita Harper in College Station züchtet bereits über mehr als ein Viertel Jahrhundert Stafs von hoher Qualität. Zu den allgemein bekannten Hunden gehören Ch. Tonkawa Chief Joseph, Ch. Ruffian Smoky of Tonkawa C.D. und Ch. Ruffian Buckingham of Tonkawa. Ihr augenblicklicher Zuchtrüde Ch. Tonkawa Joker's Wild hat mehrfach Champions und Leistungssieger gezeugt. Der Charbert Kennel in Billings, Montana, von Bert und Charlotte Hahn züchtete auf Tonkawa-Hunden aufgebaute Champions.

Die Rounder Kennels von Richard Gray liegen in Corpus Christi. Richard Gray baute seine Zucht seit langer Zeit auf der Ruffian-Linie auf, züchtete zwei National Specialty Sieger, Ch. Ruffian Gentleman's Gem und Ch. Rounder's Top Sergeant.

Der White Rock Kennel hat seinen Schwerpunkt in Leistungsprüfungen, züchtet in Forney laufend Sieger in Schönheit und Leistung, steht im Besitz von Dr. H. Richard Pascoe. Zu dem Zuchtmaterial von White Rock gehören Ch. Indian Doc's Delilah, U.D., Lancers Silver Smoke, U.D. und Ch. Archer's Muneca Dulsie De G's, C.D. Zuchtrüde ist Ch. White Rock Jet Bomber, der Spitzenveteranenrüde der National Specialty 1983, Vater vieler Champions.

Walter Patton Jr. in Dallas züchtete gemeinsam mit seinem Vater, Walter Patton, M.D., zahlreiche Champions und Gruppensieger. Hierzu gehören Ch. Patton's Texas Belle Lucy, Best of Opposite Sex auf National Specialty und der zweifache National Specialty-Sieger Ch. Patton's Red Rock Skilett (aus ihrer Stammhündin Ch. Atchley's Fanny).

Aus den Nachzuchten von Ch. Ruffian Harper of Har-Wyn im Besitz von O. L. Hill züchteten Bill und Francis Harber in Arlington Siegerhunde. Im Zwinger von Wayne D. Brown in Dallas steht Browns Takoma Storm. Zu ihren Nachzuchten gehören Ch. White Rock Sadie Thompson, C.D. und der im Gruppenwettbewerb erfolgreiche Logue's White Rock Ox Bomber, beides Nachkommen von Ch. White Rock Jet Bomber. Stammhündin des Ring Leader Kennels von John und Alsina Tenseth in Fort Worth ist Ch. Ruffian Ring Leader of Har-Wyn aus der Zucht von Peggy Harper. Der Tex-Rock Kennel von Gary McIntyre in Colleyville besaß die in Gruppenwettbewerb Anfang der 80er Jahre erfolgreiche Ch. Patton's Pagan Piglet Laws. Im Odenhaven Kennel von Bill Oden in Dallas steht die selbstgezüchtete Ch. Texas Toro The Terri-Bull.

Houston ist die Heimat des Willynwood Kennels von William F. Peterson, des Our Gang Kennels von Sara Nugent und des R and D Kennels von Reginald Evans. Willynwood, das auf Ruffian- und Crusader-Linien schon vor vielen Jahren in Ohio sein Zuchtmaterial aufbaute, ist durch so vorzügliche Hunde wie Ch. Willynwood Ogre, Ch. Willynwood Drummer und Ch. Willynwood Ronin bekannt. Willynwood-Zuchthunde waren das Ausgangsmaterial des Rocky Mt. Kennels von Shirley Roberts und Audrey Arseneau in Florissant, Colorado. Der Our Gang Kennel von Sara Nugent ist anerkannt sowohl für gute Gebrauchshundearbeit als auch Ausstellungssieger. Ihr Ch. Nugent's Spanky of Our Gang C.D. gewann zweimal die National Specialty, erzielte viele Gruppenplazierungen. Ihr jetziger Zuchtrüde ist Ch. Nugent's Sticky of Our Gang C.D.X., er war der erfolgreichste Leistungsstaf des Jahres 1979. Die Hunde von Reginald Evans, Ch. R & D's Mr. Hot Shot und Ch. R & D's Boscoe Bear, haben viele Best of Breed-Siege. Ch. Hyde's R & D Mis Bold Buffie war auf der National Specialty 1986 Winners Bitch.

Die McStaf Kennels von Carlos und Mary Menard in San Antonio sind die Heimat von Ch. Ruffian Kansas City Zak und Ch. Babe The Blue Ox.

OKLAHOMA

Der Sooner's Kennel in Tulsa gehörte ursprünglich Louis und Arthur Smith, ihr Stammrüde war Ch. Beau Ringo, U.D. Dieselben hohen Anforderungen stellen auch die jetzigen Besitzer Elmar und Margaret Parsons. Zu den neueren Champions gehört Ch. Sooner's Dr. Pepper. Der Hines Kennel im Besitz von Imogene und Harold Himes in Bartlesville hat mit dem selbstgezüchteten Ch. Hines Southern Smoke einige Gruppenplazierungen erreicht.

THE FAR WEST

CALIFORNIA

Unter dem Zwingernamen Chikako züchten Tami und Michael Teal in Fontana. Ihre Stammhündin Ch. Paragon Still Waters of Shilo TT-3 aus der Zucht von Cherie Gravers war die erste Staf-Hündin, die den »Temperament Test« bestand. Sie ist Mutter mehrfacher Champions einschließlich des Stammrüden Ch. Chikako Daudi Barika des Sentinal Kennels von Sandra Drinkhouse und Carol Brown.

Shilo ist auch die Großmutter von Mexican/American Ch. Chikako Capiscum Yarrow im Besitz von Priscilla Livingston aus El Monte. Diese Hündin erzielte in den frühen 80er Jahren Spitzenbewertungen als Zuchthündin und war mehrfache Gruppensiegerin. Yarrow's Wurfbruder Ch. Chikako Mandrake Orge steht im Bestaff Kennel von Fay Lee in Rialto. Zu den weiteren Zwingern in Californien mit Chikako-Zuchtmaterial gehören: Toni Hill's Centaur, Ralph Chavez's Valor, Cathy Carey's Calypso und Lorri Schroeder's Rukus. Zuchtrüde in Chikako ist Ch. Metcalf Derbytown Ace.

Der Bowmate Kennel von William und Elaine Bowman in Fontana wurde auf den Sharevalpad-Hunden von Al und Evelyn Williams aufgebaut. Zu den Bowmate Champions gehören unter anderem Ch. Bowmate Playgirl Tish Tosh und Ch. Bowmate Tinakim's Thor. Die Tochter von Familie Bowman Debbie ist Besitzerin des Regal-C Kennels, allgemein bekannt durch ihren mehrfachen Best of Breed Winner Ch. Regal-C D'Artagnan of Jul-Jem.

Dorothy Barnes in Norwalk benutzte die Lylane-Hunde von Betty Tregoning als Ausgangsmaterial für ihren Lancer Kennel, sie war Besitzerin von Ch. Lylane Cheyenne Lancer. Der Staffs On The Desert Kennel im Besitz von Sonya Young in Thermal besitzt die Nachtzuchten von Ch. Sonya's Mr. Grumpy nach dem Rüden Ch. Lylane Cheyenne Lancer.

Der Touch O'Class Kennel ist Eigentum von Jane und Charlie Rebello, liegt in La Habra Heights. Stammrüde ist Ch. Tryarr Touch O'Class aus der Zucht von Susan Rodgers. Dieser Rüde ist Vater vieler Champions einschließlich Ch. Pure Class, Ch. Touch O'Class Patrick und Ch. Touch O'Class

Gentleman Jim, C.D. Gentleman Jim steht im Besitz von Susan und Dennis Coulter in ihrem Ragtime Kennel in Whittier. Im Touch O'Class Zwinger steht weiterhin als Zuchtrüde der im Gruppenwettbewerb erfolgreiche Ch. Sindelar's Hawk und Ch. Sindelar's Touch O'Class Orion, auf der National Specialty 1986 Best of Winners.

Garden Grove ist die Heimat des Pandora Kennels von Marilee Thompson. Aus ihrem Zuchtprogramm stammt Ch. Pandora's Delivish Lucifer und Ch. Pandora's Devilish Beelzebub. Der Steeltown Kennel in Fontana steht im Besitz von Ed und Delphine Heaton. Ihr Ch. Mr. B of Steeltown brachte gepaart mit Ch. White Rock Star of Steeltown mehrere sehr schöne Hunde. Zu den neueren Steeltown-Siegern gehören Ch. Steeltown's Diamond Boy und der hochgeschätzte Ch. Steeltown's Blue Monday, mehrfacher Gruppensieger im Besitz von Jerry und Julianne A. Brown. Der Southside Kennel von Robby und Jean Herring in San Pedro besitzt Ch. Patton's Wizard Pagan Daniel. Aus der Paarung von Ch. Patton's Red Rocket und Ch. Patton's Red Bridgette stammt Ch. Herring's Beau Jangles, ein vielfacher Gruppensieger, Sieger National Specialty 1983. Ch. Herring's Bewitching Tabitha wurde zur Stammhündin des Kinder Kennel von Karen Kinder in Mira Loma.

Zu den Zwingern in Northern California gehören: Saben und Blue Bolt in Sacramento, Bue-Cin in West Sacramento, Gold Rush in Lotus und Sierra in Shingle Springs. Charles und Sharan Rose sind Besitzer des Saben Kennels. Zu ihren Champions gehören Ch. Saben's Cossack und die uncoupierten Ch. Sabens Sierra Wind und Ch. Sabens Megan Maguire. Aus ihrer Zucht stammt Ch. Saben's Bueford, Stammrüde des Bue-Cin Kennels von Patrica King. Bue-Cin ist erfolgreich in Leistung wie Schönheit, brachte Ch. Bue-Cin's Silver Cloud, Bue-Cin's Valiant Image, C.D. und Ch. Bue-Cin's Ginger Snap. Ginger Snap repräsentiert die Zucht in einem in England veröffentlichten Hundeführer.

Gold Rush ist der Zwingername von Dave und Ann Del Rio. Zu ihrem Champion-Zuchtmaterial gehören Ch. Saben's Gold Rush Jake und Ch. Tryarr Rooster Cogburn. Aus dem Zwinger stammt die Gruppensiegerin Ch. Gold Rush Key Largo im Besitz des Tenacity Kennels von Don und Judy Allard in Meridian, Idaho.

Besitzerin des Sierra Kennels ist Saundra Dean. Stammhündin des Zwingers ist Ch. Tryarr Satin Doll, eine der besten Zuchthündinnen der Rasse. Zu den Zuchtrüden gehören Ch. Saben's Blue Max und der selbstgezüchtete Ch. Sierra Gator Macloskey. In Sierra gezüchtet wurden Ch. Sierra's Lil'Abner, 1985 in Westminster Best of Breed, und Ch. Sierra's True Blue Agnus, Stammrüde der Evertrue Stafs von John und Kathy Phillips in Las Cruces, New Mexiko – außerdem Ch. Sierra's Blue Bolt, heute in den Blue Bolt Kennels von Edwin und Mary Prady.

In Southern California, San Diego liegen die Estrella Kennels von Ron Gaither und Glen Gayton, in ihrem Besitz steht American/ Mexican/ International/ World Ch. Henderson's Cold Nose Luke.

WASHINGTON

Der Paragon Kennel von Cherie Graves ist in Elk, Washington, beheimatet. Aus der Paarung von Chebahtah's Folly of Darca mit Rex Blackheart Horsley entstand Ch. Challenger of Darca, Winners Dog auf der National Specialty 1978 im Besitz der Darca Kennels von Meridee Haskins in Riverside California. Im selben Wurf lag Ch. Paragon Still Waters of Shilo, Stammhündin der Chikako Kennels und Ch. Paragon Lucre of Chegra, Eigentum von Cherie.

Die Atta Boy Kennels von Jack und Ruth Alexander in Bothell waren Besitzer von American/Canadian Ch. Ruffian Atta Boy Bucky mit zahlreichen Gruppenplazierungen. Stammhündin des Zwingers ist American/Canadian Ch. Ruffian Atta Girl Lily, die gepaart mit Ch. Gallant Pistol Pete mehrere Champions brachte.

Die Familie Alexander ist Züchter von Ch. Ruffian Atta Boy The Captain, Gewinner einer Best in Show Plazierung in Kanada.

OREGON

Die Copeland Kennels von Jay und Margaret Copeland haben über viele Jahre laufend Champions hervorgebracht. Das Zuchtmaterial ist auf Dorothy Archer's Zucht aufgebaut. Einer der bekanntesten Zuchtrüden war der Gruppensieger American/Canadian Ch. Archer's Diablo Bandido II, Sohn von Ch. Indian Doc. Bandido II ist Vater von American/ Canadian Ch. Copeland's Dash O'Diablo und American/ Canadian Ch. Archer's Dab O'Dugane. Der Letztere zeugte die jüngsten Wurfgeschwister-Champions: Ch. Copeland's Gold Dust und Ch. Copeland's Miss Debil.

Oben: Ch. Diamonds Tophat and Tails, sieben Monate alt. Besitzer: Harry Wheeler, Züchter: Jim und Carolyn Brown.

Oben: White Rock Brewster Moon, SchH II. Besitzer und Führer: Gene Jackson. Züchter: Dr. H. Richard Pascoe.

Unten: Ledge Rock's Victor von Ruth Prehn mit seinem bestem Freund.

Unten: Ch. Mari-Don Kirkee Battery. Besitzer: Wayne Chariff, Züchter: Don Humes.

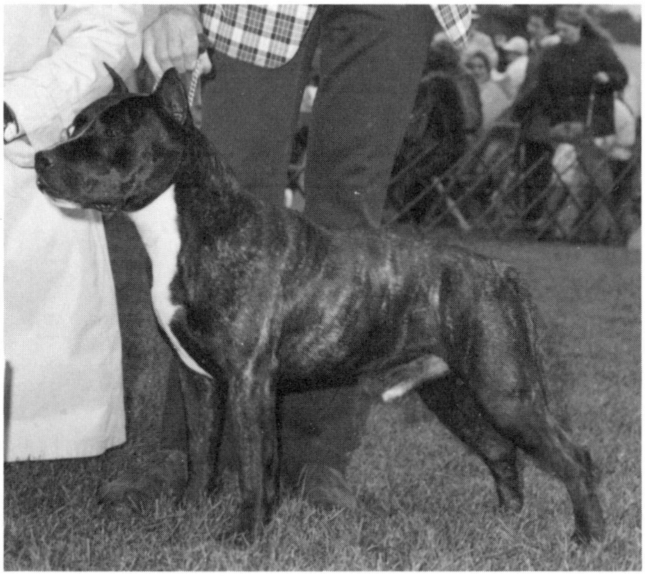

Oben: Ch. Gallant Buck-A-Roo. Vorführer: Ralph Barger.

Oben: Ch. Kojak II. Richter: Robert Graham. Vorführer: Ralph Barger.

Unten: (von links nach rechts): Ch. Paragon Canticle of Chegra, Ch. Paragon Stillwaters of Shilo, Ch. Paragon Lucre of Chegra.

Oben: Ch. Evergreen's Earth Angel, Ch. Evergreen's Sundancer. Züchter und Vorführer: Carolyn Brown.

Oben: Ch. Sindelar's Doctor Mudd. Besitzer und Führer: Leroy Walters.

Unten: Ch. Ringside's Ruffian Steeler. Besitzer: Erin Treadway. Vorführer: Carol Moore.

Oben: Ch. Nugent's Sticky of Our Gang, C.D.X., Besitzer: Sara Nugent.

Oben: Ch. Bue-Cin's Ginger Snap.

Oben: Ch. Kirkee's Polar Bear O'Fraja, E.C., C.D., Mitzüchterin/Besitzerin/ Vorführerin: Jacqueline Fraser.

Oben: Ch. Rounder's Top Sergeant.

Oben: Ch. Patton's Texas Belle Lucy.

Oben: Ch. Rocky Mr. Tosca. Besitzer/ Vorführer: Karen Steffens.

Unten: Ch. Sligo McCarthy.

Unten: Ch. White Rock Jet Bomber.

Unten: Ch. Touch O'Class Patrick. Besitzer: Jane und H. Charles Rebello.

Oben: Ch. Chikako Black and White Tatoo.

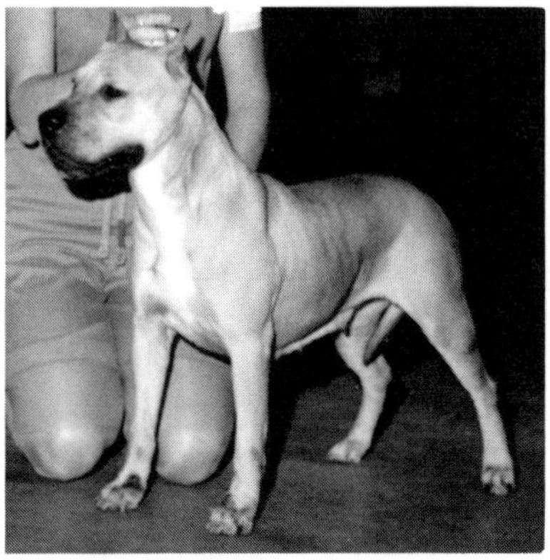

Oben: Ch. Kingston Sand Pebble.

Oben: Ch. Smitty's Sundance.

Oben: Am./Can. Ch. Mari-Don Mister Beau Jangles, C.D.X., im Alter von sechs Wochen.

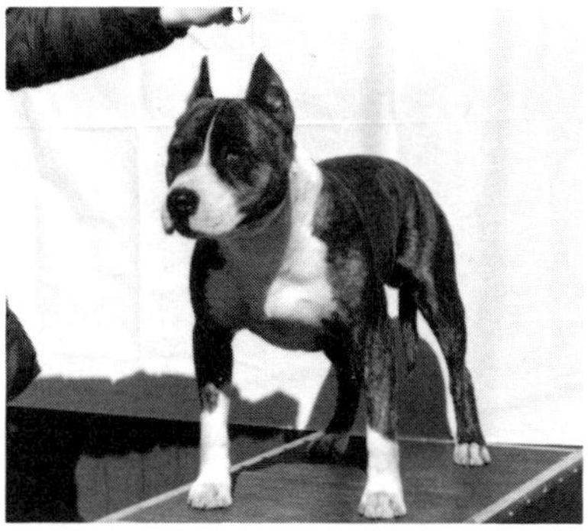

Oben: Ch. X-Pert Sligo's Tony.

Oben: Weir's Ginger, C.D.N., C.D. im Alter von sieben Wochen.

Unten: Ch. Fraja Maria's Tia Maria.

Unten: Ch. Luca's Cool Hand Luke.

Unten: Ch. Tryarr Rooster Cogburn.

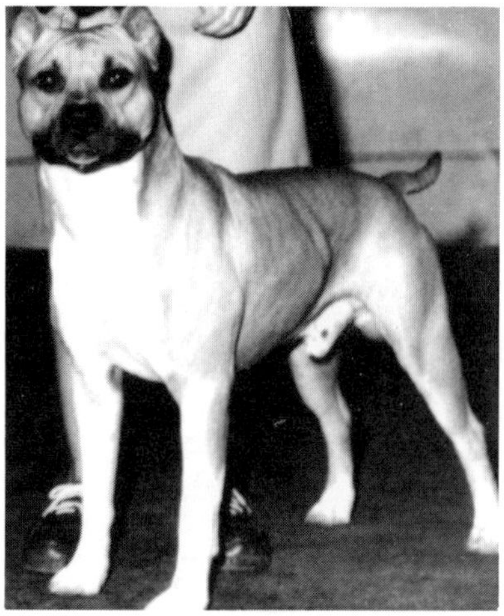

Oben: Ch. Bruno's Missy. Besitzer: Sandra Underwood. Züchter: Terry Johnson.

Oben: Ch. Rounder's Top Sergeant. Züchter/Besitzer: Richard Gray.

Unten: Ch. Tonkawa's Joker's Wild. Züchter/Besitzer: Hendrix Harper.

Unten: Ch. Ledge Rock's Kopper Korn.

Links: Ch. Tryarr Diamondback Redbolt.

Unten: Ch. Sierra's Gator Macloskey.

Oben: Am./Can. Ch. Ruffian Atta Girl Lily.

Oben: Ch. Ashrae Sweet Magnolia. Vorführer: Dick McKinney.

Oben: Ch. Iron Buck's Painted Horse.

Oben: Ch. Valhalla's Ridem Cowboy.
Besitzer/Vorführer: Jacki Kirkland.

Unten: Ch. Logue's White Rock Ox Bomber: Züchter: Wayne D. Brown.

Unten: Ch. Pepper Ridge Fraja's Thunder, U.D.

Oben: Can. Ch. Willynwood Mischief Maker, Can. U.D. und Weir's Ginger.

Oben: Willynwood Mischief Maker, Can. U.D. bei Unterordnungsübung.

Oben: Can. Ch. White Rose Rugosa. Besitzer/Vorführer: Holly Southard.

Oben: Ch. Revol-Te Remercie Fraja, U.D., Championhündin im Gewichtsziehen.

Unten: Ch. Fraja's Thunder Battery. Besitzer/Vorführer: John McCartney. Richter: Dr. Josephine Deubler.

Unten: Stewart Weir gewinnt die Obedience Class mit Weir's Patton Red Rascal, Can. C.D.X.

Der American Staffordshire Terrier in anderen Ländern

KANADA

In Kanada gibt es sehr wenige Züchter des American Staffordshire Terrier, aber ihre Hunde haben sowohl in Kanada wie in den Vereinigten Staaten auf Ausstellungen gute Chancen. Stafs in kanadischem Besitz oder in Kanada gezüchtet sind von Qualität, viele herausragende Stafs in Unterordnung, auf Ausstellungen und im Gewichtziehen stammen aus Zwingern unserer nördlichen Nachbarn.

Stewart und Kathy Weir in Ontario züchten ihre Stafs vorwiegend auf Basis der Willynwood und Ruffian Blutlinien. Ihr Zwinger hat über die letzten Jahre die große Mehrheit der in Kanada erzielten Arbeitstitel (obedience titels) errungen. Die Fachbeiträge von Stewart Weir über die Rasse werden in dem Magazin »Dogs in Canada« veröffentlicht.

Der von William Peterson importierte Canadian Ch. Willynwood Mischief Maker, U.D. im Besitz der Familie Weir ist der einzige Staf in Kanada, der den Utility Titel errungen hat. Zu den Erfolgen dieser Hündin gehören vier »High-in-Trial Awards« und funf »High Scoring Terrier Awards«. Sie gehörte 1979 und 1982 zu den fünf Spitzenterriern in Leistungsprüfungen. Obwohl die Hündin nur selten in den USA ausgestellt wurde, trat sie 1982 in der National Specialty in Chicago an, gewann da die »Sertoma Challenge Trophy« für die höchste Punktzahl in Leistung (High Scoring Obedience Staf) und war in Schönheit Reserve Winners Bitch. Am nächsten Tag wurde sie auf der internationalen Kennel Club Show von Chicago Winners Bitch mit fünf Hauptpunkten (Major), errang mehrere Klassensiege und »High Scoring Terrier Awards«.

Gaetan Couturier und seine Partner Robert Provost und Clement Lemieux sind Besitzer der Revol-te Kennels in Montreal, Quebec. In dem 1982 veröffentlichten »Canadian Kennel Club's Book of Dog« repräsentiert ihr Canadian Ch. Revol-te Sibelle de Fraja – von Jacqueline Fraser importiert – die Rasse. Mit Al Amisano's Ch. Sligo McCarthy gepaart, brachte Sibelle den American Ch. Revol-te Remercie Fraja, U.D. – die beste Gewichtzieherin der Rasse und Mutter zahlreicher amerikanischer Champions. Die Revol-te Zucht hat starke Anlehnung an die X-Pert Zucht, war in den Ausstellungsringen von Kanada und den USA sehr erfolgreich.

Widdershin ist der Name des Zwingers von Holly Southard in Winnipeg, Manitoba. Zu den Zuchttieren dieses Zwingers gehören Ch. White Rock Rosa Ragusa, importiert von Dr. H. Richard Pascoe, und John Doe's Sweny Todd aus der Zucht von John und Doris Middleton.

Der Barberycoast Kennel steht im Besitz von Cathy Prothro und B. J. Robb in Nova Scotia. Ihr Stammrüde – gleichzeitig Nummer eins unter den American Stafs in Kanada 1983 – war Ch. Tryarr The Dominator. Diese Spitzenstellung errang der Zwinger 1984 und 1985 erneut mit Ch. Touch O'Class Rebel Rouser, importiert von Jane Rebello. Rebel gewann in Kanada mehr als ein Dutzend Best in Show Plazierungen, plazierte sich über einhundert Mal in den Gruppen. Auf der 1985 National Specialty war er Best of Winners. Er ist Vater von Ch. Barberycoast Rebel Yell, Kanada's Spitzenstaf 1986 und Gewinner der National Specialty 1986 in der Klasse »Bred By Exhibitor«.

Die Garibaldi Highlands von British Columbia sind die Heimat des Happy Gang Kennels von Ray und Donna Conroy. Stammhündin und Mutter von Champions ist die von Ruth Alexander importierte Canadian Ch.Atta Girl Dandelion.

Die erste kanadische Best in Show Auszeichnung gewann Ch. Ruffian Atta Boy the Captain, vorgeführt von seinem Besitzer Alan Allsup aus Burnaby, British Columbia. Atta Boy stammt aus der Zucht von Ruth Alexander und triumphierte auf der Ladies Kennel Club of Vancouver Show 1981.

VENEZUELA

Bis vor zehn Jahren war Peggy Giulini die erfolgreichste Züchterin, die in den südamerikanischen FCI-Ländern American Staffordshire Terrier ausstellte. Heute lebt Peggy in den Vereinigten Staaten, früher über viele Jahre in Caracas, Venezuela. Ihr Zuchtprogramm, vorwiegend aufgebaut auf Crusader- und Rip Rock-Blutführung, brachte den ersten deutschen Champion Sumi's Black Bandit. Dieser Rüde wurde 1966 geboren, gehörte Maria Elisabeth Sievers in Berlin. In Ecuador wurde ein anderer von Peggy Giulini gezüchteter Hund der erste Staf-Champion, Int. Ch. Victor's Little Susie im Besitz von Mrs. Pat Houlberg. Mrs. Giulini stellte in Venezuela ihre Hunde mit viel Erfolg aus. Ihr Ch. Crusader's Taffy, Vater Ch. Knight Crusader, importiert von Ike und Jean Stinson, errang in Venezuela Schönheitschampionat und Leistungstitel. Taffy plazierte sich auf jeder Ausstellung in der Gruppe, errang zwei Gruppensiege. Funny Face, C.D.X von Mrs. Giulini, spielte die Rolle der »Sandy« bei der venezuelanischen Bühnenproduktion von »Annie«.

DEUTSCHLAND

Der erste Zuchtzwinger in Westdeutschland »vom Simba Camp« wurde von Ruth Riols aufgebaut, Stammrüde des Zwingers war der Deutsche und Int. Ch. Knight Watch Tuckerman. Er stammte aus der Zucht von Hank und Mitzi Ritter, sein Vater war Ch. Ruffian Hercules of Har-Wyn. Zu den Stammhündinnen von Ruth Riols gehört eine Tochter des American/Canadian Ch. Mari-Don Mister Beau Jangles, C.D.X. aus der Hündin Ch. Mistina von Fred Sindelar. Der jüngste Import aus Amerika ist ein Sohn von Ch. Tryarr Diamondback Redbolt aus der Hündin Ch. Revol-te Remercie Fraja, U.D.

Ruth züchtete eine große Anzahl deutscher und internationaler Champions, sie ist Mitglied des American Staffordshire Terrier Clubs, besuchte die Westminster Kennel Club Shows in New York 1983 und 1988. Ruth ist im deutschen Terrier Club und anderen Rassezuchtvereinen aktiv. Sie brachte den deutschen Terrier-Liebhabern die Eigenschaften des American Staffordshire Terrier nahe, zeichnet sich durch sorgfältige Zucht und Beachtung des Rassestandards aus. Die Rasse nahm in den letzten Jahren in Deutschland sehr an Popularität zu, fand eine ganze Reihe neuer Züchter. Besonders geschätzt wird die Leistungsfähigkeit der Hunde.

Rechts: Deofol's Yankee (Holland).

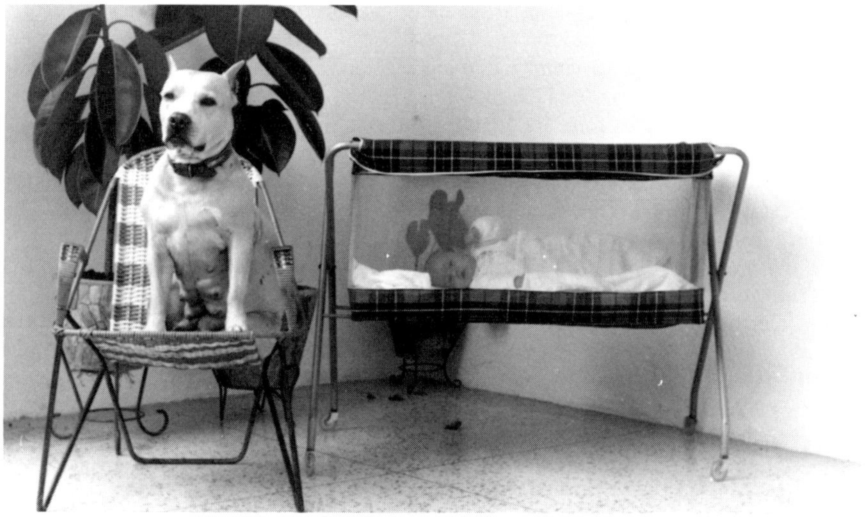

Links: Ch. Crusader's Taffy als Hüter des Babys der Familie Giulini (Venezuela).

Rechts: Deofol's Sun-tsu (Holland).

HOLLAND

Einer der neueren Stafford-Zwinger nach FCI-Regeln ist Deofol im Besitz von Hank Stelwagen in Holland, aktiv in Zucht und Ausstellung. Die Stammhündinnen dieses niederländischen Zwingers sind: Deofol's Yankee, eine Tochter des American/Canadian Ch. Mari-Don Mister Beau Jangles, C.D.X nach Fraja's Ma Bell, C.D.X; dazu Lacy of Deofol (Alice's Sir Bruno Ryeoul - Ch. Kelly's Shining Casey). Der Stammrüde dieses Zwingers ist Deofol's Sun-tsu (Tryarr Diamondback Redbolt - Ch. Revol-te Remercie Fraja, U.D.).

Herr Stelwagen ist Mitglied des ASTC, er besuchte die Frühjahrsausstellung in Louisville, Kentucky 1983 und führte dort Stafs vor. Seine Hunde haben Anwartschaften in Amsterdam, Leeuwarden und Zuidlapen errungen. Auch hier gibt es neue Züchter und Liebhaber der Rasse.

FÉDÉRATION CYNOLOGIQUE INTERNATIONALE

Mit Sitz in Belgien kontrolliert die Fédération Cynologique Internationale (FCI) das Ausstellungs- und Zuchtwesen der Hunde in allen europäischen Ländern mit Ausnahme von Großbritannien, in allen südamerikanischen Ländern und weiten Teilen der Welt. Die FCI kennt zwei Ausstellungstypen – nationale und internationale allgemeine Hundeausstellungen. Herausragende Hunde erhalten auf diesen Veranstaltungen Anwartschaften auf nationales oder internationales Championat. Beim nationalen Championat gibt es in den einzelnen Ländern unter der Aufsicht der FCI leicht abweichende Regeln hinsichtlich Alter und Anzahl der notwendigen Anwartschaften (CAC). Das internationale Championat erfordert vier Anwartschaften (CACIB) unter drei verschiedenen Richtern in drei verschiedenen Ländern. Mindestalter 15 Monate, Abstand zwischen erster und letzter Anwartschaft mindestens 12 Monate. Ein CACIB muß im Heimatland des Besitzers gewonnen werden. Das CACIB bzw. CAC geht jeweils an den rassebesten Rüden und die rassebeste Hündin.

Unten: Deutscher und Internationaler Champion Knight Watch Tuckerman, Zwinger Simba Camp von Ruth Riols (Deutschland).

Unten: Funny Face, C.D.X. auf der Weihnachtsfeier für das Stück »Annie«. Funny Face spielt hierbei die »Sandy«. Besitzer: Peggy und Lorenzo Giulini (Venezuela).

Oben: Ch. Rounder's Diamond Lil.
Züchter und Besitzer: Richard Gray.

Oben: Ch. Tonkawa Chief Joseph.
Besitzer: Hendrix B. Harper (Mitte der 70er Jahre).

Oben: Int. Ch. X-Pert Blossom Queen.
Besitzer: Dr. Caroll A. Roll. Züchter: Colonel H. Schuhmann (1947).

Oben: Ch. Ruffian Buckingham of Tonkawa. Besitzer: John McNevin. Züchter: Hendrix Harper (1976).

Unten: Ch. Roll's Chistera Pintada.
Besitzer: Don und Mary Humes.
Züchter: Dr. Carroll A. Roll.

Unten: White Rock Grover, der legendäre Athlet unter den Hunden, der aus dem Stand über einen 1,93 m hohen Zaun springen konnte. Besitzer und Züchter: Dr. H. Richard Pascoe.

Die Erziehung des Familienhundes

Obwohl jeder Hund eine eigene Persönlichkeit ist, Launen und eine eigene Empfindungswelt hat, die ihn zum Einzelwesen machen, haben alle Hunde zwei Charakteristika gemeinsam, die man vorteilhaft für ihre Erziehung nutzen kann. Die erste ist der Wunsch jeden Hundes, seinem Besitzer zu gefallen, dieser entwickelte sich über die Jahrhunderte der Gemeinsamkeit mit dem Menschen. Die zweite ist der angeborene Intelligenzgrad. Es ist schlüssig erwiesen, daß der Hund über eine eigene Denkfähigkeit verfügt (vergleichbar etwa einem zweijährigen Kind), seine Lernfähigkeit beruht auf der direkten Verbindung zwischen Ursache und Wirkung. Bereitwillig wiederholen Hunde Handlungen, die für sie angenehme Reaktionen auslösen, sie unterlassen Handlungen, die zu unangenehmen Einwirkungen führen. Um die Fähigkeiten des Hundes optimal zu entwickeln, muß sich deshalb der Ausbilder vergewissern, daß der Hund ein Kommando versteht, ihn belohnen, wenn er gehorcht, ihn korrigieren, wenn er etwas falsch macht.

Kommandos sollten so kurz wie möglich sein, sollten täglich immer wieder gleichartig wiederholt werden. Wenn man an einem Tag »Platz« befiehlt, am anderen »Bleib hier«, dann verwirrt man dadurch den Hund. Fuß, Sitz, Steh, Bleib, Platz – sind die Standardterminologie, die man bei einem Hund, den man ausbilden möchte, stets benutzen sollte.

Auch die Modulation der menschlichen Stimme ist von Wichtigkeit. So hilft zum Beispiel ein schmeichelnder Ton einen Welpen zu ermutigen, etwas Neues auszuprobieren. Beherrscht ein Hund eine Übung, gibt man die Kommandos in fester, bestimmter Tonlage, vermittelt damit dem Hund Vertrauen in seine eigene Fähigkeit. Lob – in überschwenglichem Tonfall – sagt dem Hund leicht verständlich, daß er seinen Herrn zufriedengestellt hat. Auf der anderen Seite sagt ihm ein festes »Nein« mit gleicher Klarheit, daß er etwas Unerwünschtes getan hat.

Die Belohnung für richtiges Handeln kann in ganz einfachem, liebevollem Lob und Streicheln des Hundes bestehen, viele Berufsausbilder benutzen aber kleine Leckerbissen als Belohnung. Dabei muß man wissen, daß Leckereien nur wirksam sind, wenn der Hund auch Appetit hat.

Die Korrektur falscher Handlungen von Junghunden sollte nach Möglichkeit durch ein wiederholtes »Nein« in festem Ton erfolgen. Untersucht ein Hund seine Umgebung, sollte man ihn sorgfältig beobachten, ob er etwas tut, was er nicht sollte, ihn mit einem scheltenden »Nein« korrigieren. Ignoriert der Hund dieses Kommando, wiederholt er das falsche Tun oder hört nicht damit auf, geht man zu ihm, wiederholt mit fester Stimme »Nein!«, schüttelt ihn am Nackenfell und drückt ihn dabei in der gleichen Art herunter, wie seine eigene Mutter es getan hätte, um ihm die Grenzen ihrer Geduld zu zeigen.

Fährt der Junghund immer noch mit seinem falschen Handeln fort, wird er erneut ausgeschimpft, dann steckt man ihn in einen abgegrenzten Raum und ignoriert ihn auf fünf Minuten. Holt man ihn wieder heraus, zeigt man ihm, wie froh man ist, ihn wieder zu haben, bringt ihn an dieselbe Stelle und versucht alles erneut. Unterordnung muß sofort und verläßlich erfolgen, stets von Lob begleitet. Nie darf man die Geduld verlieren, im Ärger den Hund zurechtweisen. Alleiniges Ziel der Korrektur ist es, den Hund den Unterschied zwischen erlaubtem und unerlaubtem Verhalten zu lehren. Kein Hund kann im Zustand der Furcht von einem außer Kontrolle geratenen Besitzer irgendetwas lernen, deshalb sollte man sich Korrekturen im voraus ausdenken, ehe die Gelegenheit auftritt, daß man sie benutzen muß. Handelt man fest und entschieden, ohne sich von Gefühlen leiten zu lassen, versteht der Hund schnell die Aufgaben, die man von ihm erwartet. Nie darf man einen Hund necken, sollte es auch anderen keinesfalls erlauben. Ist man selbst in schlechter Stimmung, sollte man nie versuchen, mit dem Hund zu arbeiten. Freundlichkeit und Verständnis des Menschen, Liebe und Respekt des Hundes sind entscheidend für eine angenehme und erfolgreiche Beziehung.

Einige Erzieher empfehlen, den Hund dadurch zu korrigieren, daß man ihn mit einer zusammengerollten Zeitung schlägt. Der Gedanke dahinter ist, daß man mit einer Zeitung den Hund nicht verletzen könnte, das klatschende Geräusch veranlasse den Hund einen Fehler zu vermeiden, der dies Geräusch auslöst. Viele Fachleute widersprechen dieser Korrekturmethode, Hunde könnten hierdurch scheu vor Geräuschen werden – ein ganz entschiedener Nachteil für Hunde, die oft in sehr geräuschvollen Situationen die Nerven behalten müssen. Scheu vor Lärm ist auch für die Ausbildung zum Schutzhund oder Wachhund äußerst unerwünscht, kann sogar zur Schußscheu führen. Im übrigen liegt in aller Regel zwischen dem Falschhandeln des Hundes und der Verfügbarkeit einer zusammengefalteten Zeitung so viel Zeit, daß für den Hund sich die Strafe nicht mehr mit dem falschen Handeln logisch verbinden läßt.

Man sollte den Hund weder mit der Hand noch mit einem Gegenstand schlagen – allerdings mit einer Ausnahme – wenn er zu hart Hand oder Arm des Menschen mit seinen Zähnen faßt. Stoppt ein klares »Nein!« den Hund nicht, erhält er einen kurzen (keinesfalls harten) Klaps unter das Kinn. Diesen kurzen Klaps darf der Hund nicht kommen sehen, anderenfalls könnte er handscheu werden.

Um zu wirken, muß die Zurechtweisung immer unverzüglich erfolgen, so daß im Hundegehirn eine direkte Verbindung zwischen falschem Handeln und der Strafe besteht. Nahezu unter allen Umständen kann man mit der Stimme den Hund korrigieren.

Keinesfalls jedoch darf man den Hund zu sich heranrufen und ihn dann bestrafen, denn für ihn verbindet sich immer die Strafe mit dem letzten Handeln – das ist auf Ruf zum Menschen zu kommen. Ist der Hund auf Distanz und tut etwas, was er nicht sollte, kann man ihn mit der Stimme auszanken, dies erfolgt gleichzeitig mit dem falschen Tun. Ist dies nicht möglich, sollte man das verbotene Handeln ignorieren, bis es sich unter günstigeren Umständen wiederholt. Dann muß der Hund richtig zurechtgewiesen werden.

Insbesondere der junge Hund muß sorgfältig überwacht werden, man muß ihn möglichst rechtzeitig stoppen, ehe er Unfug anrichtet. Alle Hunde brauchen Möglichkeiten zu kauen. Um den Junghund daran zu hindern, etwas Wertvolles zu benagen, sollte man ihm eigenes Spielzeug und Bälle hierfür geben. Nie darf man ihm erlauben, alte wertlose Schlappen anzukauen und dann erwarten, daß er den Unterschied zwischen wertlosen und wertvollen Gegenständen zu erkennen vermag. Nylonstrümpfe, Holzgegenstände und eine Anzahl anderer Spielsachen können zu Verstopfungen und ernsteren Schwierigkeiten führen, wenn der Hund sie kaut und verschluckt, im Extremfall kann der Tod die Folge sein.

Es ist deshalb außerordentlich wichtig, daß man dem Hund nur das Kauen von Knochen oder Spielzeug gestattet, wenn die abgekauten Stücke auch verdaut werden können.

Eine ernsthafte Ausbildung zur Unterordnung sollte bei einem Staf erst etwa im Alter von sechs Monaten beginnen, aber die häusliche Erziehung beginnt an dem Tage, da der Welpe in seine neue Heimat kommt. Man sollte einen Junghund nie völlig·frei im Haus herumlaufen lassen, am besten beschränkt man den Welpen auf seine Box, seinen Käfig oder einen kleinen Laufstall. Heraus darf er nur für Spiel oder Erziehungszeiten, in denen sich der Mensch voll ihm widmen kann. Das erste, was man den Hund lehren muß, ist sein eigener Name. Wann immer er diesen hört, sollte er sofort kommen. Ist man dem Hund nahe, sollte man mit ihm sprechen, öfter seinen Namen wiederholen und ihn zu sich rufen. Während der Spielzeiten spricht man mit dem Hund, streichelt ihn, berührt ihn, denn er muß sich daran gewöhnen, durch alle Familienmitglieder, den Tierarzt, Freunde oder auch den Ausstellungsrichter angefaßt zu werden.

Ist der Junghund zwei bis drei Monate alt, legt man ihm ein leichtes, flaches, enges Lederhalsband an, gewöhnt ihn daran. (Keinesfalls sollte man ihm ein Brustgeschirr anlegen, das veranlaßt ihn nur, beim Spaziergang den Menschen zu ziehen.) Nach einer Woche oder so befestigt man eine leichte Leine am Halsband während der Spielzeiten, läßt den Welpen aber umherlaufen, die Leine hinter sich herziehen. Dann beginnt man, das Ende der Leine festzuhalten, den Welpen mit freundlicher Stimme heranzurufen. Ganz wichtig ist, den Junghund jetzt zu motivieren, neben dem Führer zu gehen, dies erfolgt durch freundliche Stimme und Streicheln mit der Hand. Niemals sollte man ihn auszanken, wenn er nach vorne zieht oder hinten nachhängt. Statt dessen sollte man ihn vorsichtig mit einem kurzen Ruck (nie mit anhaltendem Ziehen) korrigieren, ihn sofort loben, wenn er sich korrigiert. Der Junghund gewöhnt sich schnell an Halsband und Leine, auch wenn er nach der Ersterziehung zu Hause später auf Spaziergängen ausgeführt wird.

Die Hauserziehung kann in einem Zeitraum von etwa zwei Wochen abgeschlossen sein, vorausgesetzt der Hund ist alt genug, um über seine Körperfunktionen Kontrolle zu haben. Dies ist etwa im Alter von vier Monaten der Fall. Bis zu diesem Zeitpunkt sollte der Junghund den Großteil seines Tages auf einen für ihn abgeschlossenen Bereich beschränkt bleiben. Am besten bedeckt man den Boden dieses Bereiches mit einigen Lagen Zeitungspapier, so daß er sich lösen kann, ohne die Böden zu schädigen.

Es gibt zwei Wege der Erziehung zur Stubenreinheit – die Auswahl hängt von den Wohnverhältnissen ab. Wohnt man in einem Haus mit leichtem Zugang zu einem Garten, möchte man wahrscheinlich von Anfang an den Welpen so erziehen, daß er zum Lösen nach draußen geht. Wohnt man dagegen in einem Appartement in der Stadt ohne leichten Zugang zu einer freien Fläche, wird man ihn zunächst meist so erziehen, daß er sich auf Zeitungspapier löst. Kann er später die Körperfunktionen richtig kontrollieren, muß die Umerziehung zum Lösen im Freien erfolgen.

Hat man sich entschieden, den Welpen so zu erziehen, daß er sich im Freien lösen soll, muß man sich überlegen, ihn im Hause so zu halten, daß man ihn laufend beobachten kann. Vorübergehend kann man ein Gitter aufstellen, um den Hund auf einen Raum zu beschränken, noch besser einen Teil eines Zimmers durch einen Laufstall begrenzen, wo man ihn immer gut beobachten, ihn auch aus dem »beschäftigten« Teil des Hauses kontrollieren, mit ihm sprechen kann. Von Natur aus sind Hunde saubere Tiere, verschmutzen ungerne ihr Lager. Beschränkt man einen Welpen auf engem Raum, hilft dies, daß er diesen Raum wenig verschmutzt.

Natürlich muß ein kleiner Welpe oft herausgebracht werden. Man beobachtet den Welpen sorgfältig, macht er Anstalten dazu, sich zu lösen, nimmt man ihn sofort heraus. Passiert dennoch ein Unglück, ertappt man ihn auf frischer Tat, wird er ausgeschimpft und nach draußen gebracht, so daß sich für ihn eine Verbindung zwischen Sich-lösen und Draußen-sein aufbaut. Nach jeder Mahlzeit bringt man den Welpen nach draußen – nach Möglichkeit immer an dieselbe Stelle. Nun muß man beharrlich mit ihm draußen bleiben, bis er sich gelöst hat. Wachen Welpen aus dem Schlaf auf, gilt dasselbe, man bringt sie an die Lösestelle und wartet, bis sie sich gelöst haben. Die Aufnahme von Wasser wird zwei Stunden vor dem Schlafengehen unterbunden, man führt ihn vor dem eigenen Schlafengehen noch nach draußen. Sofort beim Erwachen am frühen Morgen wird er wieder hinaus gebracht.

Für eventuell notwendiges Erziehen auf Zeitungspapier braucht man ein eigenes Zimmer oder einen Zimmerabschnitt, bedeckt einen großen Bereich des Fußbodens mit mehreren Lagen Zeitungspapier. Als Alternative bietet sich der Kauf eines kleinen Laufstalls an, den man in guten Fachgeschäften erhalten wird. Solche tragbaren »Welpenausläufe« erlauben es, den Welpen in dem Teil des Hauses oder auch Gartens einzuzäunen, den man dafür aussucht. Solche Welpenausläufe haben weitgehend dieselbe Funktion wie ein Laufstall für Kleinkinder. Wird ein Laufstall innerhalb des Hauses aufgestellt, bedeckt man die Hälfte des Bodens mit Zeitungen, hier ist für den Hund der Löseplatz. Erhält man einen solchen Laufstall nicht im Fachgeschäft, sollte man ihn auf Hundeausstellungen oder über Spezialversandgeschäfte besorgen.

Je mehr der Junghund seine Funktionen kontrollieren kann, um so mehr kann man den Zeitungsteil des Bodens verkleinern, läßt den übrigen Boden blank. Verunreinigt er den blanken Boden, sollte man ihn leicht zurechtweisen, ihn auf das Zeitungspapier stellen. Auf diese Art bringt man ihm bei, daß dies die Stelle zum Lösen ist. Hat er dies einmal begriffen, wird der blanke Boden immer größer, es bleibt nur noch etwa ein Raum für zwei komplette Tageszeitungen. Man muß ihn weiter dieses »Zeitungsklo« benutzen lassen, nimmt ihn aber nun möglichst mehrfach täglich an der Leine zu den Zeiten ins Freie, zu denen er sich normalerweise löst. Man beobachte ihn sorgfältig im Hause; beim ersten Anzeichen, daß er sich lösen möchte, geht man mit ihm nach draußen. Auch hier wird die Aufnahme von Trinkwasser ab zwei Stunden vor der Schlafenszeit unterbunden.

Auf beide aufgezeigten Methoden wird ein Junghund in erstaunlich kurzer Zeit stubenrein. Hat er gelernt, seine Funktionen zu kontrollieren, braucht er nur vier- bis fünfmal täglich Ausgang, um sich immer im Freien zu lösen.

Optimal wäre es, wenn der Welpe nun bei einem Verein die in Kapitel eins erwähnte »Kindergarten Puppy Training class« besuchen könnte, anderenfalls muß – wie bereits erwähnt – ein

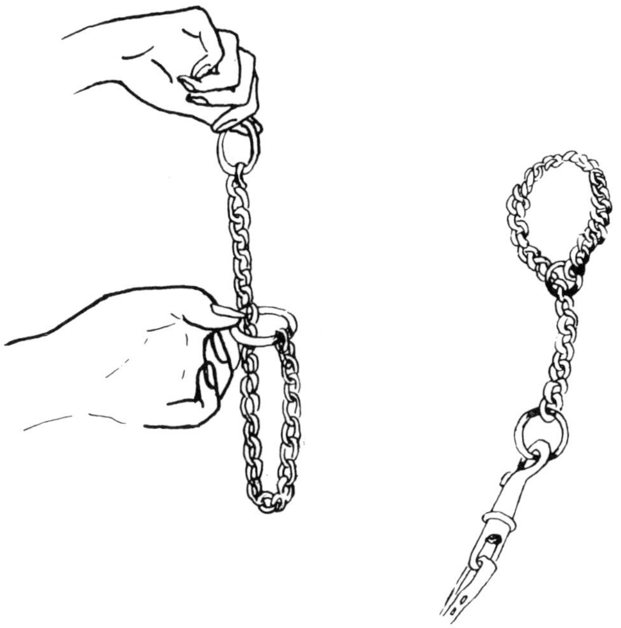

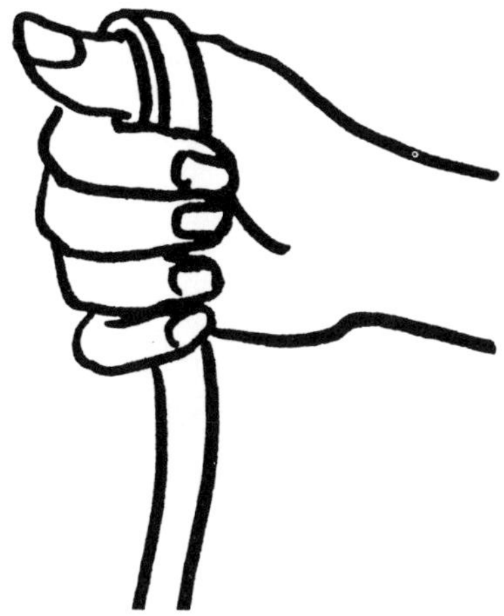

Richtiges Halten der Leine

Kettenhalsband. Man sollte das Halsband immer ablegen, wenn der Hund nicht unter direkter Kontrolle seines Führers steht. Viele Hunde sind schon dadurch erstickt, daß man ihnen das Halsband anließ und sie sich damit irgendwo verfingen.

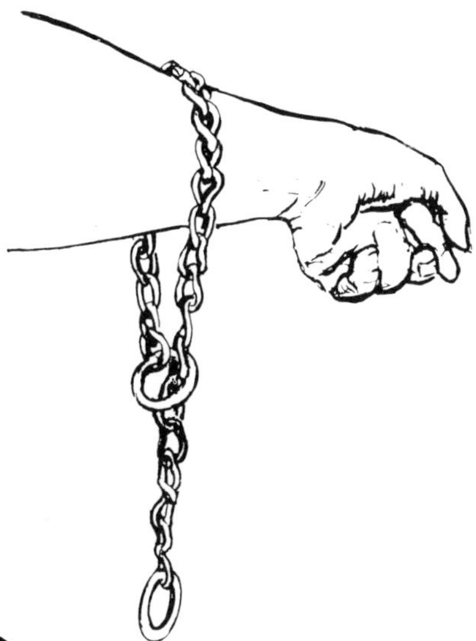

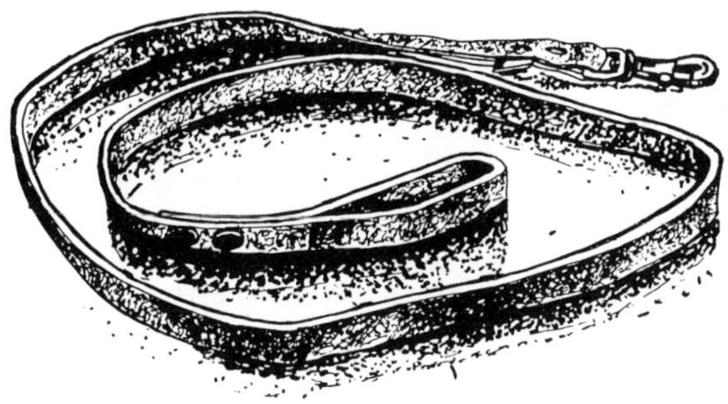

Zwei-Meter-Leine

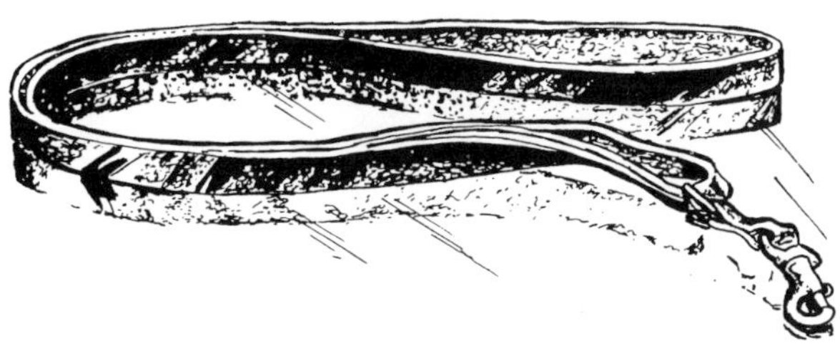

Ein-Meter-Leine

eigenes Erziehungs- und Sozialisierungsprogramm ausgedacht werden. In einem Alter von fünf bis sechs Monaten ist der Junghund dann soweit, daß man auch mit ihm Kurse für eine regelmäßige Grunderziehung (Obedience class) besuchen kann. Man muß versuchen, einen Ausbilder zu finden, einen Hundeverein, der sich fachgerecht um die Erziehung von Junghunden bemüht. Entsprechende Adressen erbittet man über die nationale Spitzenorganisation für das Hundewesen oder über den Spezialverein für American Staffordshire Terrier. Ganz gleich, ob man je mit seinem Hund an Leistungswettbewerben teilnehmen möchte oder nicht, derartige Erziehungsstunden machen den Hund zu einem aufmerksamen und angenehmen Lebensgefährten. Zuweilen findet man auch bei den Hundevereinen eigene Ausstellungsklassen, auf denen man die Grundlagen für einen geplanten, späteren Ausstellungsbesuch erlernen kann.

Selbst Hunde mit richtiger Grunderziehung entwickeln manchmal schlechte Angewohnheiten, die nicht ganz einfach abzugewöhnen sind. Das Anspringen von Menschen ist eine dieser häufigen schlechten Angewohnheiten; alle Familienmitglieder müssen zusammenarbeiten, um dieses Verhalten abzustellen.

Erlaubt man dem Hund anzuspringen, wenn man entsprechend gekleidet ist, kann man keinesfalls erwarten, daß er das nicht mehr tut, wenn man gerade seine Abendgarderobe trägt. Eine Korrekturmöglichkeit besteht darin, in dem Augenblick, da der Hund anspringt, einen Schritt nach vorne zu machen, das Knie anzuheben. Dabei stößt das Knie gegen die Hundebrust, begleitet von einem scharfen »Nein!«. Eine andere Methode ist es, beide Vorderläufe mit der Hand zu fassen, dem Hund freundlich zuzusprechen, ihm aber gleichzeitig auf die Hinterpfoten gerade kräftig genug zu treten, daß ihn dies schmerzt. Beide Methoden sind für den Hund eine Überraschung. Steht er dann wieder mit allen vier Pfoten auf dem Boden, wird er gelobt und gestreichelt. Gelegentlich sind Hunde zu aufdringlich bei Gästen, die Hunde nicht mögen. Hat der Hund eine Unterordnungserziehung, lautet das einfache Kommando »Hier!«. Gehorcht der Hund, wird er gelobt, läßt man ihn neben sich sitzen oder abliegen. Übermäßiges Kläffen führt mit Sicherheit zu Beschwerden der Nachbarschaft, häufig bedarf es ausdauernder Bemühungen, einem Hund abzugewöhnen, ohne Anlaß zu bellen. Um diese schlechte Angewonheit zu korrigieren, muß man dicht beim Hund sein, wenn er zu kläffen beginnt. Man umfaßt seinen Fang mit beiden Händen, hält ihn geschlossen und kommandiert mit fester Stimme »Ruhe!«. Hat er gelernt, dies zu beachten, läßt er sich einfach durch dieses Kommando kontrollieren. Kläfft ein Hund auf einer Hundeausstellung laufend in seiner Box, läßt sich dies notfalls korrigieren, indem man ihm einfach klares Wasser aus einer Sprühflasche ins Gesicht sprüht, wieder mit dem Kommando »Ruhe!«.

Das Herumschnüffeln an anderen Hunden ist wiederum für manchen Besitzer eine ihm unangenehme Gewohnheit, entspricht aber natürlichem Hundeverhalten. Ist der Hund nicht angeleint und beschnüffelt andere Hunde, ignoriert er dabei das Kommando zu kommen, bedarf es einer Erneuerung der Grundlektionen in Gehorsam. Ist der Hund angeleint, führt man eine schnelle Wendung aus, begleitet von einem Leinenruck und dem Kommando »Fuß!«, dann entfernt man sich vom anderen Hund.

Entschließt man sich, seinen Hund auf Reisen mitzunehmen, ist dies bei einem gut erzogenen Hund überhaupt kein Problem. Ganz gleich wie gehorsam er jedoch ist, in einer fremden Gegend sollte man seinem Hund nie erlauben, unangeleint mit spazierenzugehen. Ablenkungen sind hier verführerischer, es gibt viel mehr Möglichkeiten, fremden Hunden zu begegnen. Wann immer man mit seinem Hund verreist, sollte man die Leine mitnehmen – und gebrauchen. Wichtig ist auch sein Reisekäfig, ja es ist die sicherste Art des Reisens. Ganz gleich, wie anständig sich der Hund zu Hause benimmt, läßt man ihn alleine im Hotelzimmer, sollte man ihn bis zur Rückkehr in seinen Käfig stecken.

Oben: Ch. Rip Rock Irish Mike (Ch. X-Pert Pedro Escopeta – Ch. Xa Shamrock of Rip Rock). W.T. 5. 7. 1958. Rassenvertreter in »AKC's Complete Dog Book«. Züchter und Besitzer: Kathleen Marusich O'Conner.

Unten: Ch. Ruffian Gentleman's Gem. Der erste selbstgezüchtete National Specialty Winner von Richard Gray.

Oben: Ch. Sharevalpad Hellzapoppin. Best in Show in Mexiko City in den 50er Jahren. Züchter/Besitzer: Al und Evelyn Williams.

Oben: Ch. Rounder's Rowdy Anne. Züchter/Besitzer: Richard Gray.

Unten: Ch. Rip Rock Shamrock II (Ch. X-Pert Pedro Escopeta – Ch. Xa Shamrock of Rip Rock). Geworfen 1958, Züchter und Besitzer: Kathleen Marusich O'Conner.

Oben: Ch. White Rock Dagger. Züchter/Besitzer: Richard Pascoe.

Oben: Ch. Ruffian Smoky of Tonkawa, C.D., Foto: Nugent.

Unten: Ch. Fraja Bill's Mighty Like Maria. Foto: Olson.

Unten: Ch. X-Pert Humes Topsy. Foto: Nugent.

Pflege des American Staffordshire Terrier

REGELMÄSSIGE PFLEGE DES FAMILIENHUNDES

Gewöhnt man seinen Hund von Anfang an Fellpflege als regelmäßigen Teil seines Lebens, versteht er, daß Fellpflege – wenn auch angenehm – doch eine ernsthafte Angelegenheit ist, kein Spiel. Entschiedene und freundliche Behandlung, freundliches Zureden während des Bürstens erleichtern die Kooperation. Wird er kitzelig oder rebelliert er gegen das Anfassen an irgendeinem Körperteil, sollte man ihm mit autoritäter Stimme sofort ein klares »Nein!« sagen. Bis etwa zu sechs Monaten sollte der Hund an einen Pflegetisch gewöhnt sein. Es gibt nicht viele schwierigere Aufgaben als die Nagelpflege eines ausgereiften 30 kg Hundes, der nicht rechtzeitig daran gewöhnt wurde, daß man seine Pfoten berührt.

Der Raum für die Hundepflege sollte genügend Licht haben, frei von Ablenkungen durch andere Tiere sein, nach Möglichkeit innerhalb des Hauses liegen. Man braucht einen festen Pflegetisch mit gleitsicherer Oberfläche. Derartige Tische erhält man auf Hundeausstellungen oder im Zoofachhandel. Niemals darf man den Hund auf dem Tisch alleine lassen, insbesondere wenn man einen Pflegetisch mit beweglichem Arm (Galgen) und Schlaufe für den Hundehals benutzt. Um es für den Hund angenehmer zu machen, sollte man vor der Pflegearbeit den Hund stets etwas ausführen, damit er sich lösen kann.

Haut und Fell des Hundes werden ganz einfach durch ein paar Minuten tägliches Bürsten mit einer Borstenbürste oder mit einem Pflegehandschuh in guter Kondition gehalten. Das Bürsten stimuliert die Blutzirkulation, die Sekretion des natürlichen Hautfettes beseitigt gleichzeitig Schmutz, abgestoßenes Haar, lose Hautpartikel und Schorf. Tritt starke Schorfbildung auf, befeuchtet man ein Tuch mit Listerine-Mundwasser und reibt es tüchtig in das Hundefell. Beim Bürsten achte man auf Zecken, die sich selbst bei kurzhaarigen Hunden manchmal im Ohrbereich und zwischen den Zehen verstecken. Kontrolle auf Flöhe erfolgt, indem man den Hund gegen den Strich bürstet. Dabei achtet man auf kleine schwarze Flecken auf der Haut, welche Hinweise auf Flohbefall sind. Wenn man einen Hund gegen Flöhe und Zecken badet, einsprüht oder pudert, achte man sorgfältig auf alle Hinweise auf dem Etikett, insbesondere auch darauf, daß das Medikament weder in Augen, Fang noch Nase des Hundes gerät.

Man hält den Hundekopf fest, zieht die Lefzen nach oben und kontrolliert die Zähne auf Zahnsteinbefall. Eine weiche Zahnbürste oder ein feuchtes Stück Watte, in Backsoda getunkt, beseitigt meist alle Zahnverfärbungen. Lassen sich die Flecken an den vorderen und hinteren Zähnen nicht leicht entfernen, sollte man seinen Tierarzt bitten, die Reinigung der Zähne des Hundes zu übernehmen. Derartige Behandlungen, unterstützt durch harte Hundekuchen und einen kräftigen »Nylonknochen« als Kauspielzeug, halten die Zähne des jungen Hundes weiß. Kauen allein aber reicht nicht immer dafür aus.

Man darf die Krallen des Hundes nicht vernachlässigen. Berühren sie beim stehenden Hund den Boden oder hört man beim Gehen des Hundes ein klickendes Geräusch, sind sie zu lang. Ein Hund mit überlangen Krallen geht gerne auf den hinteren Ballen, dies führt zuweilen zu schlechtem Gang und Spreizzehen. Krallen und Wolfsklauen können ohne richtige Pflege zu solcher Länge wachsen, daß sie sich krümmen und von unten in die Pfote wachsen, dabei die Oberfläche der Ballen durchstoßen.

Zum Schneiden der Krallen stellt man sich vor den Pflegetisch und hebt die Hundepfote nach oben und vorn. Mit der linken Hand hält man die Pfote fest, die rechte Hand schneidet (Linkshändler machen es umgekehrt). Es gibt verschiedene Modelle von Nagelzangen, am besten wählt man eine für kräftigere Krallen. Hat der Hund weiße Krallen, ist die Aufgabe leichter, den das Blutgefäß (das »Leben«), das weit in die Krallen hineinreicht, ist bei weißen Krallen leicht zu sehen. Man schneidet genau so, daß man außerhalb des »Lebens« bleibt. Bei gut pigmentierten Krallen kann man meist den Verlauf des »Lebens« nicht genau erkennen. Bei solchen Hunden schneidet man am besten so, daß außerhalb der hakenförmigen Krümmung der Kralle von unten geschnitten wird. Schneidet man dennoch unglücklicherweise ins Leben, kann man das Bluten durch einen blutstillenden Stift, wie es ihn auch für Menschen gibt, stillen, es gibt auch blutstillenden Puder, den man im Fachgeschäft erhält. Preßt man den blutenden Nagel etwa eine Minute lang in ein weiches Seifenläppchen, bringt auch dies die Blutung zum Stocken. Wenn es ihn auch kurz schmerzt, verzeiht der Staf ein gelegentliches Anschneiden des »Lebens«, unterläuft einem aber dieser Fehler zu häufig, ist es durchaus möglich, daß er sich nicht mehr an den Pfoten herumarbeiten läßt. Möchte man seinen Hund ausstellen, findet man in einem späteren Abschnitt unter »Pfoten« Hinweise, wie man die Krallen noch zusätzlich pflegen kann.

Bürsten säubert das Fell, reduziert den Körpergeruch. Wird er täglich gebürstet, braucht der Staf nur sehr selten ein Bad. Hunde sollte man nur wenn notwendig baden, zu häufiges Baden trocknet das Fell aus, wäscht die natürlichen Fette heraus. Vor dem Baden sollte man mit dem Hund spazieren gehen, weil direkt nach dem Baden ein Spaziergang bei kühlem Wetter nicht empfehlenswert ist. Gibt es keine Möglichkeit, den Hund im Wasser zu baden, gibt es verschiedene Trockenshampoos, die man in das Fell des Hundes einreiben, danach mit einem Tuch oder einer Bürste entfernen kann.

Zur Badeausstattung gehören: ein Kübel (möglichst mit Ablauf, so daß der Hund nicht in seifigem Wasser herumsteht); eine Fußmatte auf dem Boden des Kübels; eine Brauseeinrichtung oder ein Gefäß, mit dem man Wasser über den Hund schüttet; Hundeshampoo oder insektizides Shampoo (zur Bekämpfung von Flöhen und Zecken); Watte; ein Waschlappen; Mineralöl; ein oder zwei große Tücher; (auf Wunsch) ein Fellpflegemittel. In aller Regel ist bei einem gut erzogenen Hund das Baden in der eigenen Badewanne mit der entsprechenden Ausrüstung angezeigt.

Das Badewasser muß warm sein, keinesfalls aber heiß (Körperwärme). Zunächst wird in jedes Ohr etwas Watte gesteckt, so daß kein Wasser eindringen kann. Danach braust man den ganzen Hundekörper (mit Ausnahme von Gesicht und Kopf) ab oder schüttet Wasser darüber.

Danach drückt man etwas Shampoo auf den Hunderücken, massiert den Schaum fest ins Fell ein. Mit weiterem Shampoo reinigt man Bauch und Läufe. Gerät zufällig Seife in die

Hundeaugen, erleichtern ein paar Tropfen Mineralöl, die man an der Innenseite des Augenlids eintropft, das Brennen. Als nächstes spült man mit der Brause den ganzen Schaum aus oder schüttet mit einem Gefäß viel Wasser über den Hundekörper. Man muß sich die Zeit nehmen, wirklich gründlich auszuspülen. Alles Shampoo, das nicht ausgespült wird, macht das Fell trocken und stumpf, kann schweren Juckreiz auslösen. Nimmt man zusätzlich ein Fellpflegemittel, sollte man sich genau an die Anweisung halten. Jetzt tunkt man den Waschlappen in warmes, sauberes Wasser, wringt ihn aus und reinigt sorgfältig Gesicht und Kopf des Hundes. Man entfernt die Watte aus den Ohren und reinigt mit einem trockenen Wattebausch, der in etwas Mineralöl eingetaucht wird, die Innenseite seiner Ohren. Jetzt wird ein Tuch um den Hund gewikkelt, er aus der Badewanne gehoben und mit den Frotteehandtüchern tüchtig abgetrocknet. Für das Baden des Hundes trägt man immer alte Kleidung, denn wenn er irgendeine Gelegenheit zum Schütteln findet, ist er nicht der einzige, der naß geworden ist.

Badet man seinen Hund, um äußere Parasiten zu töten, müssen die Hinweise und Warnungen auf dem Spezialprodukt sorgfältig beachtet werden.

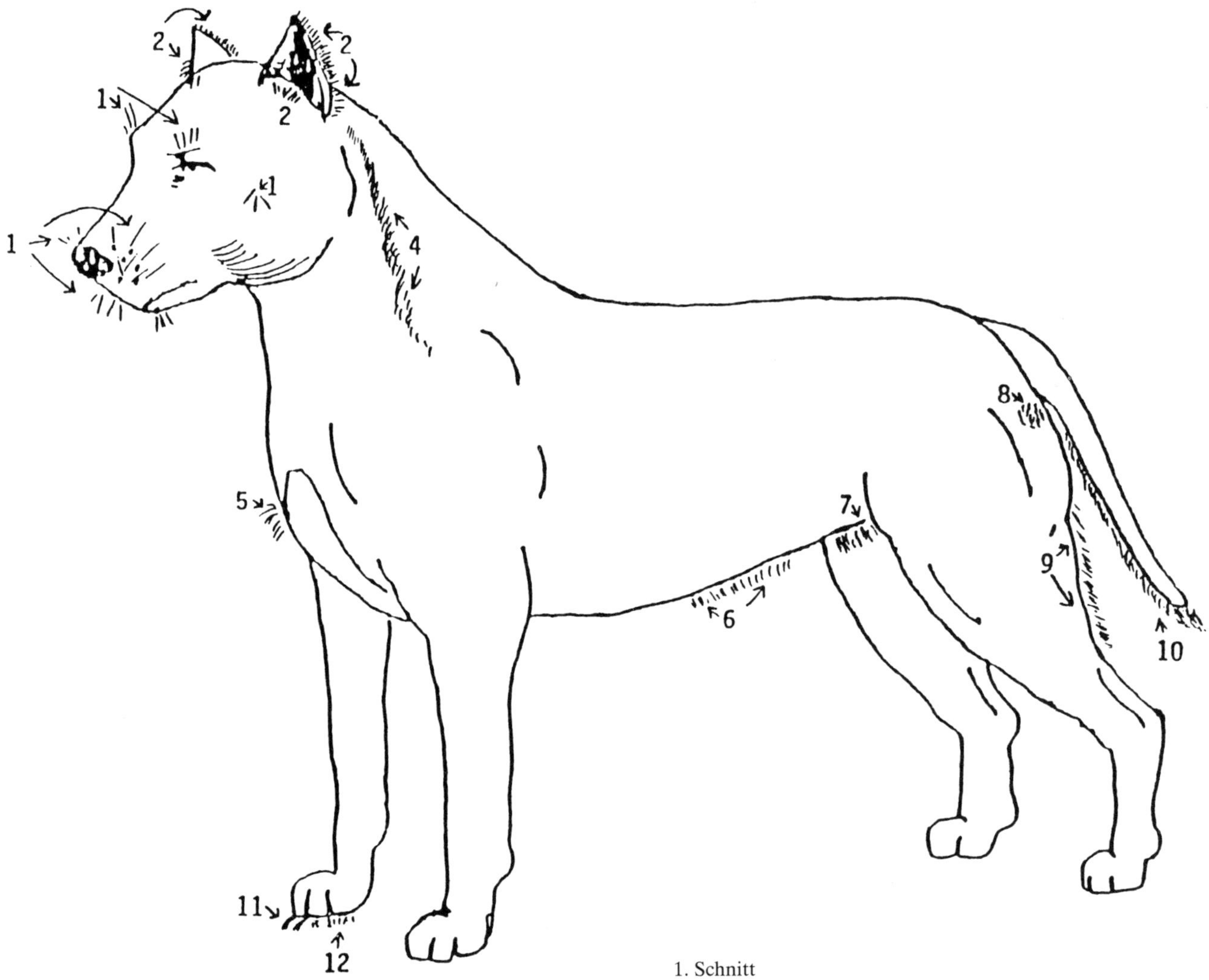

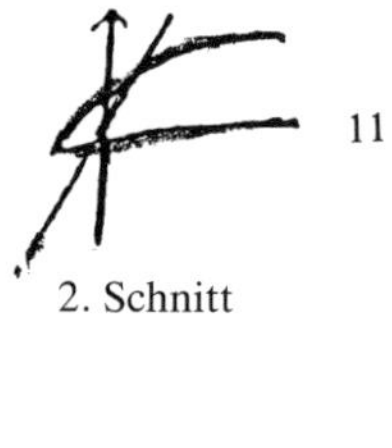

SPEZIALPFLEGE FÜR AUSSTELLUNGSTIERE

Nachstehende Hinweise betreffen in erster Linie das Ausstellen von Hunden auf amerikanischen Hundeausstellungen. Einige dieser Hinweise sind aber sicherlich auch für die Vorstellung der Hunde auf dem Kontinent von Nutzen, daher hat der Verlag sie ungekürzt wiedergegeben.

Auch sorgfältigstes Zurechtmachen kann fehlendes körperliches Fitsein nicht verschleiern. Es wird angenommen, daß der für die Ausstellung zurechtgemachte Hund mit Futter von guter Qualität ernährt ist, frei von inneren und äußeren Parasiten, regelmäßig ausreichend Bewegung findet, sich in einwandfreier Kondition und bei guter Gesundheit befindet. Er sollte es gewöhnt sein, häufig gebürstet zu werden, an Krallen, Ohr- und Zahnpflege, auch an ein gelegentliches Bad. Nachstehend die »Extras«, die abschließenden Feinheiten, die den Unterschied ausmachen zwischen einem sauberen, gesunden Hund und einem, der stilgerecht für die Ausstellung zurechtgemacht ist. Nie sollte man versuchen, alle diese Maßnahmen gleichzeitig durchzuführen, wenn der Hund für eine Ausstellung am nächsten Tage vorbereitet wird. Vielmehr sollte man immer einige Wochen vor dem Ausstellungstermin damit beginnen, dann braucht man nur wenig Zeit und kann alles perfekt ausführen. Der Vorteil besteht auch darin, daß wenn man zufälligerweise zu viel Haar abschneidet, dies bis zum wichtigen Termin noch nachwachsen kann.

Ausrüstung: Pflegetisch mit rauher Oberfläche; Badezubehör wie zuvor ausgeführt; eine Schere mit abgerundeten Scherflächen; Ausdünnschere; Krallenschneider; Bürste mit natürlichen Borsten oder Pferdehaarhandschuh. Wahlweise: elektrische Schermaschine mit Scherblatt 10; Nagelfeile; Leder.

KOPF

1. Schritt: Man nimmt die Schere mit den abgerundeten Scherflächen, schneidet die langen Haare beidseits der Wangen, über den Augen und unter dem Kinn ab. Dann werden die Barthaare geschnitten und die Haare unter dem Kinn. Vorsicht beim Arbeiten nahe den Augen. *Schritt zwei:* Hat der Hund coupierte Ohren, nimmt man die gleiche Schere, beginnt an der Ohrmuschel unten, schneidet das Haar von unten bis zur Spitze an der Außenseite, so daß es glatt mit der Ohrmuschel abschließt. Nun dreht man das Ohrinnere nach außen, schneidet alle langen Haare am Ohransatz und im Ohrinneren. Man muß sorgfältig aufpassen, daß man keine Ausbeulungen oder Falten am Ohransatz oder innerhalb des Ohres verletzt. Jetzt tritt man einen Schritt zurück und schaut sich das Ganze an. Dann schneidet man alles Haar, das etwa noch über den Ohrrand reicht, nochmals nach. *Schritt drei:* Man entfernt allen Zahnstein von den Zähnen mit einem feuchten Tuch oder einer weichen Zahnbürste, die man zuvor in etwas Backsoda eingetaucht hat. Läßt sich der Zahnstein auf diese Art nicht entfernen, muß dies durch den Tierarzt erfolgen.

HALS

Schritt vier: Hat der Hund eine Art »cowlick-Spur«, die vom hinteren Ohr den Hals seitlich abwärts geht, läßt sich dies fein mit der Ausdünnschere ausgleichen. Man hält die Schere vertikal und folgt der »cowlick-Spur-Linie« den Hals abwärts. Man kann gut erkennen, wenn man den richtigen Ausgleich gefunden hat. Einige benutzen die Schere nur, um die Haarenden in diesem Bereich zu kürzen, aber die Ausdünnschere ist sicherer, denn mit ihr ist es weniger wahrscheinlich, eine kahle Stelle zu hinterlassen (cowlick = »Kuhleckspur«).

VORBRUST

Schritt fünf: Tritt auch in der Mitte der Vorbrust eine solche haarige Stelle auf, kann man in gleicher Weise die Ausdünnschere benutzen.

KÖRPER

Schritt sechs: Viele Hunde haben unter dem Körper nach hinten, insbesondere rund um die Brustwarzen oder am Penis längeres Haar. Besitzt man eine elektrische Haarschneidemaschine, kann man diese verwenden, wenn nicht, geht es auch mit der Schere. Man muß darauf achten, richtiges Licht zu haben, mit Schermaschine oder Schere vorsichtig umgehen, insbesondere, wenn man nahe den Brustwarzen oder Genitalien arbeitet. *Schritt sieben:* Man überprüfe das Haar im Flankenbereich, wo der Körper hochgezogen wird. Sind sie lang oder ungleich, kann auch dieser Bereich mit Schermaschine oder Schere gesäubert werden. Man muß darauf achten, die Hautfalte nicht zu verletzen, darf das Haar auch nicht zu kurz schneiden, daß dieser Bereich kahl erscheint.

HINTERLÄUFE

Schritt acht: Im Bereich des Rutenansatzes haben viele Hunde im hinteren Bereich der Läufe beidseits eine kleine, runde, haarige Stelle. Diesen kleinen Kreis bearbeitet man mit der Ausdünnschere, so daß auch hier das Haar ausgeglichen wird. *Schritt neun:* Wenn das am Hinterlauf nach unten verlaufende Haar leicht absteht, wird dies am besten mit der Ausdünnschere behandelt. Hier muß man langsam vorgehen, die Linie muß gerade und gleichmäßig verlaufen. Einige benutzen hierfür recht erfolgreich die Schere allein, aber die Ausdünnschere gibt einen natürlicheren Verlauf, verdeckt einen gelegentlichen Schnittfehler.

RUTE

Schritt zehn: Die leichteste Art, die Rute zu säubern, ist das Scheren mit der Schermaschine der Rutenunterseite in Richtung des Haarwachstums. Am besten erfolgt dies zehn Tage bis zwei Wochen vor dem Ausstellungstermin. Dann sieht die Rute am Ausstellungstag wieder völlig natürlich aus, hat keine abstehenden Haare. Hat man keine Schermaschine oder hat vergessen, spätestens zehn Tage vor der Ausstellung die Rute zu scheren, verwendet man die Schere. Entweder hält man die Rute kerzengerade nach oben oder nach hinten, achtet auf abgebrochene Haare an der Rutenunterseite und schneidet diese ab – immer nur ein Haar gleichzeitig. Erscheint die Rute schließlich immer noch struppig, verwendet man die Ausdünnschere, um die Rute an den richtigen Stellen in Form zu bekommen, meist unter der Rute – manchmal muß auch jede Seite der Rute einzeln bearbeitet werden. Nie sollte man die Rutenoberfläche abscheren, es sei denn, einzelne herausstehende Haare.

Das Rutenende bedarf der meisten Pflege. Bei einigen Stafs wächst das Haar am Rutenende so stark, daß die Rute überlang erscheint. Der Standard verlangt eine Rute, die verhältnismäßig kurz ist. Man ertastet das Ende des letzten Rutenwirbels, dies zeigt, wie lang die Rute wirklich ist. Nun

Rechts: Ch. Kirkee's Polar Bear O'Fraja, E.C., C.D. Züchter und Besitzer: Jacqueline Fraser und Dr. John King.

Links: Richtige Erziehung führt zu sich gut benehmenden Stafs auf Ausstellungen.

Rechts: Ch. Ruffian Gray Boy of Har-Wyn beim Gewinn der National Specialty 1963. Gezüchtet, im Besitz und vorgeführt von Mrs. W.D. (Peggy) Harper.

hält man das Rutenende zwischen Zeigefinger und Daumen und sieht sich den Haarwuchs an. Ist die Rute verhältnismäßig kurz, kann man an der Rutenspitze alles oder ein Teil des Haares stehen lassen. Man gebraucht die Schere dann nur, um das Haar auszudünnen, die leicht lockigen Haarenden zu glätten.

Ist jedoch die Rute des Hundes nicht kurz, sondern erscheint lang, muß man etwas mehr trimmen. Man hält den letzten Rutenwirbel, benutzt die Ausdünnschere, um etwa 1 cm vor dem Rutenende eine neue Rutenspitze zu formen. Hierzu schneidet man ein paar Mal an derselben Stelle quer, beginnt dann mit dem Ausdünnen den Seiten entlang und am neuen Ende, schafft hierdurch eine völlig natürlich aussehende, sich gleichmäßig verjüngende Rutenspitze.

DIE PFOTEN

Schritt elf: Es bedarf zweier Schnitte jeder Kralle mit dem Krallenschneider, um einen richtig geformen Nagel zu haben. Der erste Schnitt ist senkrecht von oben nach unten, wird dem »Leben« so dicht wie möglich angepaßt, aber ohne in das Blutgefäß zu schneiden. Für den zweiten Schnitt stellt man den Nagelschneider leicht schräg nach hinten, dadurch erreicht man eine schräge Schnittfläche, die nur die Spitze des oberen Nagels berührt, aber nicht die untere. Man kann eine Nagelfeile verwenden, um damit die Schnittflächen perfekt abzurunden. *Schritt zwölf:* Man hebt die Pfote am Knöchel an, biegt sie zart nach hinten, so daß man auf den Ballen sieht. Jetzt nimmt man die flache Schere und schneidet alles Haar, das zwischen den Ballen steht, soweit zurück, daß es mit dem Ballen endet. Man trennt am Zehennagel und arbeitet nach hinten. Bei manchen Hunden erzielt man hierdurch eine bessere Pfotenform, bei anderen spielt es keine Rolle. Hat man eine Pfote fertig, schaut man sich das Ganze an, ob man hierdurch wirklich etwas verbessert hat. Führt es zu keiner Veränderung, kann man sich bei der nächsten Pflege diese Maßnahme sparen.

Die Pflege ist jetzt perfekt. Alles was übrig bleibt, ist das Baden des Hundes wie in Teil eins dieses Kapitels beschrieben. Noch etwas – viel Erfolg bei der Ausstellung!

Obgleich der American Kennel Club eine Regel beschlossen hat, die verbietet, daß ein im Ring vorgeführter Hund irgendwelche fremde Substanz im Haar haben darf, benutzen noch immer viele Aussteller vor dem Betreten des Rings Pflegekalk oder Kinderpuder, um die weißen Teile von Gesicht oder Läufen ihrer Hunde zu unterstreichen. Wenn man dies tun möchte, muß man sorgfältig darauf achten, daß alle Spuren von Puder oder Kalk wieder völlig herausgebürstet sind, ehe man mit dem Hund den Ring betritt. Nie darf man Puder verwenden, in dem Talkum enthalten ist, weil das Einatmen für Mensch wie Tier gefährlich ist. Benutzt man ein Haarglanzspray, sollte man es sparsam verwenden, nach der Anwendung das Fell sorgfältig mit einem Tuch oder Leder abwischen.

Ich empfehle die Verwendung von Puder, Kalk oder Glanzmittel nicht. Man sollte sich bewußt sein, daß der Richter das Recht hat, jeden Hund aus dem Ring zu weisen, dessen Haarkleid nachweislich auf irgendeine Art verändert wurde.

Unten: Ch. Mari-Don Jim The Dandy. Besitzer: Sam und Beth Royall.

Unten: Ch. Royall's Buff Beauty. Besitzer: Sam und Beth Royall. Foto: Nugent.

Oben: Ch. Evergreen's Apache Belle. Züchter und Besitzer: Jim und Carolyn Brown. Vorführer: Phil Norris. Richter: Ray Perso.

Oben: Ch. Gallant Ruff's Susie Q.

Unten: Ch. Sindelar's Diamond Riever. Züchter: Fred Sindelar. Besitzer: Tom Shimak. Vorführer: Dick McKinney.

Genetik

Unter Genetik versteht man die Wissenschaft über die Vererbung, sie befaßt sich mit den Gesetzen, über welche körperliche und geistige Eigenschaften von Eltern auf Nachkommen übertragen werden. Über viele Jahrhunderte hat der Mensch versucht, dieses Rätsel zu lösen, aber erst in den letzten 200 Jahren wurden dabei bedeutende Fortschritte erzielt.

Im 18. Jahrhundert machte der deutsche Biologe Kolreuter revolutionäre Entdeckungen über die Vermehrung der Pflanzen und das Entstehen von Hybriden, aber er war nicht in der Lage zu erklären, welcher Erbgang vorlag. Mitte des 19. Jahrhunderts experimentierte Gregor Johann Mendel, ein Augustinermönch, mit der gewöhnlichen Gartenerbse und machte dabei Entdeckungen von größter Bedeutung. Er fand heraus, daß eine Eigenschaft als komplette Einheit vererbt wird, daß dabei bestimmte Eigenschaften gegenüber anderen dominant sind. Als nächstes beobachtete er, daß die erblichen Merkmale jedes Elternteils bei jedem Nachkommen auftreten, selbst wenn diese nicht sichtbar sind, daß »verborgene« Merkmale, ohne sie ihrer Natur nach zu verändern, auf Enkel und die späteren Generationen übertragen werden können. Abschließend schloß er, daß obwohl die Erbgänge immer ein gewisses Element der Unsicherheit enthalten, auf Basis klar umrissener mathematischer Gesetze einige Dinge vorausschaubar sind.

Unglücklicherweise blieben die Mendel'schen Veröffentlichungen weitgehend unbeachtet. Als er 1884 starb, war er in der wissenschaftlichen Welt praktisch unbekannt geblieben. Aber weitere Forscher machten eigene Entdeckungen. Im Jahre 1900 berichteten drei verschiedene Forscher in wissenschaftlichen Veröffentlichungen, daß viele ihrer Forschungsergebnisse erblicher Prinzipien schon viele Jahre vorher von Gregor Mendel bewiesen wurden, und daß die Ergebnisse völlig übereinstimmten.

Durch die Forschung wurde bewiesen, daß erbliche Anlagen durch die Chromosomen übertragen werden, diese Chromosomen findet man paarweise angeordnet bei jedem Lebewesen, eines davon stammt von der Mutter, das andere vom Vater. In jenen Chromosomen hat man hunderte kleiner Strukturen gefunden – Gene – diese sind die tatsächlich Bestimmenden für alles Ererbte. Einige Gene sind dominant, man kann sie in der Nachzucht sehen; andere Gene sind rezessiv, werden damit nicht nach außen sichtbar, können jedoch auf den Nachwuchs übertragen werden, wenn sie sich mit einem gleichen rezessiven Gen des anderen Elternteils verbinden, werden dadurch auch wieder äußerlich sichtbar. Sie können aber auch auf die Nachzuchten übertragen werden, ohne äußerlich ersichtlich zu werden, werden dann wieder weitergegeben und in einer späteren Generation sichtbar.

Nachdem das Wissen über die Gene und ihre Erbgesetze allgemein bekannt war, begannen Wissenschaftler eine klar umrissene Linie zu zeichnen zwischen ererbten und Umwelteinflüssen. Jüngere Studien zeigen ein Überlappen dieser Bereiche, beweisen, daß erst die Kombination von beidem für gewisse Erscheinungen verantwortlich ist. So haben beispielsweise Studien ergeben, daß extreme Kälte die Intensität schwarzer Pigmentierung in Haut und Haar beim »Himalaya Kaninchen« verstärkt, obgleich die gleiche Erscheinung gar keinen oder ganz wenig Einfluß auf weiße oder farbige Kaninchen hat. Neueste Untersuchungen zeigen auf, daß obwohl alle Merkmale durch Gene bestimmt sind, umweltbedingter Streß während eines bestimmten Zeitraums der Schwangerschaft physische Veränderungen beim Embryo auslösen.

Lange, ehe die Züchter etwas von Genetik wußten, haben sie deren Hauptprinzip praktiziert – Auswahlzucht. Die Erfahrung lehrte schnell, daß »Gleiches Gleiches zeugt«, durch Paarung von Gleichen mit Gleichen und Ausmerzung nichtgleicher Nachzuchten wurden die einzelnen Hunderassen bis zu einem Punkt entwickelt, daß nur noch relativ wenig Variationen auftreten. Auswahlzucht beruht auf der Idee, die Qualität einer Rasse auf dem höchstmöglichen Niveau zu halten, dabei zu verbessern, wo und wann immer Defekte auftreten. Diese Zucht erfordert, daß nur die Spitzentiere in einem Wurf für die spätere Zucht verwandt werden, daß schlechtere und mittelmäßige Exemplare unterschiedslos eliminiert werden.

Beim Aufbau eines eigenen Zuchtprogramms ist die erste Forderung ein klares Ziel – das heißt, daß man ganz klar das Bild vor Augen haben muß, welchen Typ von Hund man tatsächlich züchten möchte. Der Versuch, in der Zucht Perfektion zu erreichen, ist ein unrealistisches Bemühen. Züchtet man aber nicht auf Verbesserungen, sollte man am besten überhaupt nicht züchten.

Als ersten Schritt sollte man eine Hündin auswählen, die so viele der erwünschten Merkmale wie irgendmöglich aufweist, diese paart man mit einem Rüden, der gleichfalls so viele der erwünschten Merkmale besitzt wie möglich. Beginnt man mit mittelmäßigen Liebhaberhunden, züchtet man auch in der Regel wieder mittelmäßige Nachkommen (pet puppies). Beginnt man mit mehr als einer Hündin, sollten alle Hündinnen dem angestrebten Typ so nahe wie möglich sein, denn dadurch gewinnt man eine bessere Chance, gleichmäßig gute Welpen von allen Hündinnen zu züchten. Manche Züchter beginnen einfach mit einer Einzelhündin, behalten dann aus jeder folgenden Generation die besten Hündinnen für die eigene Zucht.

Erfahrene Züchter achten auf Erbstärke (prepotency) bei ihren Zuchttieren. Hierunter versteht man die Fähigkeit eines Rüden oder einer Hündin, ihre Merkmale an die meisten oder alle ihre Nachkommen weiterzugeben. In der Regel wird dieser Ausdruck nur für das Vererben der positiven Qualitäten angewandt, ein Hund kann aber durchaus auch im Weitergeben von Fehlern erbstark (prepotent) sein. Um im praktischen Sinne prepotent zu sein, muß der Hund selbst viele eigene Merkmal besitzen, die durch dominante Gene bestimmt sind. Sind die erwünschten Merkmale rezessiv, treten sie bei den Nachzuchten nur dann auf, wenn sie sowohl von Rüden wie Hündin übertragen werden. Prepotente Rüden und Hündinnen stammen in erster Linie von prepotenten Vorfahren, aber allein die Tatsache, daß ein Hund außergewöhnliche Vorfahren hat, bedeutet nicht notwendigerweise, daß er selbst außergewöhnliche Nachzuchten zeugt.

Ein einzelner Rüde kann eine große Anzahl von Welpen zeugen, demgegenüber wird eine Hündin über ihr Leben nur einige wenige Würfe bringen. So ist meist der Einfluß eines Rüden im Vergleich zu dem einer Hündin viel weitreichender. Beim Bewerten eines Einzelwurfes jedoch muß man sich klar vor Augen halten, daß die Hündin exakt ebenso viel Einfluß hat wie der Rüde.

Inzestzucht, Linienzucht, Auskreuzung oder eine Kombination aller drei Methoden erfolgen in der Regel in jeder planmäßigen Hundezucht.

Unter Inzestzucht versteht man die Paarung eng verwandter Tiere, zum Beispiel Vater mit Tochter, Mutter mit Sohn oder Bruder mit Schwester. Obwohl eine Reihe von Züchtern behaupten, eine solche Zucht führe zur Produktion mangelhafter Einzeltiere, wurden in Wirklichkeit gerade durch planmäßige Inzestzucht nahezu alle Hunderassen erst aufgebaut. Kontrollierte Tests haben gezeigt, daß alle schädlichen Merkmale innerhalb der ersten fünf, spätestens innerhalb von zehn Generationen auftreten, daß wenn man von Anfang an mit strenger Selektion arbeitet, man durch Inzestzucht eine erbstarke Blutlinie aufbauen kann.

Unter Linienzucht versteht man die Paarung verwandter Einzeltiere aus einer gemeinsamen Familie. Hierbei werden die Paarungen weniger auf Basis der Verwandtschaft von Rüde und Hündin zueinander vorgenommen, sondern auf der Grundlage eines gemeinsamen, besonders begehrten Vorfahren; dabei ist das Ziel, gerade die besonderen Qualitäten dieses Vorfahren zu festigen. Linienzucht erfordert ein langfristiges Programm, kann nicht in wenigen einzelnen Generationen zum Erfolg führen.

Unter Auskreuzung versteht man die Paarung zweier Hunde aus einander fremden Familienlinien. Da in Wirklichkeit alle Zuchten durch die Paarung enger Verwandter entstanden sind, sind in gewissem Grade alle Tiere einer Rasse untereinander verwandt. Es gibt deshalb wenige Paarungen, die echt Auskreuzungen sind, gibt es aber innerhalb der ersten fünf Generationen keinen gemeinsamen Vorfahren, betrachtet man eine solche Paarung im allgemeinen als Auskreuzung (outcross).

Erfahrene Züchter machen manchmal für eine Generation einen solchen Outcross, um einen bestimmten Fehler auszuschalten, gehen dann zurück auf Inzestzucht oder Linienzucht. Man kann weder die guten, noch die schlechten Effekte einer Auskreuzung echt aus einer Einzelpaarung ersehen, denn man kann sich möglicherweise unerwünschte rezessive Eigenschaften in die eigene Linie hereinholen, die sich erst in späteren Generationen zeigen. Auskreuzung sollte man am besten erfahrenen Züchtern überlassen, laufende Auskreuzungen führen zu einer großen Variationsbreite im Typ, zu starken Unsicherheiten hinsichtlich der Ergebnisse, die man erwarten kann.

Es gibt zwei ernsthafte Defekte, die als erblich angesehen werden – Hüfgelenkdysplasie und Cryptorchismus – hiergegen sollte man die eigenen Linien unbedingt schützen, befallene Tiere und deren Nachzuchten aus allen Zuchtprogrammen ausschließen. Hüftgelenkdysplasie (HD) ist eine Erkrankung des Hüftgelenks, bei dem die Beckenpfanne abgenutzt, der Oberschenkelkopf deformiert ist. Hieraus kommt es zur Lahmheit, die sich immer mehr verschlimmert, bis der Hund nicht mehr gehen kann. Unter Cryptorchismus versteht man das Fehlen von einem oder beiden Hoden, sie sind entweder nicht entwikkelt oder nicht richtig in den Hodensack abgestiegen. Die genaue Terminologie beim Fehlen eines Hoden lautet »monorchid«, beim Fehlen beider Hoden »cryptorchid«. Ein Cryptorchid ist immer unfruchtbar, ein Monorchid ist fruchtbar. Es gibt Hinweise, wonach diese Erkrankung in den einzelnen Familien gefestigt ist, und daß ein Monorchid diese Eigenschaft sowohl durch Hündinnen- wie Rüdenwelpen weitergibt.

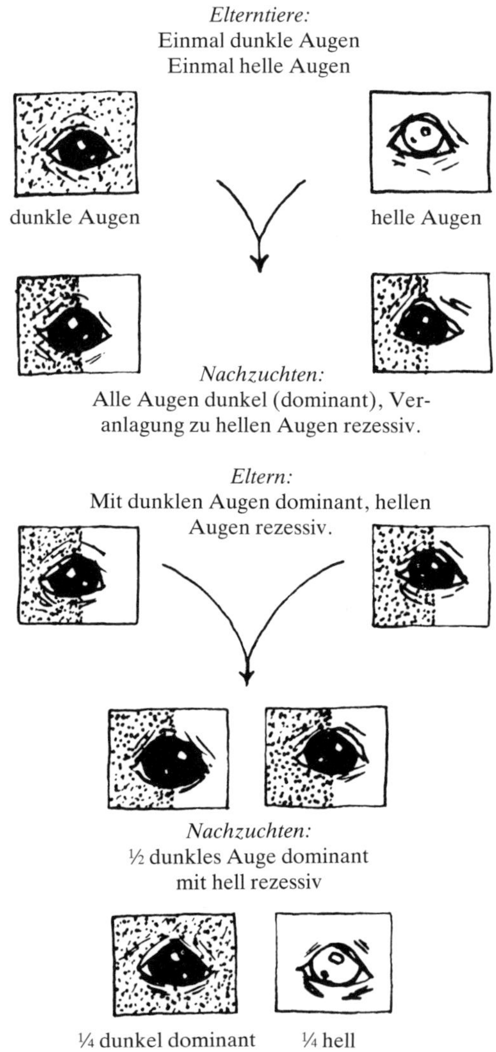

Das obere Schema repräsentiert das Mendel'sche Gesetz hinsichtlich der Vererbung der Augenfarbe. In gleicher Art gilt dieses Gesetz auch für andere körperliche Merkmale.

Über die Jahre gab es hinsichtlich der Vererbung zahlreiche fehlerhafte Vorstellungen, die immer weiter verbreitet wurden. Eine der verbreitesten Vorstellungen entstand bereits vor hunderten von Jahren, hiernach sollten Merkmale durch ein Vermischen des Blutes der Elterntiere weitergegeben werden. Wir benutzen noch heute die aus dieser Theorie entwickelte Terminologie, wenn wir von Blutlinien sprechen oder Einzeltiere als »Vollblüter« beschreiben, dies alles, obgleich diese Theorie schon über ein Jahrhundert widerlegt ist.

Ebenso ungenau und mißverständlich ist die Behauptung, daß ein bestimmter Prozentsatz, der von einem Tier ererbten Merkmale positiv einem bestimmten Vorfahren zugeschrieben werden könne. Hundeliebhaber, denen es an Wissen über Genetik fehlt, behaupten manchmal, daß ein Einzeltier die Hälfte der ererbten Merkmale von jedem Elterntier bekommen habe, ein Viertel von jedem Großelternteil, ein Achtel von jedem Großelternteil usw. Es wurden Tausende Bände von wissenschaftlichen Ergebnissen veröffentlicht, dabei aber keine Methode aufgezeichnet, wie man positiv bestimmen könnte, welche Merkmale von welchem Vorfahren ererbt sei. Die Wissenschaft der Erbgesetze ist unendlich komplex. Es bedarf noch jahrzehntelanger, eingehender, weiterer Forschungen.

Oben: Ch. Rowdytown Jazz of Ledge Rock: Besitzer/Vorführer: Ruth Prehn.

Oben: Ch. Sindelar's Sonny Boy of Tara.

Oben: Ch. S'n's Ogre Easy. Besitzer: D.K. Loving und Lenna Hanna.

Unten: Ch. Pepper Ridge Fraja's Thunder, U.D. Besitzer/Vorführer: Sue Ann Thompson. Züchter: Jacqueline Fraser.

Unten: Ch. Sindelar's Sonny Boy of Tara. Besitzer: Elaine B. Kuberske.

Unten: Ch. Mari-Don Black Beau's Molly B. Besitzer/Vorführer: Sally Humes. Richter: Tom Gately.

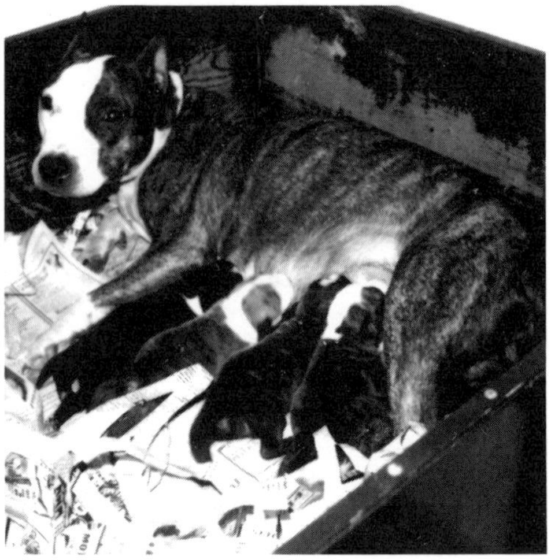

Oben: X-Pert Little Miss Amity mit »Ammenwelpen«. Ihre Zwingergenossin hatte mehr Welpen als sie ernähren konnte, so sprang sie ein. Besitzer: A. D. Amisano.

Oben: Can. Ch. White Rock Rosa Rugosa, vier Tage vor dem Wurf. Besitzer: Holly Southard.

Oben: Ch. Lucas's Domo Shining Star mit ihrer Familie und dem Sohn ihrer Besitzer, Tommy Lucas.

Unten: Beau Jangles Laka of Fraja bei der Pflege ihrer Welpen. Besitzer: Emerson und Carol Smith.

Oben: Staf-Welpen werden mit fleischfarbenen Nasenspiegeln geboren, nach und nach pigmentieren diese durch. Das Foto zeigt die verschiedenen Stadien der Pigmentation.

Unten: Beau Jangles Laka of Fraja lehrt ihre Welpen das Spiel. Vater: Ch. Smitty's Sundance.

Zucht

Niemals sollte man sich für die Zucht mit einer Hündin entscheiden, ohne genau zu überlegen, welche Verpflichtungen damit verbunden sind. Als Züchter hat man die Verantwortung, dafür zu sorgen, daß alle Welpen bei guten, vernünftigen Besitzern plaziert werden, wo sie fachgerecht betreut, erzogen und gehalten werden. Dies ist keine leichte Aufgabe, häufig bedeutet es, einige oder alle Welpen noch lange über den Zeitpunkt hinaus zu halten, da sie normalerweise abgegeben werden könnten.

Die Statistik über die große Zahl unerwünschter Hunde, die einfach in Tierheimen abgegeben oder als Streuner aufgelesen werden, sollte jedermann davon überzeugen, daß die Welt bestimmt keinen zusätzlichen Wurf Welpen braucht. Deshalb sollte man mit der eigenen Hündin nur dann züchten, wenn man ehrlich davon überzeugt ist, daß aus der Paarung Welpen von so guter Qualität entstehen werden, daß es sich echt um einen Schritt in Richtung auf Verbesserung der Zucht handelt. Selbst wenn man das Gefühl hat, eine ideale Paarung zu planen, sollte man diese nicht ausführen, wenn Raum, Zeit und wirtschaftliche Voraussetzungen, um die Welpen richtig aufzuziehen, zu bewegen, zu impfen, unterzubringen und richtig zu füttern, nicht so lange gesichert sind, bis man Käufer gefunden hat, denen man vertrauen kann, all die Eigenschaften, deretwegen man sich den Mühen der Zucht unterzieht, auch wirklich durch sorgfältige Aufzucht zum Vorschein zu bringen.

Der Zuchtzyklus einer Hündin beginnt mit der ersten Hitze, die meist in einem Alter zwischen sechs und zwölf Monaten auftritt. Danach folgen weitere Hitzen meist in Intervallen von sechs Monaten. Das Maximum der Fruchtbarkeit entwickelt sich von der Pubertät bis zur vollen Reife, sinkt dann wieder mit zunehmendem Alter bis zur völligen Sterilität ab. Wann Letzteres eintritt, ist schwer zu bestimmen; die Tatsache, daß eine alte Hündin Anzeichen einer Hitze zeigt, bedeutet nicht notwendigerweise, daß sie auch noch fruchtbar ist. Die Dauer der einzelnen Hitze variiert zwischen 18 und 21 Tagen. Erstes Anzeichen ist ein merkliches Anschwellen der Vulva, begleitet von Blutaustritt (man nennt dies auch »färben«). Dies dauert etwa über die ersten 7–9 Tage. Der Ausfluß verändert sich nach und nach von roter zu blaßrosa Farbe. In dieser Phase (Oestrus) – meist zwischen dem 10. und 15 Tag – ovuliert die Hündin, läßt sich vom Rüden decken. Das reife, nicht befruchtete Ei lebt etwa 72 Stunden. Kommt es zu keiner Befruchtung, stirbt es ab, wird von der Hündin ausgeschieden. Kommt es zur Befruchtung, verankern sich die einzelnen befruchteten Eier in den nächsten 10 Tagen an den Wänden der Gebärmutter, aus Membranen entsteht die Fruchtblase, in der sich der Fötus entwickelt. Auch nach der Oestrusphase ist die Hündin noch immer heiß, es dauert etwa bis zum 21. Tag. Die Hündin ist weiterhin für Rüden attraktiv, weist aber jetzt normalerweise wie auch in den ersten Tagen den Rüden ab. Um Zufallspaarungen zu vermeiden, muß die Hündin über die gesamte Hitzeperiode einwandfrei und sicher separiert bleiben. Meist ist ein richtiges Einsperren notwendig, denn Rüden entwickeln ungeahnte Fähigkeiten bei ihrem Bemühen, mit einer heißen Hündin zusammenzukommen.

Der Duftstoff, der Rüden anzieht, ist im Urin der Hündin. Es empfiehlt sich deshalb, sie ein gutes Stück vom Hause wegzuführen, ehe man ihr erlaubt, sich zu lösen. Um solche Probleme zu verhindern, erhält man beim Tierarzt oder Fachgeschäft dufthemmende Stoffe für innere und äußere Anwendung, die aber kein Hindernis bilden, wenn man sie rechtzeitig vor dem Decktag wieder absetzt. Verbotenerweise nutzen manche Züchter solche Präparate beim Ausstellen heißer Hündinnen, glauben, daß auf der gleichen Ausstellung gezeigte Rüden dadurch nicht abgelenkt werden – diese Theorie ist umstritten, läufige Hündinnen sind zu Ausstellungen nicht zugelassen. Immer ist es wichtig, die Hündin sorgfältig zu überwachen, auch wenn man solche Geruchstöter einsetzt. Über die ganze Oestrusperiode von über 20 Tagen sucht die Hündin aktiv das Zusammentreffen mit Rüden, Zufallspaarungen können dabei erfolgen.

Eine gute Zuchthündin sollte unabhängig von der Hunderasse immer kräftige Knochen, gesunde Lungen, tiefen Brustkorb und genügend Raum im Gebärmutterbereich haben. Ist eine Hündin körperlich noch nicht ausgereift – solches Ausreifen erfolgt wesentlich später als bis zum Eintritt der ersten Hitze – sollte man die Paarung bis zur nächsten Hitze vertagen. Ebenso wichtig ist, daß von einer Hündin keinesfalls öfter als einmal jährlich gezüchtet wird, obgleich sie zweimal jährlich heiß wird. Wird eine Hündin zu oft gedeckt, altert sie vorzeitig, fehlt es ihren Welpen meist an Lebenskraft.

2–3 Monate vor der Paarung sollte die körperliche Kondition einer Hündin sorgfältig kontrolliert werden. Ist sie zu dünn, verabreicht man ihr eine reiche, ausgewogene Nahrung, sorgt gleichzeitig für regelmäßige und ausreichende Bewegung, die sie braucht, um eine geschmeidige und kräftige Muskulatur zu entwickeln. Sowohl die zu dünne wie die zu fette Hündin braucht täglich tüchtige Bewegung an der Leine. Natürlich braucht die fette Hündin mehr Bewegung in schnellerem Schritt, gleichzeitig wird die Futtermenge (nicht Futterqualität) reduziert, damit auch sie in optimale Kondition gebracht wird.

Vor der Paarung erhält die Hündin Schutzimpfungen gegen Staupe, Leptospirose, Hepatitis, Parainfluenza, Parvovirus und Coronavirus; diese Impfungen sollten, begleitet von einer Tollwutschutzimpfung, spätestens zwei Monate vor der erwarteten Hitze erfolgen. Einen Monat vor der Paarung sollte man den Stuhl auf Wurmbefall untersuchen lassen, erforderlichenfalls die Hündin entwurmen.

Einen Rüden kann man vom Zeitpunkt der körperlichen Reife bis ins späte Alter als Zuchtrüden einsetzen. Wird eine Hündin erstmalig gedeckt, empfiehlt es sich, einen Rüden auszuwählen, der seine Fähigkeiten schon durch Zeugen anderer Würfe mit guter Qualität unter Beweis gestellt hat. Die Tatsache, daß man den Hund des Nachbarn so leicht aufsuchen könnte, sollte keinerlei Einfluß auf die Auswahl haben. Um die besten Welpen zu züchten, muß man den zu ihr vom genetischen Standpunkt passenden Rüden wählen, einen in allen Teilen korrekten Hund, insbesondere in den Teilen, wo es der Hündin noch fehlt. Die Kosten für das Decken sind Sache des Hündinnenbesitzers, ebenso anfallende Transportkosten bis zum Zwinger des Zuchtrüden.

Steht der ausgewählte Rüde zu dem Zeitpunkt, da die eigene Hündin heiß ist, nicht zur Verfügung, könnte man mit dem Tierarzt die Möglichkeit erörtern, durch Hormongabe den Ausbruch der Hitze zeitlich zu verschieben. Durch solche

Medikamente läßt sich eine Hitze unbegrenzt verschieben. Erfahrene Züchter und Tierärzte warnen aber vor leichtfertigem Einsatz von Hormonpräparaten.

Meist ist die erste Paarung erfolgreich, erfahrene Züchter raten, mit 24–48 Stunden Abstand eine Hündin zweimal decken zu lassen. Bleibt die Hündin leer, gestatten Rüdenbesitzer meist eine kostenlose Wiederholung, vorausgesetzt, der Rüde befindet sich dann noch immer beim selben Besitzer. Hier sollte man klare Vereinbarungen treffen. Eine Hündin kann aber auch deshalb leer bleiben, weil ihr Zyklus vom Normalfall wesentlich abweicht. Durch mehrfache mikroskopische Abstrichkontrolle kann ein guter Tierarzt genau bestimmen, wann die Oestrusphase einer Hündin beginnt, sie damit aller Wahrscheinlichkeit nach empfängt.

Der Rüdenbesitzer sollte dem Hündinnenbesitzer eine Ahnentafelkopie seines Hundes geben und ihn über Deckdaten informieren. Die Eintragung des Wurfes erfolgt nach der Geburt, meist nach Kontrolle des Wurfes durch den zuständigen Zuchtwart. Vorgelegt werden muß die von Rüden- und Hündinnenbesitzer unterschriebene Deckbescheinigung. Die Einzelheiten erkundet man am besten beim nationalen Zuchtverein.

Bei einer normalen Schwangerschaft wird frühestens Ende der fünften Woche die Trächtigkeit durch größeren Leibumfang angezeigt. Durch Palpation (Abtasten mit den Fingern) sind erfahrene Tierärzte in der Lage, etwa drei Wochen nach der Paarung die sich entwickelnden Föten zu ertasten. Es wäre außerordentlich unklug, für die Hündin schädlich, wenn Unerfahrene an der Hündin herumdrückten und preßten, selbst versuchten, die Trächtigkeit festzustellen.

Die normale Tragezeit beläuft sich auf neun Wochen, variiert in der Regel zwischen 60 und 65 Tagen. Ist der 65. Tag nach der letzten Paarung überschritten, sollte man einen Tierarzt um Rat bitten.

Über die ersten 4–5 Wochen geht das Leben der Hündin unverändert weiter, wird ihre Bewegung nicht eingeschränkt. Wird sie dann schwerer, sollte man sie an der Leine spazierenführen, strapaziöses Herumlaufen und gar Springen müssen vermieden werden. Sie braucht ausgewogene Ernährung (vergleiche Kapitel über Ernährung). Kommt es zu Verstopfungen, sollte man der Nahrung kleine Mengen von Mineralöl (Paraffinöl) zufügen.

Die Wurfbox sollte ungefähr zwei Wochen vor Ankunft der Welpen an der richtigen Stelle stehen. Man läßt die Hündin darin schlafen, damit sie sich bis zur Ankunft der Welpen daran gewöhnt. Die Wurfkiste hat etwa quadratisches Format, dabei muß jede Seite lang genug sein, so daß sich die Hündin in voller Länge ausstrecken kann, dabei auf jeder Seite noch etwa 10 cm zusätzlicher Platz bleibt. Den Boden legt man mit einem alten Baumwolltuch aus oder anderem Material, das sich leicht reinigen läßt. Erkennt man, daß die Wehen einsetzen, sollte man die Einlage mit mehreren Lagen ausgebreitetem Zeitungspapier abdecken. Werden diese Zeitungen verschmutzt, können sie Lage um Lage abgenommen werden, bleibt der Untergrund sauber.

Etwa 48–72 Stunden vor dem Wurf stellt man eine Veränderung der Körperform fest. Zuvor sieht der Bauch faßförmig aus, jetzt ist der hintere Bauchbereich pendelförmig abgesackt. Meist wirken die Brustwarzen vergrößert und röten sich, 1–2 Tage vor der Geburt kommt es auch zur Milchbildung. Rückt die Geburt nahe, wird die Hündin meist die Einlage in der Wurfkiste zusammenscharren, versucht ein Nest zu bauen, häufig verweigert sie die Nahrung, will alle paar Minuten nach draußen. Das sicherste Anzeichen, daß die Geburt dicht bevorsteht, ist ein Abfall der Körpertemperatur der Hündin um 2–3 Grad. Dieser tritt etwa 12 Stunden vor Wehenbeginn ein. Man muß über die gesamte Zeit die Hündin sorgfältig beobachten, Mutter samt Nachwuchs wurden schon bequem ausgestreckt in Waschkörben, auf dem Sofa im Wohnzimmer oder im Bett des Besitzers gefunden.

Der Wehenbeginn ist bei allen Hündinnen durch eine Periode des Hechelns gekennzeichnet. Die sogenannten Eröffnungswehen – in der Zeitdauer von Hündin zu Hündin verschieden – gehen dann in echte Wehen über, die sich durch deutliche Kontraktionen im Bereich Unterbauch/Flanken bemerkbar machen. Die Austreibungsperiode dauert wiederum verschieden lang, zwischen einer und fünf Minuten sind normal. Nach der Einzelgeburt tritt meist eine kürzere oder längere Ruhezeit ein, dann beginnt die nächste Geburt. Beim Auftreten irgendwelcher Schwierigkeiten ist es immer am besten, den Tierarzt hinzuzubitten. Im gleichen Verlag ist ein kompetentes Fachbuch über den gesamten Zuchtkomplex erschienen: Dr. Dieter Fleig – »Die Technik der Hundezucht«. Es wird jedem ernsthaften Züchter und Deckrüdenbesitzer empfohlen, dieses Buch eingehend zu studieren, es hat schon zahlreichen Hündinnen und Welpen das Leben gerettet, auch Deckprobleme gemeistert.

Gewöhnlich werden Welpen mit dem Kopf zuerst geboren, aber bei etwa einem Drittel der Geburten kommen als erstes die Läufe, ohne daß dies zu Schwierigkeiten führt. Jeder Welpe ist in einer separaten Fruchtblase verpackt, welche von der Hündin mit den Zähnen geöffnet wird. Die Hündin trennt die Nabelschnur durch, die den Welpen mit der weichen, schwammigen Nachgeburt verbindet und die meist direkt nach dem Welpen ausgetrieben wird. Es ist völlig normal, daß die Hündin die Nachgeburt auffrißt. Man muß unbedingt darauf achten und sich vergewissern, daß die Nachgeburt dem einzelnen Welpen folgt. Bleibt eine Nachgeburt in der Hündin zurück, wird daraus eine Gebärmutterentzündung entstehen, die tödlich verlaufen kann.

Eine Hündin säubert und leckt jedes Neugeborene, bis es warm und trocken ist, nach den Zitzen strebt. Kommen allerdings die Welpen dicht hintereinander zur Welt, kann sie möglicherweise nicht alle rechtzeitig versorgen, deshalb sollte der Züchter helfen, die Welpen mit einem weichen Frotteetuch trockenreiben. Sind schon mehrere Welpen geboren, geht die Geburt aber weiter, sollte man die Erstgeborenen, mit Ausnahme von einem, in eine neben der Wurfkiste stehende kleine Welpenbox stecken, die mit weichen Türen ausgekleidet ist, durch eine abgedeckte Wärmflasche gut warm gehalten wird. Eine über der Welpenbox angebrachte Infrarot-Lampe tut gute Dienste. Hierdurch gibt es weniger Verletzungsgefahr der Welpen bei den weiteren Geburten. Hat die Hündin erst erkannt, daß die ihr weggenommenen Welpen warm und ruhig schlafen, wird sie selbst auch viel ruhiger werden. Leistet die Hündin allerdings gegen das Wegnehmen der Welpen energischen Widerstand, wird sie unruhiger dadurch, ist es besser, die Welpen bei der Hündin zu belassen.

Hat ein Neugeborenes Atemschwierigkeiten, hat es möglicherweise Flüssigkeit aus der Fruchtblase in die Atemorgane bekommen. Einen solchen Welpen hält man an den Hinterläufen kopfabwärts. Vorsicht, ein Neugeborenes fühlt sich

Wurfkiste. Der Ausschnitt zeigt die richtige Konstruktion einer Seitenwand, die dabei hilft, kleine Welpen abzutrennen und eine Distanzleiste vorsieht, damit die Welpen nicht durch die Mutterhündin gegen die Wand gequetscht werden.

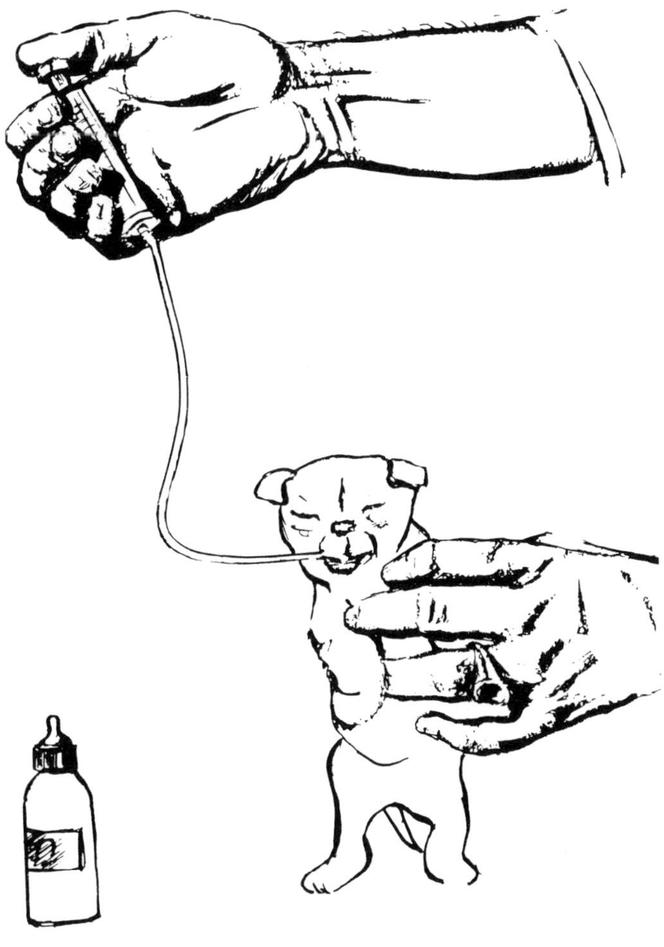

Kathederfütterung als Notfütterung für Welpen. In aller Regel günstiger ist die Fütterung mit einer normalen Babyflasche (empfohlen NUK-Sauger), die im allgemeinen viel leichter zu handhaben ist. Einzelhinweise auf Welpenaufzucht mit künstlicher Ernährung siehe »Die Technik der Hundezucht« (Dr. D. Fleig/ KYNOS-VERLAG).

schlüpfrig an, man darf es nicht fallen lassen. Man sollte das Neugeborene mit beiden Händen halten, die Beine spreizen, Arme nach vorne heben und den Welpen zwischen den Beinen schwingen. Dabei landet meist einige Flüssigkeit auf dem Fußboden, weitere Flüssigkeit bildet auf der Welpennase kleine Blasen. Man wischt die Nase mit einem sauberen Tuch ab, hält den Welpenkörper ans Ohr und hört auf Atemtöne. Hört man dabei ein Gurgeln, muß man den Welpen erneut ausschwingen, wieder überprüfen. Man muß manchmal mehrfach den Welpen ausschwingen, um alle Flüssigkeit, die normales Atmen verhindert, herauszubekommen. Scheint das Atmen einwandfrei, gibt man den Welpen der Mutter zurück, die ihn tüchtig durch Lecken massieren sollte.

Man muß sorgfältig darauf achten, daß die Welpen sich nicht erkälten. Bis zu einem Welpenalter von etwa drei Wochen sollte der Wurfraum eine Temperatur von etwa 23–25° aufweisen, danach ermäßigt man auf die Normaltemperatur im übrigen Haus. Die Stellung der schlafenden Welpen zeigt, ob die Raumtemperatur ihnen behagt. Schlafen sie ineinander gekuschelt, ist es ihnen zu kalt, liegen sie einzeln, berühren sich hier und da leicht, ist die Temperatur in Ordnung. Sehr bewährt hat sich eine Infrarot-Lampe in richtiger Höhe. Sie hängt zu niedrig, wenn die Welpen aus ihrem Wärmekegel herauskriechen.

Bei großen Würfen dauert die Geburt manchmal bis zu 24 Stunden, ein Wurf von zwei oder drei Welpen kann bereits innerhalb einer Stunde geboren sein. Beruhigt sich die Hündin, legt sich neben die Welpen und läßt sie saugen, beginnt sie zu schlafen, ist dies meist ein Anzeichen, daß die Geburt abgeschlossen ist. Einige Tierärzte empfehlen, nach der Geburt der Hündin eine Spritze zu geben, um Infektionen zu unterbinden, sicherzustellen, daß die Gebärmutter leer ist. Andere Tierärzte raten von solchen Injektionen ab, wenn sie nicht unbedingt notwendig sind. Am besten fragt man bei der Gesundheitskontrolle durch den Tierarzt vor der Geburt, welche Vorschläge er macht.

Direkt nach dem Wurf sollte man die Hündin auf einige Minuten hinausführen, damit sie sich löst, gleichzeitig wird die Wurfkiste gereinigt, saubere Tücher eingelegt. Ist das Fell der Hündin verschmutzt, wäscht man sie mit einem Schwamm sauber, ehe sie zu den Welpen zurückkehrt. Natürlich muß man vorher alles vorbereiten, weil man die Hündin nicht länger als notwendig von ihren Welpen trennten sollte. Schon das Verlassen des Wurfes macht viele Hündinnen recht nervös. Liegt sie erst wieder neben ihren Welpen in der Wurfkiste, bietet man ihr eine Schüssel mit körperwarmer Fleischbrühe, danach eine Schüssel kaltes Wasser. Je nach Verfassung der Hündin muß man beides mehrfach anbieten. Sobald die Hündin Interesse an Nahrung zeigt, sollte man ihr eine großzügig gefüllte Schüssel kleingeschnittenes Fleisch bieten, zusätzlich Lebertran und Kalziumphosphat. Erhält eine Hündin während der Trage- und Säugezeit nicht genügend Kalzium oder ist die Kalzium/Phosphor/Vitaminmischung so, daß Kalzium nicht in genügender Menge aufgeschlossen werden kann, könnte die Hündin an Eklampsie erkranken. Symptome dieser Krankheit sind extreme Nervosität, plötzlich fehlendes Interesse, die Welpen zu pflegen, starkes Zittern, schnelles Ansteigen der Körpertemperatur und Verhärtung der Muskulatur. Es bedarf sofortiger tierärztlicher Hilfe, der Tod könnte sonst in sehr kurzer Zeit eintreten. Die Behandlung besteht in massiven Dosen von Kalzium, intravenös gespritzt, danach verschwinden die Symptome in bewundernswert kurzer Zeit. Verhärten sich eine oder mehrere Zitzen der Hündin, werden heiß und schwellen an, bedarf es gleichfalls tierärztlicher Hilfe (Mastitis).

Bei großen Würfen oder schwachen und sehr kleinen Welpen wird häufig Zusatzfütterung empfohlen. Hierfür gibt es drei verschiedene Methoden: Fütterung mit einem Schlauch (dabei wird der Schlauch mit einer Spritze verbunden); Augentropfer (diese Methode verlangt große Sorgfalt, damit keine Nahrung in die Lungen gerät) oder eine Babyflasche (im Zoofachhandel sind kleine Flaschengrößen erhältlich, besser bewährt haben sich normale Säuglingsflaschen). Die ersten zwei Methoden sind nur in extremen Ausnahmefällen für sehr erfahrene Züchter ratsam, Babyflaschenfütterung ist in 99% der Fälle der einzig richtige Weg.

Industriell hergestellte Milchersatzstoffe sind außerordentlich bequem. Man kann sie leicht beim Tierarzt oder im Fachgeschäft kaufen, hier erfährt man auch die beste Art, wie im Spezialfall die künstliche Hundemilch verabreicht wird. Es ist außerordentlich wichtig darauf hinzuweisen, daß die verwendeten Gefäße unbedingt sauber sein müssen. Die beste Lösung ist es, die Gefäße nach Gebrauch auszukochen, bis zur nächsten Fütterung wieder zu trocknen.

Hundewelpen werden blind geboren, ihre Augen öffnen sich zwischen dem 10. und 14. Tag. Zunächst haben die Augen eine bläuliche Farbe, scheinen empfindlich zu sein. Zumindest über die ersten zehn Tage nach dem Öffnen der Augen müssen die Welpen gegen starke Lichteinwirkung geschützt werden.

Um eine einwandfreie seelische Entwicklung zu gewährleisten, sollte man die kleinen Welpen in den ersten Wochen gegen lauten Lärm und rauhe Behandlung unbedingt schützen. Das Hochheben der Welpen an den Vorderläufen tut ihnen weh, könnte sogar zu Verletzungen im Schulterbereich führen. Hebt man einen Welpen an, wird er immer mit einer Hand unter der Brust zwischen den Vorderläufen mit Daumen und Zeigefinger gehalten, die andere Hand unterstützt den Welpen unter seinem Hinterteil.

Ein beschichteter, leicht aufgerauhter Gummistoff ist die ideale Unterlage für die Wurfkiste. Er kostet nicht viel, ist abwaschbar und gibt den Welpen eine griffige Unterlage, wenn sie ihre ersten Schritte machen.

Die Krallen der Welpen wachsen über die ersten Wochen, werden so lang und spitz, daß sie das Gesäuge der Hündin zerkratzen. Welpenkrallen sind weich, sie lassen sich mit einer gewöhnlichen Nagelschere leicht schneiden, natürlich darf man auch bei Welpen nicht ins »Leben« schneiden. Die Fütterung beginnt bei einem normal großen Wurf im Alter zwischen drei und vier Wochen. Man steigert jetzt über drei bis vier Wochen die täglichen Mahlzeiten so lange, bis die Welpen vollständig von der Muttermilch entwöhnt sind. Es gibt industriell hergestellte Welpenmischungen, die sich bewährt haben, mit anderen Futterstoffen vermischt werden können, man kann aber auch die Welpennahrung selbst zubereiten, sollte sich darüber mit dem Tierarzt abstimmen (nähere Hinweise: »Die Technik der Hundezucht«). Grundsätzlich werden Welpen handwarm gefüttert, die Futtermischung wird in einer flachen Futterschüssel auf dem Fußboden angeboten. Meist beginnen Welpen zu lecken, wenn man das kleine Mäulchen kurz in die Futtermischung getunkt oder mit dem Finger dem Welpen eine kleine Menge angeboten hat. Man sollte immer alle Welpen aus der gleichen Schüssel fressen lassen, dabei muß man aber darauf achten, daß auch die Kleinen ihren angemessenen Teil finden. Werden sie zur Seite gestoßen, füttert man sie zusätzlich nach. Man sollte die Welpen noch mehrfach täglich an der Mutter trinken lassen, aber nach und nach immer mehr auf feste Nahrung umstellen. Sind die Welpen fünf Wochen alt, sollte man ihre Mutter nur nachts über noch bei ihnen lassen, die Welpen müssen aber jetzt weitgehend auf industriell hergestelltes Futter umgestellt sein. Im Alter von etwas sechs Wochen sollten sie voll von der Mutterhündin entwöhnt sein. Vier Mahlzeiten täglich sind in dieser Zeit genug, sind die Welpen zwei Monate alt, werden die Fütterungen auf drei Mahlzeiten täglich reduziert. Welpen zwischen fünf und zwölf Monaten brauchen nur zweimal täglich Futter. Etwa ab einem Jahr kann man das Füttern auf einmal täglich beschränken.

Welpen brauchen je nach Empfehlung des eigenen Tierarztes zum richtigen Zeitpunkt Schutzimpfungen gegen Staupe, Parvovirose und andere vorbeugende Schutzimpfungen. Mit zwölf Wochen sind sie alt genug, um eine auf ein Jahr wirksame Schutzimpfung zu erhalten. Frühzeitige Entwurmung auf Spulwürmer des kompletten Wurfs im Alter von drei Wochen ist erforderlich, Wiederholungsentwurmung mit sechs Wochen. Nahezu alle Welpen werden bereits im Mutterleib oder während der Säugeperiode über die Mutter infiziert. Ab sieben Wochen sollte in regelmäßigen Abständen durch den Tierarzt der Kot auf Wurmbefall untersucht, notwendige Entwurmungen durchgeführt werden.

Weist einer oder mehrere der Welpen einen groben, ererbten Fehler auf, der ihn für die Zucht ausschließt, sollte man ihn keinesfalls verkaufen, ohne die Situation dem neuen Besitzer völlig eindeutig zu erklären, mit diesem zu vereinbaren, daß der Welpe später durch Kastration endgültig aus der Zucht ausgeschlossen wird. Es gibt Regelungen, um eine solche Vereinbarung zu untermauern, etwa Einbehalt der Ahnentafel des Welpen beim Züchter mit Zustimmung des Käufers bis zum Nachweis der durchgeführten Kastration. Natürlich hat ein solcher Welpe ausschließlich »pet quality«, sein Preis spiegelt diese Eingruppierung. Es erfordert der Anstand, daß jeder Käufer offen über eine solche Einschränkung des gekauften Welpen für Zuchtzwecke unterrichtet wird.

Rassehundezucht ist eine schöpferische Arbeit, eine Kunst – Qualität ist der Schlüssel zum Erfolg. Der Versuch, bessere Hunde zu züchten als selbst die sorgfältig ausgewählten Elterntiere an Qualitäten haben – hierdurch werden die Vorzüge der ausgewählten Rasse weiter vollendet. Um nur Quantität zu erzeugen, bedarf es weder menschlicher Intelligenz, noch schöpferischer Fähigkeiten. Zwei Streuner auf der Straße können Welpen produzieren. Demgegenüber lohnt es sich, ein gesundes Zuchtprogramm und alle damit verbundenen Mühen sorgfältig zu studieren. Es gibt wenig stärkere Ermutigungen und Belohnungen als einen Welpen aus eigener Zucht heranwachsen zu sehen, ihm nach Kräften dazu zu verhelfen, ein geliebter Familienhund zu werden, ein erfolgreicher Wettbewerber auf Ausstellungen oder Leistungsprüfungen. Die Beziehungen zwischen dem Züchter und den Welpenkäufern entwickeln sich häufig zu einer lebenslänglichen und außergewöhnlich lohnenden Freundschaft.

Ausstellungen

Schon über mehr als ein Jahrhundert ist es allgemein üblich, zusammen mit Frühlings- und Herbstfesten oder auch gemeinsam mit religiösen Veranstaltungen landwirtschaftliche Ausstellungen abzuhalten. Man brachte Pferde, Vieh und andere Lebewesen auf diese Märkte. Im Laufe der Zeit wurde es üblich, auch ein Unterhaltungsprogramm zu organisieren. Bei solchen Veranstaltungen nahmen Hunde in England und USA im Unterhaltungsprogramm mit »sporting events« – das waren Bullen- und Bärenbeißen und Rattentöten – teil. Der Hund, der in der Arena die größte Geschicklichkeit zeigte, wurde zum Zeitpunkt des Verkaufes auch am teuersten bezahlt. Heute sind solche Veranstaltungen sehr weit entfernt von unseren hochorganisierten Hundeausstellungen oder Hundeleistungsprüfungen. Sie waren aber die Vorläufer moderner Hundeausstellungen und spielten bei der Entwicklung reinrassiger Hunde eine wichtige Rolle.

Die erste organisierte Hundeausstellung fand 1859 in Newcastle, England, statt. Noch im selben Jahr wurde eine Ausstellung in Birmingham abgehalten. Auf beiden Veranstaltungen wurden die Hunde in vier Klassen aufgeteilt, nur Pointer und Setter waren gemeldet. 1860 fand in Apolda in Deutschland die erste Hundeausstellung statt, nahezu 100 Hunde wurden ausgestellt, die Meldungen waren auf sechs verschiedene Gruppen verteilt. Das Interesse stieg schnell. Als 1878 die »Paris Exhibition« stattfand, war diese Hundeausstellung bereits ein Ereignis von internationaler Bedeutung.

In den USA gab es die erste organisierte Hundeausstellung 1874, parallel zu einem Treffen der »Illionois State Sportmen's Association« in Chicago, ausgestellt wurden Jagdhunde (sporting breeds). Obgleich diese Ausstellung mehr ein zufälliges Ereignis war, verbreitete sich das Interesse an weiteren Veranstaltungen schnell. Noch vor Ende des Jahres gab es Ausstellungen in Oswego, New York, Mineola, Long Island und Memphis, Tennessee. Gemeinsam mit letzterer Ausstellung wurde auch gleichzeitig die erste organisierte Jagdhundeprüfung (field trial) abgehalten, die es je in den USA gab. Im Januar 1875 fand in Detroit, Michigan, eine Ausstellung für alle Hunderassen statt, die erste in den USA. Von da an wuchs das Interesse schnell, bis September 1884 gab es aber recht unterschiedliche Regeln. Vor Gründung von »The American Kennel Club« gab es keine Organisation, die alle diese Aktivitäten koordinierte. Heute ist der AKC die größte, rassehundeeintragende Zuchtorganisation der Welt, eine Spitzenorganisation mehrerer hundert Mitgliederclubs. Diese betreuen entweder alle Rassehunde, einzelne Rassen, veranstalten Jagdhundeprüfungen oder Unterordnungsleistungsprüfungen – jeder Verband hat beim AKC seinen Delegierten. Mehrere tausend Ausstellungen und Prüfungen jährlich stimulieren in den USA das Interesse, besser aussehende, gesündere Rassehunde zu züchten. Für die Züchter ist die Ausstellung der Maßstab ihres Erfolges im Vergleich mit anderen Züchtern. Für hunderttausende von Hundeliebhabern wurden die Ausstellungen zu einem sie fesselnden Hobby.

Schönheitsausstellungen

Auf Schönheitsausstellungen (Zuchtschauen) werden die Hunde aufgrund ihrer körperlichen Qualitäten, ihrer Anatomie in Übereinstimmung mit den Rassestandards, wie sie durch den AKC anerkannt sind, beurteilt. Merkmale sind Größe, Haarkleid, Farbe, Stellung von Augen oder Ohren, anatomischer Aufbau und so weiter, nach diesen Kriterien werden in jeder Klasse die besten Hunde ausgewählt. Nur rassereine Hunde dürfen ausgestellt werden. Handelt es sich um eine Ausstellung, auf der Championatspunkte vergeben werden, muß der ausgestellte Hund zumindest sechs Monate alt sein.

Es gibt mannigfaltige Ausstellungstypen. Eine allgemeine Rassehundeausstellung (all-breed show) hat Spezialklassen für alle vom AKC anerkannten Hunderassen, zusätzlich gemischte Klassen (Miscellaneous Class) für noch nicht allgemein anerkannte Hunderassen. Unter einer »sanction show« versteht man ein informatives Zusammentreffen, auf dem aber Hunde keine Championatspunkte erhalten. Spezialausstellungen (specialty show) sind auf eine einzelne Hunderasse begrenzt. Auf wieder anderen Ausstellungen kann die Ausschreibung auf nachgewiesene Champions, nur in USA gezüchtete Hunde u. a. beschränkt sein; möglich sind auch Wettbewerbe für jugendliche Aussteller, um das beste Paar, das beste Team oder den schönsten örtlichen Hund. Oft werden auch Unterordnungsprüfungen gemeinsam mit Hundeausstellungen abgehalten.

Der Begriff »bench show« ist mißverständlich, es gibt bei diesem Ausstellungstyp nämlich Ausstellungen mit Boxen und ohne Boxen. Bei der ersteren wird jedem Hund eine einzeln numerierte Box zugewiesen, in der er mit Ausnahme der Zeit im Ring, der Pflege oder des Sich-Lösens ständig sich aufhalten muß. Auf Ausstellungen ohne Boxen gibt es keine solchen Einzelräume, die nicht gerade im Ring befindlichen Hunde werden in den eigenen Autos oder in Boxen der Besitzer untergebracht.

Auf Hundeausstellungen, auf denen es immer um die richtige Anatomie geht, findet in der Praxis ein Ausleseprozeß statt (elimination contest). Anfangs konkurrieren die Hunde jeder einzelnen Rasse innerhalb ihrer Rasse untereinander in regulären Klassen: Puppy (Junghunde), Novice (Anfänger), Bred by Exhibitor (vom Aussteller gezüchtet), American-Bred (in USA gezüchtet) oder Open (offene Klasse); zum Abschluß folgt Winners (Sieger), in dieser Klasse treffen sich die Spitzenhunde der vorausgegangenen fünf Klassen. Der nächste Schritt ist das Richten des Best of Breed (schönster Hund der Rasse). Hier stehen in Wettbewerb aus den Winner Klassen der siegende Rüde und die siegende Hündin mit Hunden, die bereits einen Championstitel tragen und gemeldet sind. Hinzu treten alle noch nicht besiegten Hunde, die in zusätzlichen, nicht regulären Klassen in Wettbewerb standen. Der zum Best of Breed (Rassebester) gekörte Hund konkurriert anschließend mit den Best of Breed anderer Hunderassen in der Gruppe. Der Sieger im Gruppenwettbewerb tritt abschließend zur höchsten Ehre an – dem Wettbewerb um Best in Show.

Championatspunkte werden an »Winners Dog« und »Winners Bitch«, also an den Rüden und die Hündin vergeben, die man als »Winner« herausstellte. Die Anzahl der vergebenen Championatspunkte ist verschieden, je nach den Einzelheiten

Boxenbereich auf der Westminster Kennel Club Show.

Wettbewerb um Best of Show auf der Westminster Kennel Club Show 1989.

Die Verleihung des Preises für den besten jugendlichen Vorführer (Best in Show, Jr. Showmanship), Westminster Kennel Club Show 1985.

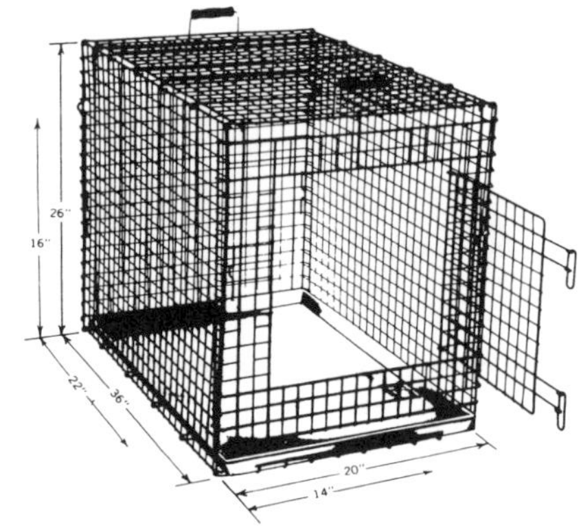

Käfigbox
(Bench crate)

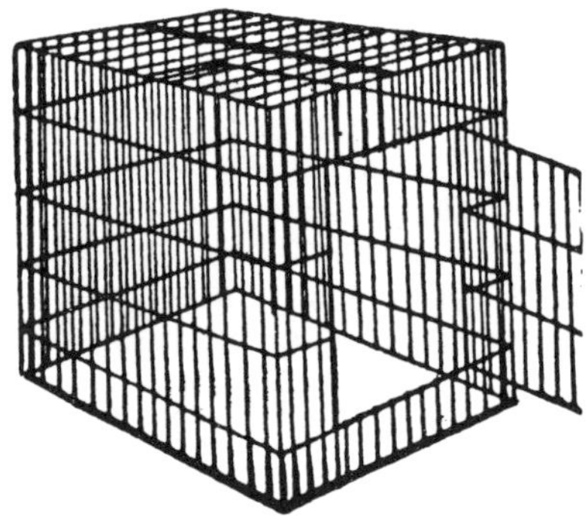

Faltbarer Käfig

Autotransportkäfig

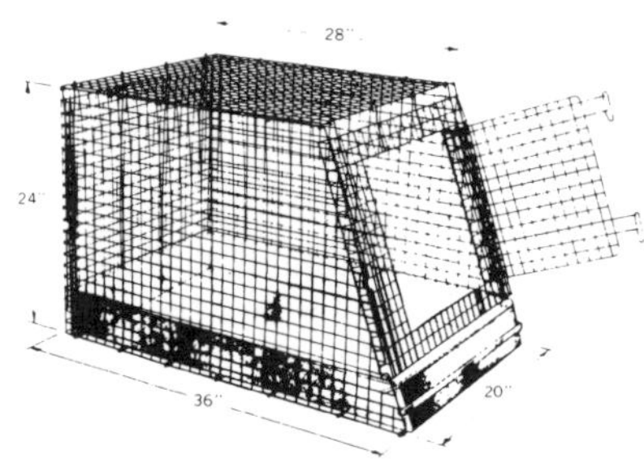

Oben: Ch. Indian Doc's Delilah, U.D. Besitzer und Ausbilder: Dr. H. Richard Pascoe. Züchter: Dorothy Archer. Delilah erwarb ihren Utility Titel (U.D.) auf drei Prüfungen hintereinander, auf denen sie sich jeweils plazierte.

Unten: Ch. Rounder's Rowdy Anne, Leistungssieger auf der »Am. Staf. Enthusiasts Fun Match« in Nueces. Besitzer und Züchter: Richard Gray. Richter: Wm. Peterson vom Willynwood Kennel.

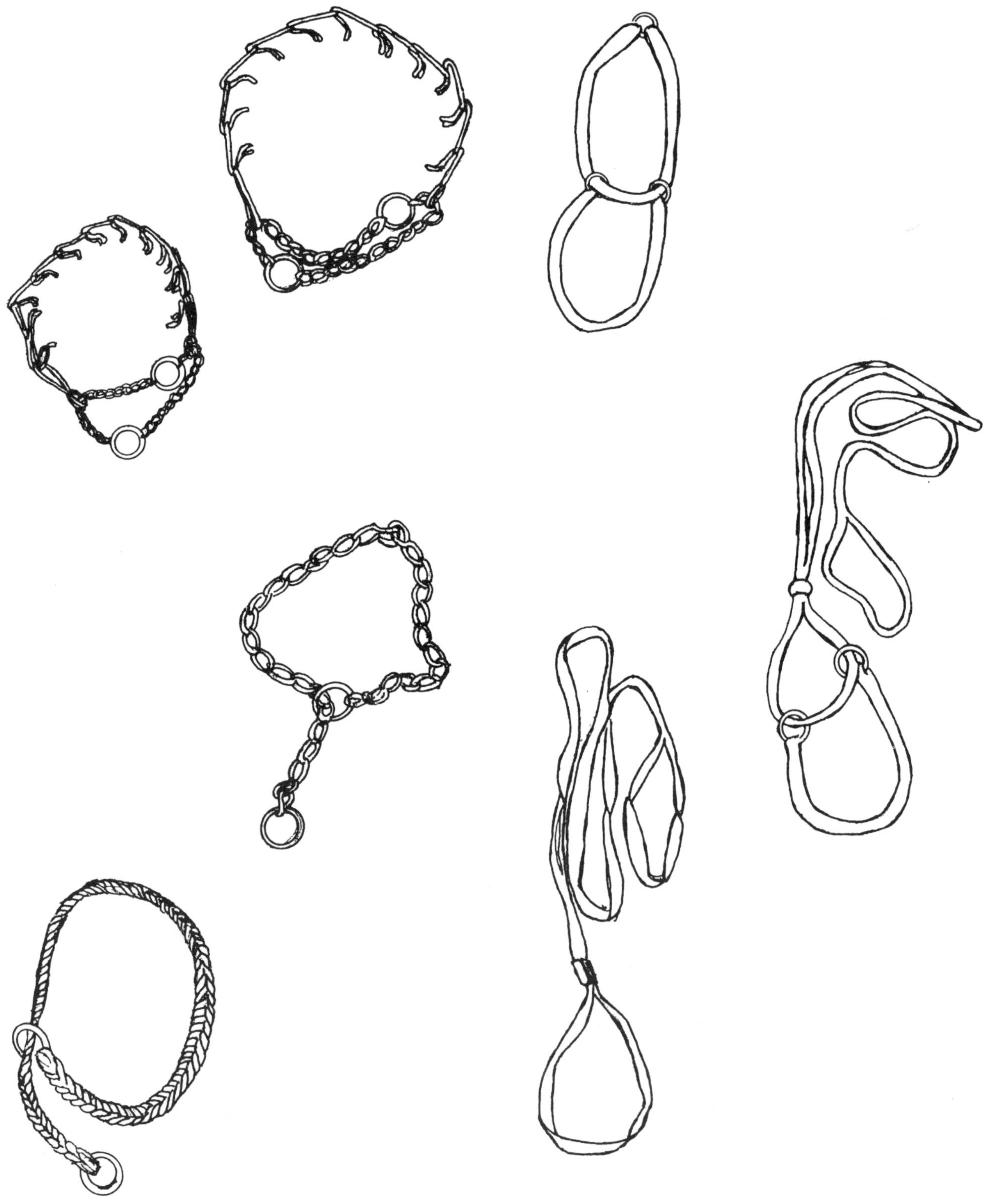

Halsbänder. Oben Stachelhalsbänder, die auf AKC-Ausstellungen verboten sind, auf dem Kontinent allgemein dem Bereich aktiver Tierquälerei zugeordnet werden. Unten erlaubte Würgehalsbänder. Rechts sieht man eine Würgekette, links eine Nylonschlinge. Würgehalsbänder sind auf Schönheitsausstellungen zwar erlaubt, aber in der Regel unnötig.

Oben »Englisches« oder »Martingale«-Halsband, an dem die Leine befestigt wird. Mitte dieselbe Ausrüstung mit Halsband und Leine. Bei Anlegen dieser Ausrüstung wird der Hundekopf durch die untere Schleife geführt. Unten verstellbare Nylonleine. Leinen dieser Art werden auf Ausstellungen bevorzugt, sie ermöglichen bessere Kontrolle beim »Aufbauen eines Hundes« als die Würgehalsbänder.

Oben: Paragon Imago's Sanduski, an loser Leine elegant aufgebaut. Besitzer: Cherie Graves und Sara Nugent.

Oben: Ch. Sharevalpad Hellzapoppin und Ch. Sharevalpad Pal Joey, Best-in-Show Brace in den 50er Jahren. Züchter: Al und Evelyn Williams. Vorführer: William Snebold.

Unten: Ch. Kirkee's Polar Bear O'Fraja E.C., C.D.

Unten: Ch. Tara's Doc Holliday, Best in Show. Züchter/Vorführer: Leroy Walters. Richter: Mrs. Morden.

der jeweiligen Ausstellung, etwa Anzahl der konkurrierenden Hunde, dem Punktsystem, ausgearbeitet durch den »Board of Directors of the AKC«, und ob der Hund auch noch weiter vorankommt, etwa Best of Breed, Best of Group oder gar Best in Show wird.

Für einen Championatstitel braucht ein Hund mindestens 15 Punkte, darunter die Punkte von zumindest zwei Hauptgewinnen (major wins) – das bedeutet von wichtigen Ausstellungen, auf denen drei oder mehr Punkte vergeben werden. Diese major wins müssen unter zwei verschiedenen Richtern errungen sein, ein oder mehrere der weiteren Punkte müssen unter einem dritten Richter verliehen werden. Die höchste auf einer Ausstellung vergebene Punktzahl ist fünf, die geringste eins. So muß ein Hund für den Titel Champion zu allermindest auf drei Ausstellungen vorgestellt sein, besucht aber in der Regel sehr häufig Ausstellungen, ehe er sein Championat errungen hat.

Die Zeitschriften »Pure-Bred-Dogs« und »American Kennel Gazette Events Calender«, aber auch andere Hundezeitschriften, enthalten Listen der geplanten Hundeausstellungen mit Namen und Adressen der Veranstalter, von denen man Meldeformulare anfordert, die Ausstellungsgebühren erfragen kann, Meldeschluß etc. Ehe man erstmals einen Hund ausstellt, sollte man sich mit den Ausstellungsbestimmungen genau vertraut machen. In den USA erhält man diese vom American Kennel Club oder von den Spezialvereinen, auf dem Kontinent von den der FCI angeschlossenen nationalen Hundezuchtverbänden. Wichtig ist natürlich auch, daß man sich ganz genau mit dem anerkannten Rassestandard seiner Rasse befaßt. Dadurch kennt man die Merkmale, auf die es ankommt, auch die anderen, die als fehlerhaft angesehen werden, möglicherweise sogar so ernst sind, um einen Hund auf der Ausstellung zu disqualifizieren. So darf beispielsweise ein Hund, der blind oder taub ist, dessen Aussehen künstlich verändert wurde, nicht zum Wettbewerb antreten, muß disqualifiziert werden. Das gleiche gilt auch für einen Rüden, dessen zwei normale Hoden nicht deutlich erkennbar im Hodensack liegen.

Nach Möglichkeit sollte man zunächst eine Hundeausstellung als Zuschauer besuchen, das Richten vom Ringrand beobachten. Hilfreich ist auch stets der Beitritt zu einem örtlichen Rassehundezuchtverein, möglicherweise Teilnahme an kleinen Hundeausstellungen, bevor man seinen Hund auf einer großen Ausstellung meldet.

Der Hund sollte mit Ausstellungsleine und Ausstellungshalsband ausgerüstet sein, – in den USA weder mit einem ornamentgeschmückten, noch gar mit Stacheln ausgestatteten Halsband. Auf Ausstellungen mit Boxen braucht man möglichst eine Metallkette, um den Hund ordnungsgemäß festzulegen. Auf Ausstellungen ohne Boxen sollte man einen eigenen Käfig mitnehmen, so daß der Hund bequem im eigenen Käfig untergebracht werden kann, ehe er in den Ring muß. Niemals darf man einen Hund im Auto bei geschlossenen Fenstern alleine lassen. Bei heißem Wetter wird bereits in kürzester Zeit die Temperatur unerträglich, kann in ganz kurzer Zeit zum Hitzschlag führen, dem der Tod folgt. Man braucht Futter- und Wassernäpfe, ebenso etwas Futtervorrat und frisches Wasser, woran der Hund gewöhnt ist. Auch Bürsten sind zweckmäßig, so daß man nach Ankunft auf der Ausstellung das Hundefell nochmals kräftig durchbürstet. Man beachte genau die zeitliche Klasseneinteilung, man muß rechtzeitig den Hund füttern und bewegen, so daß er sich vor dem Richten löst, auch die letzte Fellpflege muß abgeschlossen sein, wenn die Klasse aufgerufen wird. Hundebesitzer sollten ohne Hast in den Ring kommen. Um den Hund richtig vorzustellen, braucht man schon einige Geschicklichkeit in der Vorbereitung, in der Erziehung und im Vorführen. Dabei ist es ganz wichtig, daß der Vorführer völlig ruhig ist, ein zitternder Vorführer überträgt seine Nervosität auf den Hund.

Ist die Klasse erst einmal im Ring versammelt, läßt der Richter sie in einer Linie aufstellen, danach entgegen dem Uhrzeiger im Kreis bewegen. Hat man seinen Hund richtig erzogen, gibt es wenig Schwierigkeiten bei seiner Kontrolle im Ring. Es ist wichtig, daß er immer schnell das gewünschte Tempo annimmt, sich im eleganten Trab mit stolz erhobenem Kopf bewegt. Zur Einzelbetrachtung muß der Hund völlig ruhig stehen, statuenartig über mehrere Minuten, dabei beobachtet der Richter seinen Körperbau in allen Einzelheiten, prüft Zähne, Pfoten, Fell u. a. Wird man mit seinem Hund zur Einzelmusterung hereingerufen, sollte man keine Konversation versuchen, die gestellten Fragen kurz und höflich beantworten.

Beim Richten der Klasse vergleicht der Richter jeden einzelnen Hund gegenüber dem im Standard beschriebenen Rasseideal, dann vergleicht er Hund gegen Hund und wählt letztendlich den Hund aus, der dem Rassestandard am nächsten kommt. Verschiedene Richter haben verschiedene Schwerpunkte, Hunde haben gute und schlechte Tage, Menschen ebenfalls – deshalb kann leicht der Verlierer von heute der Sieger von morgen sein. Ausstellen ist sowohl Hobby als auch Lernerfahrung. Man sollte immer versuchen, die Vorzüge des Siegers, welche der Richter gesehen hat, gleichfalls zu erkennen. Dem eigenen Hund fehlt es möglicherweise noch an der richtigen Ausstellungskondition, an zusätzlicher Erziehung oder ganz einfach an Zeit, um auszureifen. Ist er antomisch nicht in Ordnung, ist es sehr wichtig, daß man dies erkennt, ehe man an Züchten denkt. Auf jeden Fall hat man eine neue Sportart gefunden. Es braucht eigentlich immer viel mehr als drei oder vier Ausstellungen, um sich über die Qualität des eigenen Hundes ein wahres Bild zu machen. Die Freundschaft zu anderen Liebhabern macht das Ausstellen zu einem Vergnügen; ist der Hund nicht unter den Siegern, sollte man nicht murren, wird er Erster, sollte man seine Freude nicht zu laut zur Schau stellen. Ein schlechter Verlierer ist unangenehm, aber ein schlechter Gewinner ist ganz einfach unerträglich.

Unterordnungswettbewerbe

Über mehr als ein Jahrhundert werden Hunde bereits in England und Deutschland für den Polizeidienst und als Wachhunde eingesetzt. Ihre Arbeitsfähigkeit wird durch Prüfungen ermittelt, aufgeteilt in Beweglichkeit, Kraft und Mut. Über viele Jahre wird in England wie Deutschland organisierte Hundeausbildung betrieben. Natürlich wurde sie in erster Linie von Züchtern der großen Hunderassen praktiziert, die man als Schutzhunde ausbildete.

Bis zum Jahre 1933 gab es in den Vereinigten Staaten kaum Interesse an Unterordnungsausbildung. Zu diesem Zeitpunkt kehrte Mrs. Helen Whitehouse Walker aus England zurück und führte diesen neuen Sport mit großer Begeisterung ein. Zwei Jahre später konnte Mrs. Walker The American Kennel

Oben: Die zwei erfolgreichsten Stafs in Unterordnungsprüfungen der Rassegeschichte. Von links nach rechts: Ch. Gallant Tally, U.D., Besitzer/Ausbilder: Ralph Davis; Lancer's Silver Smoke, U.D., Besitzer/Ausbilder: Dr. H. Richard Pascoe.

Club überreden, eigene Unterordnungsprüfungen zu veranstalten, eigene Wettbewerbsregeln zu erlassen. Seit diesem Zeitpunkt hat sich das Interesse an solchen Veranstaltungen geradezu phänomenal gesteigert. Unterordnungsprüfungen sind nicht nur Wettbewerbe, die auch der einfache Zuschauer leicht verfolgen kann, sie sind insbesondere auch ein Sport, den jeder Durchschnittshundebesitzer ausüben kann, der seinen Hund selbst zu erziehen vermag.

Unterordnungswettbewerbe eignen sich für alle Hunderassen. Sie sind im übrigen in keiner Weise auf die Hunde beschränkt, die solche Prüfungen zu gewinnen vermögen, jeder Hund wird einzeln auf Basis eines klar umrissenen Punktsystems bewertet.

Oben: Weir's Ginger, C.D. beim »Sitz! Bleib!« (»long sit«) auf einer Prüfung für alle Hunderassen, bei der er in der Novice class den ersten Platz gewann. Besitzer/Ausbilder: Stewart Weir.

Unten: Fünf Generationen der Hunde von Sara Nugent demonstrieren »long sit«, 1983.

Der Hund wird nach seinen Reaktionen auf bestimmte Kommandos beurteilt. Erhält er in drei aufeinander folgenden Prüfungen unter verschiedenen Richtern eine genügend hohe Punktzahl, wird ihm ein Leistungstitel (obedience titel) zuerkannt. Solche Titel sind: »C.D.« – Companion Dog (Begleithund); »C.D.X.« – Companion Dog Excellent (vorzüglicher Begleithund) und »U.D.« – Utility Dog (Gebrauchshund).

Da die einzelnen Titel C.D., C.D.X. und U.D. im Schwierigkeitsgrad ansteigen, wird der frühere Titel fallengelassen, wenn der Hund den höheren Titel erringt. Wird ein solcher Leistungstitel zusätzlich zum US-Titel in einem anderen Land erreicht, kommt diese Tatsache zum Ausdruck, indem der Name des Landes dem Titel folgt.

Mit dem 1. Juli 1977 genehmigte der AKC noch die Vergabe eines zusätzlichen Titels – den Obedience Trial Champion (O.T.Ch.). Um diesen Titel zu erringen, muß ein Hund bereits den Utility Dog-Titel errungen haben, danach in verschiedenen Wettbewerben 100 weitere Championatspunkte erringen, darunter drei Erstplazierungen unter drei verschiedenen Richtern.

Der »T.D.«-Titel – Tracking Dog (Fährtenhund) – kann jederzeit auf Einzelprüfungen gewonnen werden, die außerhalb von Hundeausstellungen stattfinden müssen.

Ende 1979 billigte der Board of Directors des AKC Tests zum »Tracking Dog Excellent (T.D.X.)«-Titel. Die Zulassung für den Wettbewerb um diesen Titel ist auf Hunde beschränkt, die bereits den Tracking Dog-Titel errungen haben.

Prüfungen für in Unterordnung ausgebildete Hunde werden auf den meisten größeren Schönheitswettbewerben (bench shows) abgehalten, man findet heute in fast allen Städten eigens gegründete Vereine für »Obedience Training«. Nähere Einzelheiten über Prüfungen und Listen der Ausbildungsvereine werden regelmäßig in den Zeitschriften »Pure-Bred Dogs«, »American Kennel Gazette Events Calendar« und auch in anderen Hundezeitschriften veröffentlicht. Prüfungsordnungen für Unterordnungswettbewerbe erhält man auf Anforderung beim The American Kennel Club, 51 Madison Avenue, New York, N. Y., 100100.

Gelegentlich werden diese Regeln abgeändert; möchte man daher an solchen Wettbewerben teilnehmen, sollte man sich die neueste Ausgabe besorgen. Alle Hunde müssen nach gleichen Regeln die Einzelleistungen erbringen, nur im Weitsprung, Hochsprung und Freispringen werden die Sprünge den Körpermaßen der Einzelrasse angepaßt. Die Klassen in den Prüfungen sind aufgeteilt in Novice (A und B), Offen (A und B) und Utility (die gleichfalls in A und B aufgeteilt werden kann, je nach Wahl des ausrichtenden Clubs und Zustimmung durch The American Kennel Club).

Die Novice class ist offen für Hunde, die den Titel Companion Dog noch nicht errungen haben. In Novice A sind nur Führer zugelassen, die keinen Hund besitzen oder mitbesitzen, der bereits einen C.D.-Titel errungen hat. Personen, die regelmäßig solch einen Hund vorgeführt haben, dürfen gleichfalls hier mit keinem Hund in Wettbewerb treten. Der Vorführer muß Besitzer oder Familienmitglied des Besitzers sein. In Novice B können Hunde vom Besitzer oder anderen Führern vorgestellt werden.

Die Open A Klasse ist offen für Hunde, die den C.D.-Titel bereits gewonnen haben, noch nicht aber den C.D.X.-Titel. In dieser Klasse dürfen Obedience-Richter und lizenzierte Hundevorführer weder einschreiben noch vorführen. Jeder Hund muß vom Besitzer oder einem Familienmitglied vorgeführt werden. Die Open B Klasse ist offen für Hunde, die bereits den Titel C.D. oder auch C.D.X. gewonnen haben. Auch nach dem Gewinn des U.D.-Titels kann ein Hund weiter in Open B in Wettbewerb treten. In dieser Klasse können Hunde vom Besitzer oder anderen vorgeführt werden.

Die Utility Klasse ist offen für Hunde, die bereits den Titel C.D.X. erworben haben. Hunde mit U.D.-Titel können weiter in der Utility Klasse in Wettbewerb treten, die Hunde werden vom Besitzer oder anderen vorgeführt. Vorausgesetzt der Zustimmung des AKC's kann der Wettbewerb in dieser Klasse in Utility A und Utility B aufgeteilt werden. In diesem Fall ist Utility A offen für Hunde mit dem Titel C.D.X., die aber noch nicht den Titel U.D. gewonnen haben. Wiederum sind für diese Klasse Obedience-Richter und lizenzierte Vorführer nicht zugelassen. Alle für die Utility Klasse, nicht aber für Utility A zugelassenen Hunde müssen in Utility B vorgeführt werden.

Der Wettbewerb in der Novice Klasse enthält Übungen wie Folgen bei Fuß mit und ohne Leine, Stehen bei körperlicher Überprüfung, Kommen auf Ruf, Sitz-Bleib (long sit) und Platz-Bleib (long down).

Im Wettbewerb der Open Class werden Übungen verlangt wie Frei Folgen, Platz beim Hereinkommen, Apportieren auf der Ebene und über ein hohes Hindernis. Auch ein Weitsprung ist vorgesehen. Außer Sichtweite des Besitzers wird ein »long sit« und ein »long down« verlangt.

Zum Wettbewerb in der Utility Klasse gehören Prüfungen auf Geruchsdifferenzierungen, Apportieren in vorgeschriebener Richtung, Übungen auf Handzeichen, Sprungübungen nach Anweisung und Gruppenarbeit.

Fährtenarbeiten werden natürlich immer im freien Gelände durchgeführt, können aus verständlichen Gründen nicht auf Hundeausstellungen stattfinden. Der Hund muß einer Geruchsfährte über eine Entfernung von etwa 400 m folgen. Dabei muß er einen Gegenstand finden, den der fremde Fährtenleger verloren hat (Handschuh, Geldbörse oder andere Artikel). Die Ausarbeitung der Fährte erfolgt nach einer halben bis zwei Stunden nach Legen der Fährte.

Der ideale Weg zum Erfolg in Leistungswettbewerben ist die Mitgliedschaft in Ausbildungsvereinen. Durch Gruppenarbeit gewinnt man höhere Präzision als bei der Ausbildung allein ohne Gruppe. Durch Amateurvorführer müssen häufig Hunde Punktabzüge hinnehmen, denn wenn der Vorführer die Regeln nicht genau kennt, geht es zu Lasten seines Hundes. Ein häufiger Regelverstoß ist der Gebrauch von mehr als einem Zeichen oder Kommando, wenn die Regeln nur eines erlauben. Durch Gruppenarbeit werden solche Irrtümer ausgeschaltet, die dem Besitzer beim Alleinarbeiten unbewußt unterlaufen. Gruppenarbeit gewöhnt auch Hund wie Vorführer an das Ringgeschehen, so daß die Unterordnungsprüfungen selbst keine unerwarteten Probleme auslösen.

Ausbildungsklassen bestehen aus 30–40 Hundebesitzern mit Hunden. Die Übungen werden in Gruppen vorgenommen, so weit notwendig erfolgt Einzelunterricht. Die jeweilige Ausbildungsmethode – zuweilen sogar Wortwahl und verschiedene Kommandos – sind von Ausbilder zu Ausbilder etwas unterschiedlich. Auch die Ausrüstung weicht etwas ab, hierzu gehören Ausbildungshalsband und Leine, lange Leine, Apportierholz und Sprungstock. Der letzte besteht meist aus einem kurzen dicken Stock oder Besenstiel, häufig werden

Oben: Dieser Arbeitsstaf Debbie's White Rock Flash hat auf der Kaufman-Farm in Texas die Aufgabe, Truthähne zu bewachen. Seine Mutter ist Ch. White Rock Samson, Best of Winners auf der National Specialty 1978.

Oben: Kids Panda Bear, U.D.T., SchH III, F.H., A.D. am Fährtenansatz. Die »tiefe Nase« zeigt, daß »Panda Bear« die Witterung aufgenommen hat.

Unten: Our Gang's Little Nipper, C.D.X., beim Freisprung (bar jump) in der Utility Prüfung. Besitzer/Trainer: Sara Nugent.

Unten: Fraja East Coast Slurpy, C.D., auf dem ersten Platz in einer Novice A-Prüfung bei einem Wettbewerb von 64 Hunden. Führer: Gale Watson. Richter: Russell Breault.

Sprungstock und Apportierbock weiß angestrichen, damit man beides besser sehen kann. Viele Ausbildungsklassen erlauben nicht, daß heiße Hündinnen daran teilnehmen. Ehe man deshalb eine Hündin anmeldet, sollte man sich vergewissern, ob sie evtl. heiß wird. Wenn man dies erwartet, ist es besser, zu warten und sie für einen späteren Kurs anzumelden, als über mehrere Wochen die Ausbildungsstunden nicht besuchen zu können.

Zu der für die in der Ausbildungsklasse notwendigen Arbeit braucht der Hund zu Hause regelmäßige, tägliche Übungsstunden zur Nacharbeit.

Vor jeder Arbeit in der Klasse oder auch zu Hause muß der Hund genügend Auslauf haben, so daß er nicht zu aufgeregt ist, wenn die Übungen beginnen. Er muß vor der Arbeit Gelegenheit zum Sich-Lösen gehabt haben. (Passiert trotzdem während der Klassenarbeit ein »Unglück«, liegt es im Verantwortungsbereich des Führers, dieses zu beseitigen). Man muß den Hund einige Stunden vor oder nach der Übungsstunde füttern – nie direkt vor der Arbeit.

Möchte man seinen Hund im Wettbewerb vorführen, beginnt man am besten auf einer kleinen Veranstaltung. Meist werden die Hunde in der Reihenfolge der Katalogieeintragungen geprüft. Sobald man auf der Ausstellung angekommen ist, sollte man sich über den Zeitplan genau informieren. Wird der eigene Hund nicht am Anfang gerichtet, sollte man selbst am Ringrand die Prüfung der anderen beobachten, so daß man sieht, was vom eigenen Hund verlangt werden wird.

Außer Halsband, Leine und sonstiger Ausrüstung sollte man zu einer solchen Veranstaltung Hundefutter, Schüsseln für Wasser und Futter mitnehmen, woran der Hund gewöhnt ist. Manche nehmen auch noch Bürsten mit, um vor dem Auftritt im Ring den Hund noch überzubürsten. Es ist wichtig, daß der Hund immer so gut wie möglich aussieht, obgleich er bei diesen Prüfungen nicht auf sein Äußeres beurteilt wird. Vor dem Betreten des Vorführrings bewegt man seinen Hund, gibt ihm Wasser zu trinken, läßt ihn sich lösen. Mit dem Betreten des Rings konzentriert man sich weitgehendst auf den Hund, gibt die Kommandos klar und deutlich, damit er sie gut hören und verstehen kann, denn es gibt viel Ablenkung außerhalb des Rings.

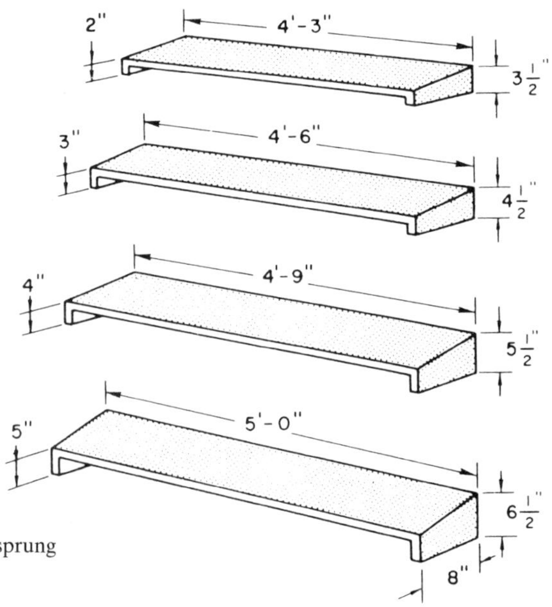

Weitsprung

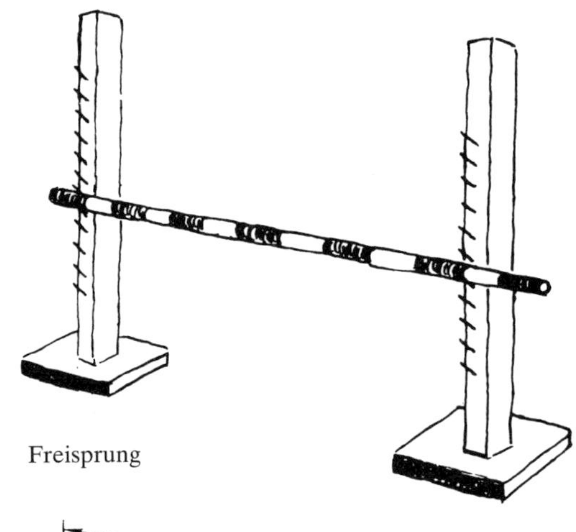
Freisprung

Apportierhölzer

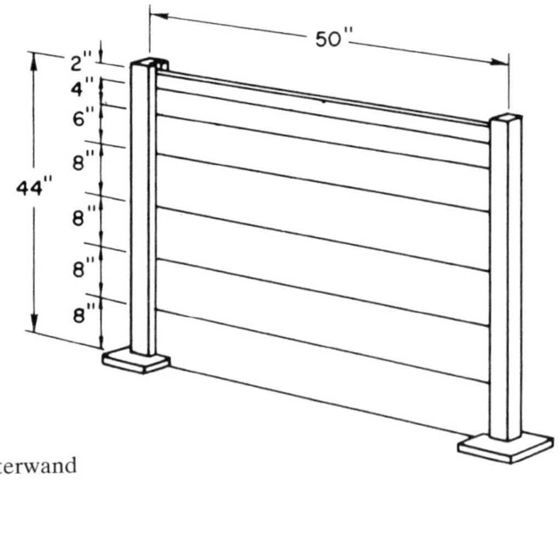

Kletterwand

Oben: Our Gang's Little Nipper beim Ausarbeiten der Unterscheidung von Gegenständen nach der Witterung. Besitzer: Sara Nugent.

Oben: Our Gang's Little Nipper mit Apportierholz beim Hochsprung.

Unten: Ch. Mari-Don Genie Midnight, C.D.X. beim Überwinden des Weitsprungs im Jahre 1976. Besitzer und Ausbilder: Sara Nugent.

Unten: Ch. Sertoma's Genesis, C.D.X. beim Überqueren der Ziellinie im Gewichtziehen-Wettbewerb mit ihrem Besitzer Dr. I. Lehr Brisbin, Jr.

Oben: One Stone Berek, C.D.X., SchH III, F.H., A.D. im Schutzdienst. Besitzer: John O'Hanlon.

Oben: One Stone Berek, C.D.X., SchH III, A.D. greift an, als der Scheintäter zu flüchten versucht. Züchter/Besitzer und Ausbilder: John O'Hanlon.

Unten: Kids Panda Bear, U.D.T., SchH III, F.H., A.D. beim Apportieren über die Schrägwand von 1,80 m (six foot). Besitzer: Marilyn Brubaker.

Unten: One Stone Berek, C.D.X., SchH III. F.H., A.D. zeigt seine Medaillen als Sieger von Schutzhundprüfungen. Besitzer: John O'Hanlon.

Der American Staffordshire Terrier bei der Arbeit

UNTERORDNUNG

Im März 1941, fünf Jahre nach der Anerkennung des American Staffordshire Terrier als Rasse durch den AKC, wurde Duke of Hellrau, C.D.X. der erste American Staffordshire Terrier, der den Obedience Titel errang. Sein Besitzer und Führer, Helmuth H. Rauhaus aus Cleveland, Ohio, muß mit der Ausbildung von Duke schon etwas früher begonnen haben, denn innerhalb von nur acht Monaten errang dieser Hund C.D., C.D.X., zwei Prüfungen als U.D. und bestand die Fährtenhundprüfung. Duke versagte bei keiner einzigen Übung, errang auf einer Utility-Prüfung eindrucksvolle 199 von 200 möglichen Punkten, wurde 1941 zum herausragenden Staf vom Staffhordshire Terrier Club of America (heute American Staffordshire Terrier Club) gewählt. Nach dem ASTC 1941 Yearbook plante Mr. Rauhaus, Anfang 1942 die letzte Prüfung zum U.D. abzulegen. Nach den Unterlagen wurde Duke jedoch nicht wieder vorgeführt, alle Wahrscheinlichkeit nach war es der Krieg, der seine Laufbahn abbrach. Der erste Champion U.D.T. Staf war Ch. Mister Chips U.D.T. im Besitz von Ray und Ina Harris. Der Buchstabe »T« nach dem Hundenamen zeigt an, daß der Hund auch die AKC-Fährtenhundprüfung bestanden hat, daher den Titel tragen darf. Damit wäre der volle Titel des Hundes: Champion Mr. Chips Utility Dog Tracker – oder Ch. Mister Chips U.D.T. von San Diego, Kalifornien.

Ende der 40er und Anfang der 50er Jahre nahmen sehr viel mehr Stafs an Obedience Trials teil. Frank L. Ruth, ein im ganzen Land bekannter Ausbilder aus Chicago, setzte einen hohen Qualitätsstandard durch vorzügliche Ergebnisse mit seinen von Corvino gezüchteten Hündinnen Ch. Ruth's Yankee Penny U.D.T. und Ruth's Toots Toodles U.D. – Janice Hadley, deren drei Utility Titel noch immer Rasserekord darstellen, zeigte ihr Interesse an dem neuen Sport etwa zur selben Zeit. Viele eindrucksvolle Punktesammler (scorers) erwarben in den folgenden Jahren ihre Titel, aber das nächste Ereignis bei der Bewährung der Rasse auf Leistungsprüfungen fand in den 70er Jahren statt, als zwei enge Freunde im Wettbewerb gegeneinander eine sehr aufregende Saison bestanden, im Wettbewerb in der Open Klasse in Texas alle anderen teilnehmenden Hunderassen besiegten. Lancer's Silver Smoke U.D., Eigentümer und Führer Dr. H. Richard Pascoe, gewann den »Dog World Award« für fünfmal hintereinander Gesamtergebnisse von 195 oder mehr Punkten (von 200 möglichen). Auf drei von fünf Prüfungen gewann er jeweils den ersten Platz. Parallel hierzu erreichte Ralph Davis mit Ch. Gallant Tally U.D. im Hochleistungssport einen ersten Platz. Pascoe's Ch. Indian Dog Delilah U.D. gewann ein paar Jahre später gleichfalls mehrfach erste Plätze, während Tally's Sohn, Ch. Gallant Titan U.D. SchH I im Besitz von Davis, der erste American Staffordshire Terrier war, der einen Schutzhundtitel errang.

Der heutige Leistungsstar der Rasse ist Ch. OTCh. Fraja Earth Shaker U.D. im Besitz von Amy Ammentorp in Pewaukee, Wisconsin. 1987 war er National Specialty Sertoma Challenge Trophy Winner. Der einzige Staf mit Doppelchampionat in Schönheit und Leistung, Shaker, hat mehrere »High-in-Trial Awards« auf Prüfungen für alle Hunderassen gewonnen mit Punktzahlen bis zu 199.

Nur reinrassige Hunde dürfen aufgrund der Regeln des American Kennel Clubs an offiziellen AKC-Leistungsveranstaltungen teilnehmen. Ist man jedoch sicher, daß der Hund reinrassig ist, hat aber keine AKC-Eintragungspapiere, kann man beim AKC für ihn eine ILP-Nummer (Indefinite Listing Privilege) beantragen. Wird eine solche gewährt, erlaubt die Nummer dem Hund, auf Leistungsprüfungen anzutreten, alle Obedience und Tracking Titel zu erringen, dennoch erhält er dadurch nicht das Recht, auf AKC-Hundeausstellungen vorgeführt zu werden. Die ILB-Nummer erhält man auf schriftlichen Antrag beim American Kennel Club.

In jüngerer Zeit wurden einige Stafs mit sehr hohen Punktzahlen unter ILB-Nummern vorgeführt. Einer davon ist OTCh. Scotswood Sun Bear U.D. (a.k.a. Hershey) im Besitz von Pat Cook in Oakland, Kalifornien. Pat arbeitete beim Tierschutzverein (Animal Rescue), adoptierte Hershey und bildete ihn für Unterordnungswettbewerbe aus. Beide gemeinsam gewannen einen »Dog World Award« für C.D.-Punktzahlen von einmal 97, einmal 96 und einmal 98. Im Jahre 1982 qualifizierte sich Hershey als Nummer eins von den Leistungsstaf, als Nummer fünf unter allen Terriern im Land. Hershey war der erste Staf, der das außerordentlich hochgeschätzte OT-Championat errang, der erste Staf, der auf einem »Gaines Obedience Trial« sich unter den ersten zehn (top ten) plazierte. Ein weiterer ILP-Staf Kid's Panda Bear U.D.T., SchH III, A.D., F.H. errang in den späteren 70er Jahren viel Ruhm. Die Buchstaben hinter dem Namen sind Schutzhundgrade, die später in diesem Kapitel auf Seite 140 f. erläutert werden.

Obedience-Ausbildung ist für den American Staffordshire Terrier eine wunderbare Beschäftigung. Sie ermöglicht ihm, alle seine Fähigkeiten zu entfalten, Anforderungen an Intelligenz, Ausbildungsfähigkeit, Beweglichkeit, Klugheit und Gedächtnis zu erfüllen. Man kommt damit nicht nur dem angeborenen Wunsch jeden Hundes, seinem Herrn zu gefallen, entgegen, man erzieht ihn auch zur Selbstkontrolle. Unterordnungsausbildung festigt das Band zwischen Mensch und Tier, verschmilzt beide zu einem unzertrennlichen Team. Es wird dringendst empfohlen, alle Hunde, zumindest in den Grundlagen der Unterordnung, auszubilden. Die Ausbildung in Unterordnung bringt Richtung und Stabilität in ein Hundeleben, macht die Hunde zu viel angenehmeren Lebensgefährten, ganz gleich, ob sie einmal an Prüfungen teilnehmen oder nicht.

Der erste Paragraph des American Staffordshire Terrier-Standards beschreibt einen Hund, der »sehr interessiert an seiner Umwelt ist«. Dies kann zuweilen in Widerspruch stehen zu einem idealen Hund für Unterordnungsarbeit, bei der gefordert wird, daß der Hund sich im Ring ausschließlich auf seinen Führer konzentriert. In neuer Umgebung voller Ablenkungen ist es nicht immer leicht, die Aufmerksamkeit des Staf auf seine Arbeit zu konzentrieren. Richtig ausgebildet wird jedoch seine Dickköpfigkeit, Hartnäckigkeit und Bestimmtheit im Wettbewerb sogar zum Vorteil. Hat sich der Staf einmal entschlossen zu arbeiten, setzt er dies verläßlich bis zu dem Punkt fort, wo ihn niemand mehr stoppen kann. Meine eigene Hündin Ch. Rovel-Te Remercie Fraja U.D. (a.k.a. Frankie) war einmal in einer Novice Prüfung der einzige Hund, der in der Stellung »Platz! Bleib!« auch dann noch verharrte, als wegen eines Sommerregengusses das Zelt über dem Ring zusammenklappte und Wasser in die Arena floß, rings um die Hunde Pfützen bildete. Zwei Jahre später das gleiche Bild während der Utility Prüfung; über drei Minuten stand sie unbeweglich im Unwetter, obgleich ein English Setter ihr die Wassertropfen vom Kopf ableckte, bis dieser von den Ringordnern eingefangen wurde. Eines Tages kehrte ich zu der Prüfung in der Open Group mit dem langen »Platz! Bleib!« zurück. Hier müssen die Hunde über fünf Minuten an der gleichen Stelle liegenbleiben, während die Führer außer Sicht sind. Ich fand den Ring in totaler Unordnung, Teile der Aufbauten waren zusammengebrochen. Die Hunde waren überall zerstreut, waren von Ringordnern, Richtern und selbst einigen Zuschauern eingefangen und wurden festgehalten. Über eine Schrecksekunde konnte ich meinen eigenen Hund nicht entdecken, dann sah ich sie – noch immer unbeweglich auf »Platz!« mit aufmerksamen Augen – vergnüglich strahlenden Augen – mich beobachtend, wie ich sie suchte. An diesem Tag gewann Fraja's Ma Belle C.D.X. den ersten Platz. Sie war der einzige Teilnehmer in ihrer Gruppe, der an seinem Platz geblieben war, während zwei Hunde umherrasten, sich gegenseitig jagten, rings um die in einer Linie aufgereihten Hunde.

Stafs lernen schnell, sind geborene Schausteller, werden aber bei Wiederholungen leicht mißmutig. Diese Eigenschaften, manchmal verbunden mit einem Anflug von Dickköpfigkeit, führen während der Ausbildung zur Unterordnung, dann und wann zu recht amüsanten Ereignissen. Refraf Knight Watch Chaya, C.D.X. von Richard Foreman haßte die Übung in der offenen Klasse »Platz beim Hereinrufen«. Diese Übung erfolgt gemeinsam mit einem Hund, der zunächst auf der anderen Ringseite auf Platz liegt. Kommt er auf Anruf die halbe Strecke, gibt man das Kommando »Platz!«. Der Hund muß sofort zusammensinken und auf ein neues Kommando warten, um den restlichen Weg zurückzulegen. Chaya liebte es, schnell zu Richard zu laufen, hatte aber ernsthaft keine Meinung dafür, halbwegs auf »Platz!« liegen zu müssen. Nachdem sie begriffen hatte, daß sie bei Ignorieren des Platzkommandos Ärger bekam, entschied sie, daß, wenn sie es schon tun mußte, sie ihren Spaß dabei haben wollte. Von da an präsentierte sie auf das Kommando »Platz!« eine Sterbeszene, die einen Oscar verdient hätte. Es begann mit einem Stolpern, dann einem langsamen Niedersinken, Vorderlauf zum Ellenbogen, ein Bein nach dem anderen, das ganze endete damit, daß sie sich auf den Rücken wälzte und noch einmal in die Luft trat. Natürlich, je mehr die Leute lachten, um so länger und lustiger wurde die ganze Szene. Alle anderen Übungen bewältigte sie jedoch mit Bravour, 1980 errang sie die »Sertoma Challenge Trophy« für den auf der National Specialty im Wettbewerb stehenden Hund mit der höchsten Punktzahl.

SCHUTZHUND

(Co-Autor John E. O'Hanlon)

Der Schutzhundesport wurde ursprünglich in Deutschland entwickelt, um die Arbeitsfähigkeit der Hunde auf Fährten, in Gehorsam und Schutzdienst zu fördern. Obgleich in Europa dies zu einer riesigen und gut fundierten Einrichtung wurde, ist es für die Vereinigten Staaten doch relativ neu – so neu, daß manche Menschen glauben, ein Schutzhund sei eine bestimmte Hunderasse.

Erfolgreiche Schutzhundearbeit fordert sehr viel. Man braucht einen Hund mit gutem Wesen, unerschütterlichem Mut, Entschlossenheit, Selbstsicherheit, Konzentrationsfähigkeit, Beweglichkeit, Nasenveranlagung und dem Wunsch, seinem Führer zu gefallen. In den USA gibt es eine ganze Reihe von Organisationen, welche die Schutzhundbewegung tragen. Ihre Regeln weichen manchmal etwas voneinander ab, das Grundkonzept bleibt jedoch immer das gleiche. Die begehrtesten Titel sind »SchH-A, SchH I, II und III«. Der erste erreichte Titel eines Hundes ist meist SchH A. Er hat die gleiche Aufgabenfolge, aber Fährtenarbeit ist nicht einbezogen. Die Leistungsstufen SchH I, II und III umfassen Unterordnung, Schutzdienst und Fährte mit wachsendem Schwierigkeitsgrad. Um einen Titel zu erlangen, muß der Hund in jedem der drei Bereiche an einem Tag eine jeweilige Mindestpunktzahl erreichen. Eine Prüfung dauert im allgemeinen von morgens sechs bis nachmittags vier Uhr; so ist Ausdauer eine sehr wichtige Voraussetzung für einen erfolgreichen Schutzhund.

Der Unterordnungsteil der Schutzhundeprüfung benutzt ähnliche Kommandos wie sie auf den Obedience Trials des AKC gebräuchlich sind, aber es gibt eine Reihe von Abweichungen. Einige Beispiele hierfür: Der Arbeitsbereich ist sehr viel größer; der Hund muß an- und abgeleint bei Fuß durch eine Ansammlung sich bewegender Menschen folgen; zwei Schüsse werden während der Arbeit Frei Folgen abgegeben; eine der Apportierprüfungen geht über eine Ein-Meter-Hürde; die Übung »Platz! Bleib!« wird geprüft, während ein anderer Hund die Unterordnungsleistungen dicht dabei ausführt. Zeigt ein Hund irgendwelche Wesensschwächen – etwa Schußscheue, Menschenscheue oder aggressives Verhalten – erfolgt Disqualifikation. Der Richter bei der Schutzhundprüfung wird durch die enge Beziehung zwischen Führer und Hund stark beeinflußt.

Die Prüfung des Schutztriebs erfolgt mit einem Scheintäter, der einen Schutzärmel trägt; zur Prüfung gehört das Absuchen mehrerer Verstecke, bis der Scheintäter gestellt ist. Dabei muß der Hund ohne zu beißen verbellen, den Scheintäter stellen, bis der Führer hinzukommt. Danach wird der Hund aufgenommen, weggeführt, der Scheintäter versteckt sich erneut an anderer Stelle. Als nächstes erfolgt ein völlig reguläres Freifolgen des nicht angeleinten Hundes. Aus dem Versteck greift der Scheintäter den Hundeführer an. Der Hund muß sofort verteidigen, entschlossen in den Schutzarm beißen. Bei dieser Übung schlägt der Täter mit einem leichten Bambusstock, dessen Schläge aber nicht weh tun, mehrfach auf den Hund.

Auf einmaliges Kommando des Führers muß der Hund sofort auslassen. Abschließend unternimmt der Scheintäter einen Fluchtversuch; noch in Sichtweite des Hundes wird der Hund nachgeschickt und muß dem Flüchtenden nachjagen. Die Mutprobe beginnt damit, daß der fliehende Scheintäter plötzlich wendet und auf den Hund schreiend und mit dem Stock drohend eindringt. Dabei muß der Hund auf seinem

Kurs bleiben, weiter auf den Figuranten eindringen und hart zubeißen. Eine Anzahl von Hunden sammelt schnell Erfahrungen und macht während dieser Übung mehrere Wechsel in der Angriffsrichtung.

Richtig ausgebildet, mildert die Schutzarbeit übermäßig aggressive Hunde und wird paradoxerweise auch benutzt, Kampftrieb und Selbstvertrauen unsicherer Hunde zu stärken. Die Schutzhundausbildung führt zu einem schützenden Hund als Gegensatz zum angreifenden Hund. Im Abschnitt Fährtenarbeit wird die Fähigkeit des Hundes geprüft, mit der Nase einer Fährte zu verfolgen. Dabei arbeitet der Hund mit wenig Hilfe durch den Führer, damit wird auch seine Zielstrebigkeit und sein Selbstbewußtsein geprüft. Die SchH I-Fährte geht über etwa 400 Schritte mit zwei Winkeln und zwei Gegenständen, die der Hund entweder verweisen oder dem Führer apportieren muß. Die Fährten für SchH II und III sind älter, gehen über weitere Entfernungen und sind schwieriger. Hat der Hund genügend Talent, kann über die Schutzhundausbildung die Erziehung zum Rettungshund fortgesetzt werden, um in Katastrophenfällen einen einsatzbereiten Hund verfügbar zu haben. Der Schutzhundsport einschließlich der körperlichen und geistigen Anforderungen während eines Ausdauertests und Überwinden von Hindernissen wurde ursprünglich für Deutsche Schäferhunde entwickelt. Danach nahmen an diesen Übungen Dobermänner, Rottweiler und ein paar andere Rassen teil. Obgleich der American Staffordshire Terrier ein viel kleinerer Hund ist als die Hunde, für die ursprünglich die Übungen entwickelt wurden, obgleich auch hier die Ein-Meter-Hürde verlangt wird, haben eine Reihe Stafs an den Prüfungen teilgenommen, haben allgemein durch ihre Arbeit Anerkennung für die Rasse gefunden.

John O'Hanlon aus Selkirk, New York, Co-Autor dieses Abschnitts, ist der Besitzer von One Stone Berek, C.D.X., SchH III, F.H., A.D. Berek legte seine SchH A-Prüfung im Alter von 14 Monaten mit einer hohen Punktzahl ab. Bei diesem Wettbewerb stand er mit einem Deutschen Schäferhund im Schutzdienst in hartem Wettbewerb um die höchste Punktzahl, erhielt seine Belohnung als bester Hund aller Rassen aller Leistungsstufen. In der Folgezeit stand Berek häufig im Spitzenwettbewerb der Schutzhundprüfung, erreichte bei seiner Prüfung als SchH I die zweithöchste Punktzahl. Während der Pausen im Wettbewerb und direkt nach Ableistung seiner Übungen spielte er mit einem kleinen Mädchen aus dem Zuschauerkreis im Gras herum, demonstrierte, daß ein richtig ausgebildeter Schutzhund-Staf sein liebevolles Wesen beibehält. Die Demonstration der Aggression beim Angriff auf den Scheintäter ist praktisch eine gut gestaltete, kontrollierte Show.

Ein anderer besonders erfolgreicher Schutzhundstaf ist White Rock Brewster Moon, Sch II im Besitz von Gene Jackson aus Dallas, Texas. Neben den Titeln erreichte Brewster bei zwei Gelegenheiten jeweils die höchsten Punktzahlen in Schutzdienst und Unterordnung.

Der am meisten ausgezeichnete Schutzhundstaf war Kid's Panda Bear U.D.T., SchH III, F.H., A.D. im Besitz von Marilyn Brubaker aus Miami, Florida. Gepaart mit dem ersten Schutzhundstaf Ch. Gallant Titan U.D., SchH I im Besitz von Ralph Davis brachte die Hündin eine Anzahl Welpen, die zur Zeit im Sport besonders herausragen.

Die Schutzhund A.D. – Ausdauerprüfung – ist eine Ausdauerprüfung, die verlangt, daß mit einer Durchschnittsgeschwindigkeit von etwa 10 km je Stunde 20 km mit einer Ruhepause von 10 Minuten zurückgelegt werden, während und nach dem Lauf eine Gesundheitsüberprüfung erfolgt. Die F.H. – Fährtenhundprüfung – ist der schwierigste Spurensuchtest.

Schutzhundeausbildung unter humanen Ausbildungsmethoden fordern die besten Qualitäten eines intelligenten Hundes mit gutem Wesen. Wird die Ausbildung jedoch fehlerhaft durchgeführt, ist dies ein gefährlicher Weg nach unten. Alle, die dieser aufopfernde, aber lohnende Sport interessiert, sollten sich beim örtlichen Rassehundverein, bei den Clubs für Deutsche Schäferhunde oder Rottweiler informieren, um einen angesehenen Ausbilder zu finden. Auf Anzeigen, die Ausbildung für »Wachhunde« (Guard Dog) oder »Schutzhundeausbildung« (Protection Training) anbieten, sollte man keinesfalls antworten, hier geht es nie um Ausbildung für den Schutzhundsport. Man sollte auch nie einen Scheintäter seinen Hund »ausprobieren lassen«, wenn man nicht genau weiß, daß dieser Ausbilder bei erfahrenen Fachleuten über einen wirklich guten Ruf verfügt.

FÄHRTENHUNDE

Bisher erkennt der American Kennel Club Schutzhundewettbewerbe noch nicht an, aber er lizenziert zwei Stufen von Fährtenhundarbeit – Tracking Dog (T.D.) und Tracking Dog Excellent (T.D.X.). Fährtenhundprüfungen sind schwierig. Sie erfolgen im Freigelände, können natürlich nie im Zusammenhang mit Hundeausstellungen erfolgen. Man verlangt vom Hund einer Fährte über etwa 400 m zu folgen, die Fährte wird von einem Fremden gelegt, am Ende wird ein Gegenstand abgelegt (Handschuh, Geldbörse oder anderer Gegenstand), den der Hund finden muß. Vom Hund wird verlangt, nach einer halben bis zwei Stunden nach Fährtenlegung die Fährte auszuarbeiten. Aufgrund beschränkter Möglichkeiten an Gelände und Zeit werden diese anerkannten Prüfungen auf relativ wenig Hunde beschränkt. Vor einer Zulassung zur Prüfung muß der Hund sich zunächst bei einem vom AKC anerkannten Fährtenhundrichter qualifiziert haben.

Der meistgebrauchte Gegenstand bei Fährtenarbeiten ist ein Handschuh. Als Calise Shoemaker mit der Ausbildung ihrer Marymount X-Pert Berry Black, C.D. begann, lernte die Hündin schnell, wurde jedesmal tüchtig gelobt, wenn sie den verwitterten Handschuh fand. Bald verband Berry das Lob mit der Freude von Calise, einen Handschuh überreicht zu bekommen mehr als mit erfolgreicher Fährtenarbeit. Dies führte zu einigen Zwischenfällen bei den täglichen Spaziergängen, als Berry damit begann, vorsichtig die Handschuhe von den Händen überraschter Fußgänger abzuziehen und sie Calise zu überreichen.

Obwohl Hunde durchaus in der Lage sind, die Grundbegriffe der Fährtenarbeit bei richtiger Erziehung schon sehr früh zu lernen, sollte man eine erfoglreiche Fährtenhunderziehung nicht vor einem Alter von sieben Monaten beginnen.

Butch T.D., im Besitz von Tom und Connie Jurgensen, demonstrierte, daß ein Staf nie zu alt ist, um noch einen Fährtenhundtitel zu erwerben, er errang ihn im Alter von acht Jahren.

Oben: Ch. Revol-Te Remercie Fraja, U.D., Gewichtziehchampion der Rasse, demonstriert die richtige Form der Arbeit. Besitzer und Ausbilder: Jaqueline Fraser.

Oben: Ch. Buzy O'Barr of Tonkawa gewinnt einen Gewichtziehtest unter dem Patronat von The Staffordshire Terrier Club of Texas. Besitzer: John und Carina Barr.

Links: Ch. Ledge Rock's Buckeye Velvet, Gewinner der National Specialty Weight Pull 1984. Züchter und Besitzer: Ruth Prehn.

Unten: Ch. Tryarr Diamondback Redbolt, erfolgreichster Gewichtzieher der Rasse mit seinem Besitzer Tom Shimak.

Unten: Ch. Revol-Te Remercie Fraja U.D., Rassebester Gewichtziehchampion mit seiner Besitzerin Jacquline Fraser.

WETTBEWERBE IM GEWICHTSZIEHEN

Über viele Jahre war dieser Sport auf Schlittenhunde und Zughunderassen beschränkt. Durch einen Artikel in der Frühlingsausgabe 1979 der ASTC Newsletter von Dr. I. Lehr Brisbin Jr. wurde dieser Sport auch bei den Staf-Liebhabern eingeführt. Im Herbst 1980 konkurrierten in Louisville, Kentucky bei einem Wettbewerb anläßlich der National Specialty dreizehn Stafs im Gewichtsziehen. Gesamtgewinner aufgrund des gezogenen Gewichts und der geleisteten Pounds pro Pound Körpergewicht war Beech Lee Rover im Besitz von Tom und Connie Jurgensen. Er zog über die verlangten 15 Feet (4,58 m) das Gewicht von 605 Pounds (275 kg). Die gewinnende Hündin Sheba, Besitzerin Pam Schweiss, zog 250 Pounds (113 kg).

Gewichtsziehen erreichte Anfang 1981 eine außerordentlich große Popularität, als Ch. Revol-Te Remercie Fraja U.D. (Frankie) der Autorin die offene Klasse Hündinnen vor einer großen Zuschauerschaft in Louisville an zwei aufeinanderfolgenden Tagen im Gewichtsziehwettbewerb aller Rassen gewann. Sie war die einzige Staffordhündin gegen ein ganzes Feld von vorwiegend Alaskan Malamutes, ihre Rekordleistungen beliefen sich auf 1200 und 1350 Pounds (544 und 612 kg). Dieser Rekord für Staf-Hündinnen steht noch heute. Der Wettbewerb in Louisville war der Anfang der großen Karriere von Ch. Tryarr Diamondback Redbolt im Besitz von Tom Shimak. Der einzige ins Finale kommende Staf-Rüde Redbolt schaffte eine Leistung von 1700 Pounds (771 kg), riß sich dabei aber unglücklicherweise eine Kralle auf. Sein Besitzer zog ihn aus diesem Wettbewerb zurück, aber nicht aus dem Sport – im Dezember 1983 erreichte Redbolt einen erstaunlichen Rekord von 3000 Pounds, er trat in der Fernsehshow *That's Incredible* mit dieser einmaligen Leistung (von 1361 kg) auf. Auf den jährlichen National Specialties setzt der *ASTC* diese Gewichtsziehwettbewerbe fort. Gesamtgewinner 1981 in Atlanta, Georgia, war die 50 Pound schwere Hündin Frankie der Autorin. Der Sieger-Rüde war Ch. Sertoma's Genesis C.D.X. von Dr. I. Lehr Brisbin Jr. Es ist erwähnenswert, daß beide Gewinner dieses Jahres gleichfalls Ausstellungschampions sind, hochgradige Leistungstitel in Unterordnung tragen. Die Sieger 1982 waren Redbolt und Frankie, 1983 wurde Ch. Harber's Big Red im Besitz von A. J. Thompson Gesamtsieger, während Frankie's neun Jahre alte Großmutter Ch. Fraja's Black Maria C.D. die Hündinnen anführte. 1984 wiederum ging der Spitzenplatz an eine Hündin. Ch. Ledge Rock's Buckeye Velvet im Besitz von Ruth Prehn gewann das Gewichtsziehen und wurde damit »Over-all Champion«.

Gewichtsziehen wird mit Hunden durchgeführt, die ein ihren Maßen angepaßtes gepolstertes Zuggeschirr tragen. Ein Hund muß zumindest ein Jahr alt sein, ehe das Gewichtsziehen beginnt. Er muß insbesondere so erzogen sein, daß er auf Anruf sofort kommt. Man muß den Hund an einen Gegenstand gewöhnen, der etwa 2,50 hinter ihm angeschirrt und nachgezogen wird. Danach hängt alles von der Geschicklichkeit des Hundes ab. Nie darf man bei der Erziehung Gewalt anwenden, tüchtiges Loben ist der einzige Weg. Beim Wettbewerb sind die Hunde immer abgeleint, ob er also zieht oder nicht, entscheidet der Hund alleine. Die Ausbildung beginnt mit dem Ziehen leichter Gegenstände, langsam werden schwerere aufgepackt, anfänglich benutzt man auch Leine und Halsband, um den Hund zu lehren, kerzengerade zu ziehen. Niemals darf man an der Leine rucken, um Hund und Gewicht auf sich zuzuziehen. Als Anfangswagen empfiehlt Dr. Brisbin einen Zugwagen, der möglichst flach auf dem Boden liegt. Später kann man daran ein Gestell anbringen, um mehr Gewicht zu laden. Man muß sehr vorsichtig vorgehen, weil Unebenheiten durch Gras und welligem Untergrund dazu führen können, daß ein Hund tatsächlich hunderte von Pfund zusätzlich ziehen muß. Niemals darf man die Trainingszeiten übertreiben – zwei bis drei Zugleistungen über etwa 25 Feet (8 m) sind eine ganze Menge.

Möglicherweise entwirft man auch sein eigenes Trainingsprogramm, das natürlich dem eigenen Lebensstil und dem des Hundes angepaßt werden muß. Man kann dies wissenschaftlich aufbauen wie Tom Shimak, ein früherer Gewinner von Body-Building-Wettbewerben; er trainierte seinen Redbolt auf modernen Gewichtsmaschinen in einem Sportstudio in Chicago. Alternativ hierzu ist »Frankie's Familienspielzeit«, zu der das Ziehen meiner Kinder und ihrer Freunde in einem Wagen gehört.

Wie immer man seinen Hund trainiert, zwingendes Gebot ist, daß der Hund immer Freude daran hat. Niemals darf er bis zum Punkt der Erschöpfung oder des Nichtmehrwollens arbeiten, jede Arbeit sollte mit einem leichtgewichtigen erfolgreichen Ziehen und sehr viel Lob enden. Findet der Hund an diesem Sport Freude, hat er eine wunderbare Gelegenheit, Stärke, Wettbewerbsfreude und Willenskraft auszuleben.

Die Informationen über das Gewichtsziehen in diesem Kapitel sollten als einfache Einleitung in den Sport gesehen werden. Möchte man daran teilnehmen, sollte man beim ASTC anfragen, wie man eine Ausgabe der Trainingshinweise von Dr. Brisbin erhalten kann.

DER STAFFORD AUF DER FARM

Viel mehr Stafs arbeiten auf Farmen zur Bekämpfung von Ungeziefer, beim Hüten von Herden, selbst beim gelegentlichen Stoppen und Festhalten eines wildgewordenen Stiers oder Schweins, als die meisten Liebhaber sich vorstellen können. Vor einigen Jahren verkaufte ich einen Staf an Jeff Roedar aus North Dakota. Ich war völlig überrascht und stolz, Bilder und Berichte über die Leistungen von Roho auf der Farm zu bekommen. Seine Fähigkeit, Viehherden zu umkreisen, einen Stier zur Kontrolle oder zum Impfen aus der Herde herauszuholen, wurde sogar in einem Farmjournal im einzelnen dokumentiert. Eilig rief ich meinen Zuchtkollegen Dick Pascoe an, wollte mit den Arbeitsleistungen meines Ausstellungsexemplares in Art der alten Stafs renommieren. Schnell erkannte ich, daß mein überschwellender Stolz im falschen Landesteil ankam. Dick hält es für absolut sicher, daß in Texas viele Stafs im Besitz von Farmern gleichfalls in ihrer Arbeit bestechen, er und andere Züchter in Texas verkaufen häufig Welpen an Rancher in diesem Gebiet.

Die Stafs begannen mit ihrer Farmarbeit in den Ansiedlungen der Einwanderer in Amerika. Für ein umfassendes Bild der Rolle des Stafs bei der Ausdehnung Amerikas nach dem Westen empfehle ich das Buch von Marjorie Kennan Rawling »The Yearling«.

DER CATCH DOG

Obgleich der Begriff »Catch Dog« oft im Zusammenhang mit den Aufgaben des Farmhundes, Bullen, Stiere und Hausschweine zu packen und festzuhalten, verwandt wird, ist der allgemeine Gebrauch auf die Jagd von wilden Sauen abgestimmt. Generell sieht man im »Plott Hound« den Idealhund, der wilde Sauen stellt, so daß der Jäger sie aus Distanz abschießen kann. Die Fähigkeit aber, frühere Hausschweine zu fangen, die in den Appalachian Mountains und den vorgelagerten Küstenebenen über Generationen wild leben, erfordert einen Hund, der diese Schweine unter Einsatz des eigenen Körpers anpackt. Viele Jäger bevorzugen es, Eber, die oft drei- bis vierhundert Pounds wiegen – 136–180 kg – lebend einzufangen; sie werden dann vor dem Schlachten nochmals in Koppeln gehalten und gemästet.

Aus Kreuzungen entstandene Mischlinge, von der einen Seite American Pit Bull Terrier, von der anderen Seite Coonhound, Foxhound oder auch Dobermann, sind die am meisten eingesetzten Hunde zum Lebendfangen dieser Schweine. Es wurden aber auch reinrassige American Staffordshire Terrier recht erfolgreich für diese Arbeit ausgebildet. Eine intensive Ausbildung für diese Jagden ist ein Muß, denn wilde Schweine sind recht groß, schnell und intelligent, für Hund und Menschen gefährlich. Der Hund muß so erzogen werden, daß er auf Ruf zum Jäger zurückkommt – selbst im Eifer der Jagd; gleichfalls muß er das Schwein sofort auf Kommando loslassen.

Der bekannteste Staf dieser Art ist Ch. Sertoma's Genesis, C.D.X. (Peter) im Besitz von Dr. I. Lehr Brisbin Jr., der mit dem Savannah River Ecology Laboratory zusammenarbeitet. Hier jagen »Bris« und Peter freilebende wilde Schweine. Während der Hund die Schweine einfängt und festhält, sammeln »Bris« und seine Kollegen Blutproben und andere Daten, markieren die Schweine mit Ohrmarken für künftige Identifikation und lassen sie wieder frei.

Der American Staffhordshire Terrier hat wirklich alle Voraussetzungen zum Lebensgefährten mit sehr vielen Talenten. Vorstehende Einführungen in einige Freizeitbeschäftigungen, bei denen der eigene Staf die Chance hat herauszuragen, unterstreichen mit voller Absicht die Wichtigkeit der Erziehung des Hundes zur Unterordnung.

Wenn ein paar dieser Möglichkeiten den Hundebesitzer interessieren, braucht er überhaupt nicht zu fragen, womit er beginnen soll.

Immer beginnt man mit der Erziehung zur Unterordnung, arbeitet zumindest auf den Titel Companion Dog für den Hund hin; dann befindet man sich in einer vorteilhaften Ausgangsposition, aus der man entscheiden kann, welchen weiteren Aufgaben man sich zuwendet.

Unten: Überreichen der Ehrenurkunden an die Gewinner des Schutzhund III-Wettbewerbs. Alle Sieger waren Deutsche Schäferhunde mit Ausnahme von Kids Panda Bear U.D.T., SchH III, F.H., A.D. von Marilyn Brubaker. Er war der einzige Staf, der die höchste Schutzhundeprüfung bestand.

KYNOS VERLAG

Helga Fleig · D-5537 Mürlenbach/Eifel · Haus Alemannentrutz · Tel. (06594) 653

Aus unserem Verlagsprogramm

RASSEGRUPPEN

Tom Horner – DIE TERRIER DER WELT
Standardwerk über Terrier. 32 Terrierrassen werden ausführlich in Wort und Bild dargestellt. Für die Freunde der Terrier die Terrierbibel.
252 Seiten, 61 Fotos. DM 49,80

Walt Weisse u. a. – MOLOSSER
Karikatur, Kampfmaschine, oder Kamerad? Ausführliches fachkundiges Portrait der zu Recht so bewunderten Rassen Bullmastiff, Mastiff, Bordeaux Dogge, Fila Brasileiro, Mastino Napolitano. Aufzucht, Haltung, Erziehung.
328 Seiten, 168 Abbildungen. DM 49,80

Dr. Dieter Fleig – KAMPFHUNDE I
Geschichte & Aufgaben der Kampfhunderassen. Dokumentation des Mißbrauchs durch den Menschen, Rassegeschichte aller Kampfhunde.
DM 45,00

Dr. Dieter Fleig – KAMPFHUNDE II
Ausführliche Beschreibung und kritische Betrachtung der heutigen Kampfhunderassen und ihre Entstehungsgeschichte.
167 Seiten, 131 Abbildungen. DM 45,00

Manfred Hölzel – DIE DEUTSCHEN VORSTEHHUNDE
Das erste umfassende Buch über diese Rassen seit über 60 Jahren. Jede Rasse wird in Jagdgebrauch, Anatomie und Wesen ausführlich in Wort und Bild vorgestellt.
334 Seiten, 106 Abbildungen DM 49,80

DWZRV · DAS GROSSE WINDHUNDEERBE
Klassiker der Windhundeliteratur, enthält alles Wissen um die herrlichen Windhunderassen, das der Rassehundezuchtclub Anfang der 30er Jahre aus aller Welt zusammengetragen hat. Enthält Dr. Jungklaus – Der Windhund als Jagdhund! 783 Seiten, 791 (!) Abbildungen. DM 69,80

I.M. Kaiser-Golgojew – WINDHUNDE – STARS IN DER MANEGE
Windhunde sind hochsensible Hunde von erstaunlicher Lernfähigkeit. Ihr Leben in der bunten Zirkuswelt, Verhalten, Welpenaufzucht im Rudel. Eine Kostbarkeit für jeden Windhundefreund.
144 Seiten, reich bebildert. DM 39,80

Dr. Ulli Gelbrich – TIBETISCHE HUNDE
Umfassende und fachkundige Dokumentation der Rassen Tibet Terrier, Tibetmastiff, Lhasa Apso, Tibet Spaniel, Shih Tzu & Shakhyi. Wesen, Anatomie, Zucht, Haltung, Rassestandards.
140 Seiten, reich bebildert. DM 38,00

Barbara Zimmermann –
HUNDE – NICHT GANZ ERNST GENOMMEN
Ein Schmunzelbuch in Bild und Wort! Düsseldorfer Rheinwiesenmeute, wo Hunde normales Sozialverhalten ausleben können.
167 Seiten, 77 ganzseitige Fotos. Geschenkband. DM 29,80

HUNDEZUCHT

Dr. Dieter Fleig – DIE TECHNIK DER HUNDEZUCHT
Ein Handbuch für Züchter, Deckrüdenbesitzer und jeden Hundefreund. Es setzt für die Hundezucht neue Prioritäten: Gesundheit, Intelligenz, Leistungsvermögen und – erst dann – Schönheit. Ausführliche Darstellung von Auswahl der Zuchttiere, räumlichen Voraussetzungen der Hundezucht, Paarung, Schwangerschaft, Geburt, Geburtsschwierigkeiten, Welpenaufzucht, Welpenkrankheiten. »Dem Autor meine Gratulation zu diesem Buch – es hat derzeit keine Konkurrenz!« (Prof. Dr. W. Schleger).
250 Seiten, 144 Abbildungen, 18 Tabellen. DM 46,00

TRIMMEN UND PFLEGEN

Renate Dolz – KYNOS TRIMM- & PFLEGEFIBEL
Alles über das Trimmen von Terrier, Pudel & Schnauzer. Ausführliche Pflegehinweise für alle Hunderassen, Leitfaden zum Selbsttrimmen und Pflege zu Hause. Etwa 120 Seiten, ausführlich von der Autorin illustriert.
Juni 1990. DM 36,00

ERZÄHLUNGEN

Paul Eipper – DIE GELBE DOGGE SENTA DM 35,00
Richard Harding Davis – BAR SINISTER, Bull Terrier Erzählung DM 32,00
Joachim Schrey – PAULA – Treue ohne Furcht und Adel DM 29,80
Max Brand – DER WEISSE WOLF DM 32,00

IN VORBEREITUNG FÜR 1990

Ada L. Bishop – ALLES ÜBER DEN COLLIE, ca. 150 Seiten DM 42,00
Jean Gould – ALLES ÜBER DEN BOBTAIL, ca. 150 Seiten DM 42,00
Joyce Collis – ALLES ÜBER DEN BEARDED COLLIE, ca. 150 Seiten DM 42,00
Dr. Brian Plummer – DER JACK RUSSELL TERRIER, ca. 200 Seiten DM 46,00
Dr. G. Schüler/H. J. Swarovsky – DER DOBERMANN, ca. 200 Seiten DM 46,00
Jacqueline Fraser – THE AMERICAN STAFFORDSHIRE TERRIER, ca. 150 Seiten, reich bebildert DM 54,00

DAS RASSEPORTRAIT

Umfang jeweils etwa 300 Seiten, davon 100 Bildseiten. Profilierte Kenner der einzelnen Hunderassen portraitieren in Wort und Bild ausführlich »ihre Hunderasse«. Ein Fachbuch, das umfassendes Wissen vermittelt.
DM 49,80

Dr. Hans Räber – SCHNAUZER – PINSCHER
Dr. Wilfried Peper – WESTHIGHLAND WHITE TERRIER
Windfried Nouc – DEUTSCHE DOGGE
Patricia Busch – GOLDEN RETRIEVER
Dr. Christa von Bardeleben – AIREDALE TERRIER
Dr. Peter Bayersdorf – SPANIEL
Walt Weisse – BOXER

Hilde Schwoyer – Setter 12/1990
Gerhard Dalla-Bona – DEUTSCHER SCHÄFERHUND 10/1990
Jochen Eberhard – BEAGLE 10/1990
Dr. Antonio Morsiani – BERNHARDINER 1991
Klaus Altpeter – ROTTWEILER 1991

KYNOS KLEINE HUNDE-BIBLIOTHEK

Diese Buchreihe bringt den Hundefreunden eine der erfolgreichsten Hundebuchserien aus England. International hochangesehene Fachleute schrieben die Bücher in den Jahren 1988 & 1989. Die Buchreihe bietet über die einzelnen Fachgebiete eine erstaunliche Fülle an Informationen, der Umfang der Einzelbücher variiert zwischen 96 u. 120 Seiten, 80 u. 150 Farbaufnahmen. In kleinem handlichem Format, festem Einband und sehr guter Aufmachung findet man eine Fülle an Informationen zu sehr günstigem Preis. DM 24,80

Edney/Mugford – 1 × 1 DER HUNDEHALTUNG
Jackie Ransom – YORKSHIRE TERRIER
Marjorie Satterthwaite – LABRADOR RETRIEVER
Frank Kane/Phyllis Wise – COCKER SPANIEL
Jackie Ransom – PUDEL
Roy & Clarissa Allan – DEUTSCHER SCHÄFERHUND
Joan Blackmore – ROTTWEILER
Jimmy Richardson – DOBERMANN
Marigold Timson – GOLDEN RETRIEVER
Diana Philipps – CHOW CHOW
Heinz Gail – 1 × 1 DER HUNDEERZIEHUNG